Nunn · Schachgeheimnisse

PraxisSchach

Band 34

Herausgegeben von
IGM Viktor Kortschnoi
IGM Helmut Pfleger und
EGM Rudolf Teschner

2009
EDITION OLMS

John Nunn

Schachgeheimnisse

Ein Kursus zum Selbstunterricht

Aus dem Englischen übertragen von Marc Becker

2009
EDITION OLMS

Bibliografische Information der Deutschen Nationalbibliothek
Die Deutsche Nationalbibliothek verzeichnet diese Publikation in
der Deutschen Nationalbibliografie; detaillierte bibliografische
Daten sind im Internet über http://dnd.d-nb.de abrufbar.

Autorisierte deutsche Ausgabe
© 1998 Edition Olms
Rosengartenstraße 13B, CH-8608 Bubikon/Zürich, Switzerland

Alle Rechte, auch die des auszugsweisen Nachdrucks
und der fotomechanischen Wiedergabe, vorbehalten.

Die Erstausgabe erschien unter dem Titel „Secrets of Practical Chess"
© Gambit Publications 1998
© John Nunn 1998

1. Auflage 1988
2. Auflage 2005
3. Auflage 2009
Printed in Germany
Gedruckt auf säurefreiem und alterungsbeständigem Papier
Übersetzung: Marc Becker
Deutsche Bearbeitung und Satz: Petra Nunn für Gambit Publications Ltd, London
Herstellung: WE.can.do GmbH, Isernhagen
Umschlag: Prof. Paul König, Hildesheim

ISBN 978-3-283-00352-4

Inhalt

Einführung	7
1 Am Brett	9
Entscheidungen treffen	9
Ein neuer Blick auf den Analysenbaum	9
Bewertungsfunktionen	16
Wann soll man analysieren?	19
DAUT	23
Sicherheitsnetze	27
Wenn die Taktik funktionieren *muß*	29
Implizite Verpflichtungen	31
Positionelles Denken	35
Die Vergleichsmethode	45
Den Gegner zum Nachdenken zwingen	47
Übersehen und Fehler	50
Warnsignale	52
„Schwer zu sehende" Züge	56
Zeitnot	60
Bequemlichkeit	62
Entschlossenheit	64
2 Die Eröffnung	68
Aufbau eines Repertoires	68
Gebrauch von Eröffnungsbüchern	69
Bücher über ausgefallene Eröffnungen	71
3 Das Mittelspiel	82
Gute Stellungen	82
Schlechte Stellungen	88
Angriff	98
„Jeden zur Party einladen"	98
Veropfern	104
Verteidigung	106
4 Das Endspiel	113
Bauernendspiele	113
Opposition	113
Das Réti Manöver	118

Das Dreiecksmanöver	119
Erwarten Sie das Unerwartete	121
Schach ist mehr als zählen	122
Turmendspiele	124
Turm und Bauer gegen Turm	125
Der Mehrbauer	128
Positioneller Vorteil	136
Leichtfigurenendspiele	139
Springerendspiele	139
Läufer gegen Springer Endspiele	142
Läuferendspiele	144
Damenendspiele	148
Dame und Bauer gegen Dame	148
Der Mehrbauer	153
Einfache Endspiele ohne Bauern	156
Turm gegen Leichtfigur	156
Turm und Leichtfigur gegen Turm	159
Beenden von Partien durch Schnellschach	165
5 Gebrauch eines Computers	167
Partiendatenbanken	167
Spielen gegen Schachprogramme	169
Namenverzeichnis	174
Verzeichnis der Eröffnungen	176

Einführung

Dieses Buch richtet sich an Spieler, die in erster Linie an einer Verbesserung ihrer Ergebnisse interessiert sind. Wenn Sie bereit sind, neun Partien zu verlieren, nur um einen brillanten Sieg zu erringen, dann ist es wahrscheinlich nichts für Sie. Trotzdem werden die meisten Spieler zumindest teilweise durch Erfolge am Brett motiviert – die Spannung beim Gewinnen ist eine der Anziehungskräfte beim Schach, und die meisten Spieler erfüllt es mit Zufriedenheit, wenn ihre ELO- oder DWZ-Zahl ansteigt.

Das Niveau, auf dem man spielt, hängt von einer Vielzahl von vagen und nur schwer erklärbaren Faktoren ab. Der erste Faktor ist das, was man als natürliches Talent bezeichnen könnte. Darunter verstehe ich die Kombination von Faktoren, die eine äußerste Grenze setzen für die Spielstärke, die man durch Training und Praxis erreichen kann. Man kann nicht genau auflisten, welche Faktoren relevant sind, aber man kann die möglichen Faktoren in zwei Klassen unterteilen. Die erste Klasse besteht aus nicht schachspezifischen Elementen, wie zum Beispiel allgemeine Intelligenz und Gedächtnis. Die zweite Klasse bildet ein Netz von miteinander verbundenen Schachfaktoren, wie zum Beispiel das Alter, in dem man das Schachspiel erlernt hat, frühe Schachausbildung und so weiter.

Zu dem Zeitpunkt, an dem jemand dieses Buch liest, wird der Faktor „natürliches Talent" wahrscheinlich unveränderbar sein, was uns zu anderen Faktoren führt, die eher unserer Kontrolle unterliegen. Diese bestimmen, wie nahe man seinem eigenen, durch das natürliche Talent begrenzten Gipfel kommen kann. Ich bin ziemlich sicher, daß die meisten Spieler nicht einmal in die Nähe ihres natürlich bestimmten Gipfels gelangen und daß mit der angemessenen Ausbildung, dem Training und der Praxis, beträchtliche Steigerungen der Spielstärke möglich sind. Die meisten Schachbücher zielen darauf ab, dem Leser bei der Verbesserung seines Schachs zu helfen. Ein Eröffnungsbuch zum Beispiel will allgemeine Pläne und konkrete Analysen liefern, um dem Leser zu helfen, seine ausgewählten Eröffnungen zu präparieren und, nach einer Partie, den Verlauf der Partie mit der etablierten Theorie zu vergleichen. Natürlich ist konkretes Wissen ein wichtiger Faktor bei der Verbesserung der Spielstärke; jemand mit einem detaillierten Wissen über Turm- und Bauernendspiele wird einen Vorteil gegenüber jemandem haben, der dieses nicht besitzt. Ein fleißiges Selbsttraining führt zwangsläufig zu einem positiven Effekt. 1977 erklärte mir Jon Tisdall seinen Plan mit dem Ziel, Großmeister zu werden. Er hatte kalkuliert, wie viele Trainingsstunden nötig seien, um einen ELO-Punkt nach oben zu gelangen. Dann multiplizierte er das mit der Differenz zwischen seiner jetzigen ELO-Zahl und dem Bereich eines Großmeisters, was zur Gesamtzahl an Trainingsstunden zur Erlangung des Großmeistertitels führte. Ich lachte und machte ihn darauf aufmerksam, daß mit jeder Verbesserung die Anzahl der Stunden zum Erreichen der weiteren Verbesserung wahrscheinlich ansteigen würde, und aus diesem Grund würde er es vielleicht nie schaffen. Nichtsdestotrotz erwies sich sein Plan als gerechtfertigt, da er 1995 tatsächlich den Großmeistertitel erlangte.

Es gibt nur wenige Spieler, die ein Trainingsprogramm über Jahrzehnte hinaus planen können, und tatsächlich gibt es für praktisch jeden Spieler Zeitbeschränkungen. In der Praxis bedeutet das, die Limitierung der möglichen Vergrößerung des Schachwissens. In diesem Buch werde ich Ratschläge

geben für die optimale Nutzung der vorhandenen Zeit für Schachstudien. Dies geschieht zum Beispiel durch die Unterscheidung zwischen notwendigem und optionalem Wissen, sowie durch den Aufbau eines Eröffnungsrepertoires.

Beim dritten Faktor, auf den in diesem Buch das Hauptaugenmerk gerichtet ist, dreht es sich darum, wie wirkungsvoll man die ersten beiden Faktoren in der Praxis anzuwenden vermag. Ein detailliertes Wissen über Turm- und Bauernendspiele hilft kein bißchen, wenn man in Panik gerät; ein enzyklopädisches Gedächtnis ist wertlos, wenn man ständig durch einen unkontrollierten Impuls inkorrekt Figuren opfert. Chaotische und verworrene Variantenberechnung; Fehleinschätzungen; Übersehen; mangelndes Selbstbewußtsein (oder Selbstüberschätzung!); mangelnde Entschlossenheit – diese und andere negative Einflüsse verringern die eigene Spielstärke. Solche Probleme sind alles andere als einfach zu lösen, erstens, weil Spieler sehr oft nicht erkennen, was sie falsch machen und zweitens, weil sie glauben, diese Dinge nicht verbessern zu können.

Dieses Buch beinhaltet eine Beschreibung von vielen gewöhnlich vorkommenden Fehlgriffen am Brett. Ich denke, daß viele Leser ein bestimmtes Kapitel erreichen werden und plötzlich denken „Ja, das ist genau der Fehler, den ich immer mache." Das Erkennen des Problems ist bereits der erste Schritt zu seiner Lösung. Sich bewußt zu machen, wann man höchstwahrscheinlich die falsche Entscheidung treffen wird, ermöglicht einem, in solchen Gefahrsituationen besondere Vorsicht walten zu lassen. Schließlich ist es durch die Konzentration auf eine bestimmte Schwäche möglich, sie vollkommen auszuradieren. Da viele der Dinge, die in diesem Buch behandelt werden, psychologischer Natur sind, werden viele meiner eigenen Partien vertreten sein – ich kann persönlich bezeugen, daß verworrenes Denken auch auf Großmeisterebene vorkommt! In Fällen, in denen ich bekannte Themen behandelt habe, habe ich mich bemüht, die altbekannten Standardbeispiele durch moderne Partien zu ersetzen.

Natürlich kann dieses Buch, obwohl es viele nützliche Ratschläge und Informationen enthält, nicht bei jedem Aspekt des Schachspiels ins Detail gehen. Mein Ziel war es lediglich, dem Leser auf dem aufwärts führenden Weg der Selbstverbesserung, Starthilfe zu geben. Ich hoffe, daß *Schachgeheimnisse* dem Leser helfen wird, seine Ergebnisse zu verbessern und befriedigendere Partien zu produzieren.

John Nunn
Chertsey, 1998

1 Am Brett

Entscheidungen treffen

Ein neuer Blick auf den Analysenbaum

Der sogenannte Analysenbaum wurde populär durch Kotows berühmtes Buch *Denke wie ein Großmeister*. Die Analyse einer jeden Schachposition hat eine baumähnliche Struktur. In jeder Position gibt es verschiedene Alternativen, die die Hauptverästelungen bilden. Jede Alternative erlaubt eine Anzahl von Erwiderungen, welche etwas kleinere Verästelungen bilden und so weiter. Da es aber normalerweise Dutzende von legalen Zügen in einer typischen Schachposition gibt, würde ein Baum, der jeden legalen Zug beinhaltet, sehr schnell so komplex, daß ein Mensch die Übersicht verlöre. Natürlich ist es nicht notwendig, jeden legalen Zug zu untersuchen, da ein hoher Prozentsatz dieser Züge unsinnig ist, und dies führt zu einer gewissen Ausdünnung des Baums. Trotzdem gibt es aber bei nur fünf vernünftigen Möglichkeiten pro Halbzug nach drei Zügen 15625 „Blätter" an einem Analysenbaum. Daraus folgt, daß das alleinige Analysieren mit Hilfe eines Analysenbaums nur möglich ist, wenn die Anzahl der vernünftigen Möglichkeiten beider Spieler begrenzt ist – in der Praxis sind damit taktische Stellungen und bestimmte Arten von Endspielen gemeint. Dennoch konstruiert man eine Art Analysenbaum beim Nachdenken über fast jede Stellung; in weniger taktischen Situationen, in denen die Antworten des Gegners viel schwerer voraussagbar sind, würde man sich nicht allein auf den „Baum" verlassen, sondern noch andere Faktoren in Betracht ziehen.

Daraus folgt, daß der Analysenbaum eine sehr wichtige Methode des Schachdenkens darstellt; Computer haben gezeigt, daß es möglich ist, sehr stark zu spielen, ohne irgend etwas anderes zu benutzen. Kotows Buch beschreibt detailliert die mentalen Prozesse, die mit der konkreten Analyse verbunden sind. Wenn wir annehmen, daß Weiß am Zuge ist, dann schlug Kotow vor, daß Weiß eine Liste von Kandidatenzügen aufstellt, zwischen denen er sich zu entscheiden versucht. Dabei muß er sicherstellen, daß die Liste komplett ist. Für jeden dieser Kandidatenzüge stellt Weiß eine Liste von möglichen Antworten des Schwarzen auf und so weiter. Dabei folgt er jeder einzelnen Verästelung, bis er zu einer abschließenden Bewertung gelangt. Kotow warnte besonders davor, von einem Ast zum anderen zu springen; er meinte, daß man jeden einzelnen Kandidatenzug bis zum Ende berechnen sollte, um erst dann zum nächsten überzugehen.

Das folgende Beispiel, das ich aus Colin Crouchs interessantem Buch *Attacking Technique* ausgewählt habe, möge als Übung dienen. Es kann durch die Kotow-Methode gelöst werden, was aber nicht heißen soll, daß Sie die Lösung leicht finden werden. Siehe Diagramm.

In der Partie stellte Schwarz eine Figur ein mittels **31. ... ♘xe5??** 32. ♕xd5+ ♕e6 33. ♖xe5, aber 31. ... ♖xe5 ist besser. Crouch bemerkt hier: „Der Versuch einer taktischen Widerlegung ... mittels 32. ♘e7+ gelingt nicht ganz: **32. ... ♖xe7 33. ♖xe7 ♖xf2 34. ♕xd5+ ♔h7!** 35. ♕e4+ ♖f5+! 36. ♔h1 ♘f2+ 37. ♖xf2 ♕xf2 38. ♖f7 ♔g6 39. ♖xf5 ♕xf5 40. ♕xb4 mit Remis."

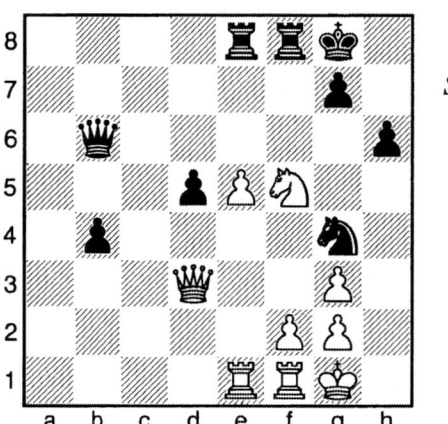

L. Psachis – D. King
London (Lloyds Bank) 1994

Ihre Aufgabe ist es, in dieser Variante einen Zug nach 34. ♕xd5+ *(D)* auszuwählen. Hier ist das Diagramm:

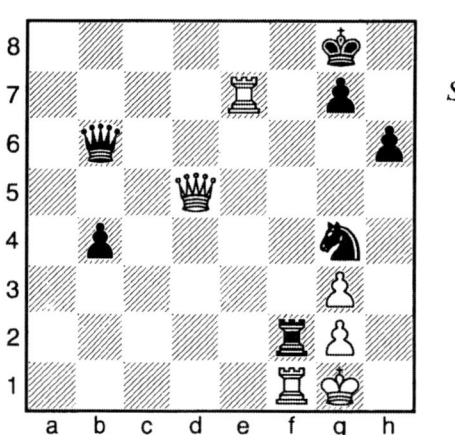

L. Psachis – D. King *(Analyse)*

Die Lösung können Sie auf Seite 15 finden.

Es ist interessant, Kotows Methode, die, wie er es ausdrückte, Menschen lehren sollte, mit der Genauigkeit einer Maschine zu analysieren, mit der tatsächlichen Art und Weise, wie Maschinen rechnen, zu vergleichen.

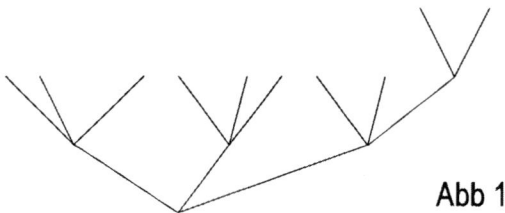

Abb 1

In Abbildung 1 sehen wir eine Phase in der Computerstellungsanalyse, wobei aus Gründen der Vereinfachung viele Verästelungen weggelassen wurden. Der Computer analysiert mittels eines Prozesses des „wiederholenden Vertiefens". Lassen Sie uns annehmen, er analysiert eine Stellung, in der er zwischen 40 legalen Zügen wählen muß. Er wird alle legalen Zugsequenzen bis zu einer bestimmten Tiefe analysieren, wobei er einige Abzweigungen, besonders diejenigen mit forcierten Abfolgen wie Schachs oder Tauschvorgängen, tiefer berechnet. Dies erlaubt ihm, über alle 40 Möglichkeiten eine numerische Bewertung abzugeben. Auf der Grundlage dieser Bewertung wird er die 40 Züge neu ordnen und die vielversprechendsten (d.h., diejenigen mit der höchsten Bewertung) voranstellen. Dann wird er einen Halbzug tiefer gehen, wobei er wieder alle möglichen legalen Abfolgen analysiert und die meiste Zeit den in der Liste vorn stehenden Zügen widmet.

Abbildung 2 zeigt die Analyse eines Menschen, der nach Kotows Rezept analysiert. Er hat drei Kandidatenzüge aufgelistet und ist dabei, den ersten zu analysieren. Er hat noch nicht begonnen, die anderen beiden zu untersuchen.

Abbildung 3 zeigt, wie ein Mensch tatsächlich denkt. Er hat angefangen, Zug A zu analysieren und entdeckt dabei die Variante A1. Er war nicht sonderlich überzeugt von ihr und analysierte

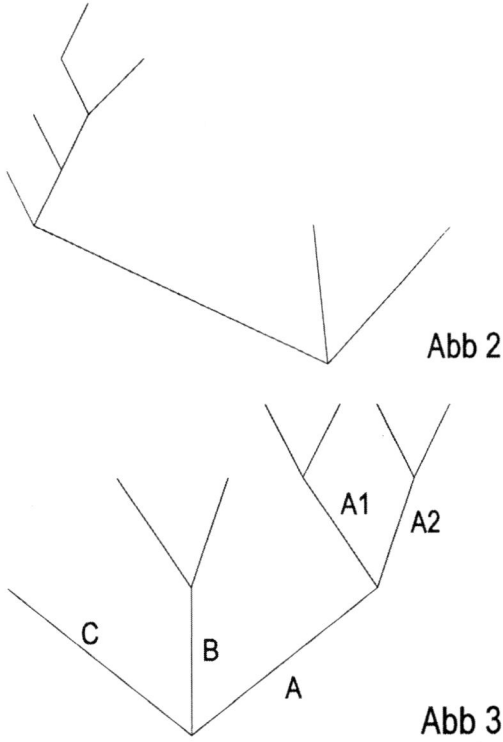

Abb 2

Abb 3

deshalb Zug B. Auch dieser Zug gefiel ihm nicht, und so kehrte er zur Analyse von Zug A zurück, wobei er die Variante A2 seinen früheren Bemühungen hinzufügte. Er ist noch nicht bei Zug C angelangt oder er hat ihn einfach vergessen.

Modernere Autoren, wie zum Beispiel Tisdall (siehe auch die Einführung!) in *Improve Your Chess Now*, haben die Vor- und Nachteile von Kotows Empfehlungen diskutiert, aber unser Anliegen ist es, praktische Ratschläge zu geben und nicht, in eine akademische Diskussion einzutreten.

Es gibt verschiedene Probleme, die bei Kotows Methode auftreten können. Der offensichtlichste Grund ist seine mögliche extreme Ineffizienz. Lassen Sie uns annehmen, Sie analysieren eine mögliche Kombination 1. ♗xh7+ ♔xh7 2. ♘g5+. Es gibt zwei Verteidigungen, 2. ... ♔g6 und 2. ... ♔g8. Sie fangen an, 2. ... ♔g6 zu analysieren, aber nach zwanzig Minuten folgern Sie, daß Weiß Vorteil hat. Dann analysieren Sie 2. ... ♔g8. Nach ein paar Minuten wird klar, daß dies die Widerlegung des Opfers ist. Das Ergebnis von Kotows unflexiblem Ansatz ist ein Verlust von zwanzig Minuten Bedenkzeit, nur weil man unglücklicherweise den falschen Zug zuerst analysiert hat. Ein vernünftiger Ansatz wäre das Aufwenden einiger Minuten für jede der beiden Alternativen. Es ist möglich, daß dies ausreicht, das Opfer zu widerlegen, wonach man ♗xh7+ ad acta legen kann. Es ist auch möglich, daß die vorläufige Analyse einen der beiden Züge als Verlustzug herauskristallisiert, woraufhin man seine ganze Aufmerksamkeit dem anderen Zug widmen kann, im Vertrauen darauf, daß mit ihm die kritische Variante beginnt. Wenn beide Kurzanalysen kein Ergebnis bringen, dann ist auch das schon eine nützliche Information. Es zeigt, daß die Aufgabe, zu bestimmen, ob das Opfer korrekt ist, viel Zeit kosten wird. Dann steht die Entscheidung an, ob es sich lohnt, die Analyse zu vertiefen. Wir werden zu der Frage, ob man analysieren soll oder nicht, im nächsten Abschnitt zurückkehren.

Ein zweites Problem bei Kotows Methode besteht in der Vernachlässigung des „synergistischen" Effekts bei der Analyse mehrerer Varianten. Die Analysen von Zug A und B sind sehr oft nicht unabhängig voneinander. Nehmen Sie an, Sie haben Zug A verworfen, aber bei der Analyse von Zug B bemerken Sie plötzlich eine taktische Möglichkeit. Es ist dann sinnvoll, zu Zug A zurückzukehren, um zu sehen, ob dieselbe Möglichkeit auch hier anwendbar ist.

Hier ist ein einfaches Beispiel:

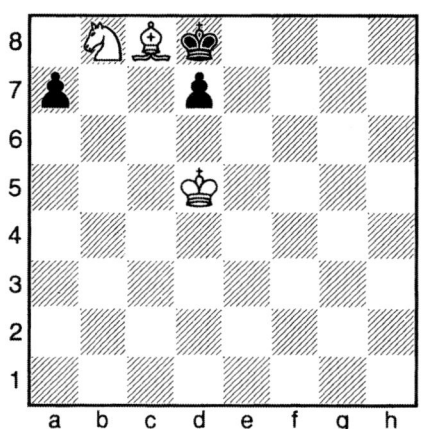

J. Gunst
Das Illustrierte Blatt, 1922

Natürlich muß Weiß mit seinem Läufer ziehen, und so gibt es drei Möglichkeiten. Sie untersuchen 1. ♗xd7 und finden heraus, daß 1. ... ♔c7 mittels einer Gabel eine der beiden Leichtfiguren gewinnt. Der nächste Zug ist 1. ♗b7, aber dies führt nach 1. ... ♔c7 zum selben Resultat. Schließlich gibt es noch 1. ♗a6, was die Gabel vermeidet, aber nach 1. ... ♔c7 verliert Weiß trotzdem eine Figur, da der Springer gefangen ist. Das ist alles in Übereinstimmung mit Kotows Methode. Beim Überprüfen der letzten Variante bemerkt man jedoch einen überraschenden Punkt: nach 1. ♗a6 ♔c7 kann Weiß 2. ♔c5!? versuchen, mit der Idee, daß 2. ... ♔xb8 3. ♔d6 ♔a8 4. ♔c7 zum Matt durch 5. ♗b7# führt. Nachdem man das erkannt hat, lohnt es sich sicherlich, zu den vorher analysierten Varianten zurückzugehen, um zu sehen, ob diese Idee auch bei ihnen angewandt werden kann. Dies geschieht nicht in Übereinstimmung mit Kotows Methode. Natürlich kann Weiß nach 1. ♗b7 ♔c7 2. ♗a6 spielen, und wiederum kann Schwarz den Springer nicht nehmen.

Welche Variante ist nun die richtige?

Die Antwort ist, daß 1. ♗a6 ♔c7 2. ♔c5 wegen 2. ... d6+ 3. ♔d5 ♔xb8 und nun 4. ♔xd6 ♔a8 5. ♔c7 zum Patt führt. Weiß muß Schwarz daran hindern, seinen d-Bauern zu opfern, und deshalb ist 1. ♗b7! ♔c7 2. ♗a6! die richtige Zugfolge (2. ... d6 erlaubt dem Springer zu entkommen).

Das Erkennen einer neuen Idee kann Sie sogar zu einer Änderung der Liste der Kandidatenzüge veranlassen. Hier ist ein Beispiel:

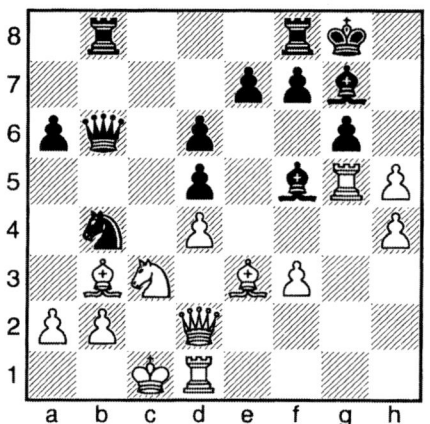

A. Kuligowski – J. Nunn
Wijk aan Zee 1983

Weiß hat gerade 19. ♖g1-g5 gespielt. Schwarz drohte 19. ... ♘d3+ gefolgt von 20. ... ♘c5+, aber nun ist diese Drohung abgewehrt, da Weiß nach dem Abzugsschach auf f5 nehmen kann. Darüberhinaus ist 20. ♖xf5 gxf5 21. ♖g1 eine ernste Drohung. Mein erster Gedanke war das an die Sicherheit denkende 19. ... e6, aber nach 20. hxg6 fxg6 21. ♖dg1 ist die Stellung unklar, und so hielt ich nach Alternativen Ausschau. Plötzlich bemerkte ich eine taktische Idee. Nach 19. ... ♖h6 ist 20. ♖xf5 die naheliegendste Erwiderung, aber ich fragte mich, ob eine Kombination von ... ♗xe3 und ... ♘xa2+ zum Matt führen könnte. Nach einigem Nachdenken erkannte ich, daß 20. ... ♘xa2+! 21. ♘xa2 (21. ♗xa2 ♗xe3) 21. ... ♕xb3 22. ♗xh6 ♕xa2 für Schwarz gewinnt und folgerte, daß Weiß nach 19. ... ♗h6 auf g5 die Qualität opfern müßte. Die entstehende Position schien Schwarz einigen Vorteil einzuräumen. Die Partie verlief folgendermaßen:

19. ... ♗h6! 20. ♖dg1 ♗xg5 21. ♖xg5 e6 22. hxg6 fxg6 23. h5?!

Nach 23. ♕g2 ♖f6 24. h5 hätte Weiß bessere Chancen auf Gegenspiel, obwohl Schwarz nach 24. ... ♘c2 klaren Vorteil behält.

23. ... ♖b7 24. ♕g2 ♖g7 25. h6 ♖b7 26. ♖xf5 exf5 27. ♕xg6+ ♔h8 28. ♕g2

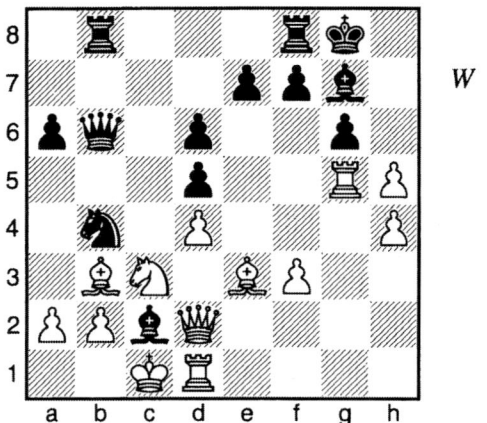

Nach 28. ♗g5 verteidigt sich Schwarz durch 28. ... ♕xd4.

28. ... f4 29. ♗g1 ♖g8 0-1

Trotzdem hätte ich nach Erkennen der Möglichkeit ... ♘xa2+ in der Variante mit ... ♗h6 nachdenken sollen, ob meine Liste von Kandidatenzügen dadurch beeinflußt wird. Der springende Punkt ist, daß das Nehmen auf a2 möglich wird, sobald die Dame nicht mehr b2 bewacht, und so springt einem der Zug 19. ... ♗c2!! *(D)* ins Auge:

Weiß ist nun vollkommen hilflos, zum Beispiel:

1) 20. ♘xd5 ♘xa2+ 21. ♔xc2 ♕xb3+ 22. ♔b1 ♖b7 23. hxg6 f5 gewinnt.

2) 20. ♖dg1 ♘xa2+ 21. ♘xa2 ♕xb3 22. ♕xc2 ♕xa2 ist auch entscheidend.

3) 20. hxg6 ♘xa2+ 21. ♔xc2 (21. ♘xa2 ♗xb3) 21. ... ♕xb3+ 22. ♔d3 ♘xc3 23. bxc3 ♕c4+ 24. ♔c2 ♕a2+ 25. ♔d3 ♖b2 gewinnt die Dame.

Es gibt auch einige Arten von Schachberechnungen, die nichts mit dem Analysenbaum zu tun haben. Eine davon ist die Methode der „Zielsuche". Hier ist ein Beispiel:

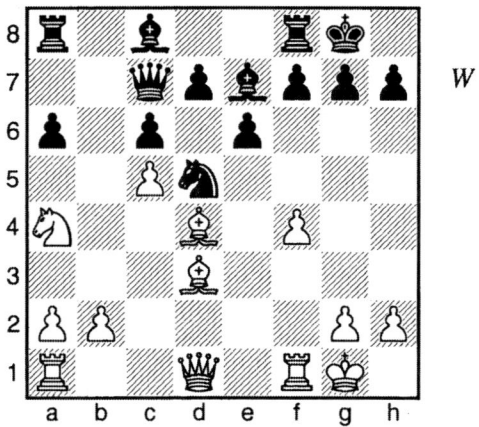

G. Kuzmin – E. Sweschnikow
UdSSR Meisterschaft, Moskau 1973

Diese Stellung scheint wie geschaffen für ein doppeltes Läuferopfer, das einzige Problem besteht darin, daß es nicht funktioniert: 16. ♗xh7+

♔xh7 17. ♕h5+ ♔g8 18. ♗xg7 ♔xg7 19. ♕g4+ ♔h7 20. ♖f3 (natürlich kann Weiß Dauerschach geben) 20. ... ♘xf4 21. ♖xf4 f5 wehrt den Angriff ab. Um zu gewinnen muß Weiß das Element, das sein Opfer scheitern läßt (also die Möglichkeit ... ♘xf4) isolieren und eine „Was wäre, wenn ..." Frage stellen. In diesem Fall „Was wäre, wenn ich den Springer von d5 ablenken könnte?". Danach wird die Lösung offensichtlich:

16. ♘b6! ♘xb6

Turmzüge helfen Schwarz nicht, zum Beispiel 16. ... ♖b8 17. ♘xd5 cxd5 18. ♗xh7+ ♔xh7 19. ♕h5+ ♔g8 20. ♗xg7 ♕xc5+ 21. ♔h1 ♔xg7 22. ♕g4+ ♔h8 23. ♖f3 ♕c2 24. f5! ♕xf5 25. ♖xf5 exf5 26. ♕h3+ (hätte Schwarz 16. ... ♖a7 gespielt, würde Weiß jetzt die Antwort 26. ♕d4+ haben) gefolgt von ♕g3+ und der Turm b8 fällt.

17. ♗xh7+ ♔xh7 18. ♕h5+ ♔g8 19. ♗xg7 ♔xg7 20. ♕g4+ ♔h7 21. ♖f3 1-0

Sie können einen Zug wie 16. ♘b6! niemals durch Anwendung des Analysenbaums finden, (es sei denn, Sie sind ein Computer) weil er absolut keinen Sinn macht, außer als Teil der gesamten taktischen Operation, und deshalb würde er es nie schaffen, auf die „Kandidatenzügeliste" zu gelangen.

Hier nun ein anspruchsvolleres Beispiel:

Es sind so viele Figuren angegriffen, daß es einige Zeit dauert, zu erfassen, was in dieser Stellung eigentlich los ist! Weiß wird die Qualität auf e3 verlieren, aber der Läufer auf g2 ist gefangen, und so scheint der wahrscheinlichste Fortgang der Partie eine Stellung mit, z.B., zwei Läufern gegen Turm und zwei Bauern zu sein. Statt dessen hatte Anand eine phantasievolle

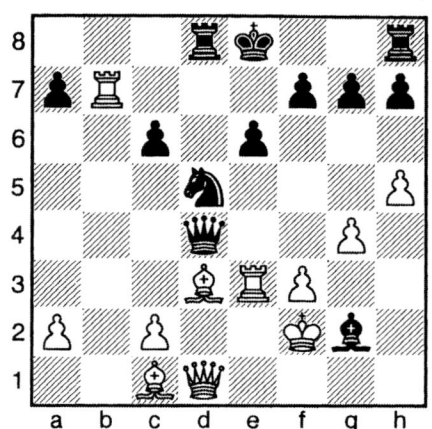

V. Anand – J. Lautier
Biel 1997

taktische Idee, nämlich seine Dame mit dem verblüffenden Zug 20. ♗g6 zu opfern. Leider kann Schwarz nach 20. ♗g6 ♕xd1 21. ♖xe6+ gerade noch mit seinem König weglaufen: 21. ... ♔f8 22. ♗a3+ (22. ♖xf7+ ♔g8) 22. ... ♘e7 23. ♗xe7+ ♔g8 und Weiß verliert. Nun kann Weiß sich fragen: „Was wäre, wenn ich einen Bauern auf h6 hätte?". Dann würde die Variante mit ♖xf7+ zum Matt führen, da ♖xg7+ gefolgt von ♗a3+ möglich wäre.

20. h6!! gxh6?

Offensichtlich hat Schwarz die weiße Idee überhaupt nicht erkannt, sonst hätte er wohl 20. ... ♘xe3 versucht, obwohl Weiß nach der Fortsetzung 21. ♗xe3 ♕e5 22. hxg7 ♖g8 23. ♕c1 Vorteil behält. Natürlich repräsentiert die Variante 20. ... g6 21. ♗xg6 die Verwirklichung der weißen Idee.

21. ♗g6!! ♘e7

Nun, da der weiße Läufer das Feld h6 zur Verfügung hat, führt die Variante 21. ... ♕xd1 22.

♖xe6+ ♔f8 23. ♗xh6+ ♔g8 24. ♗xf7# zum Matt.

22. ♕xd4 ♖xd4 23. ♖d3! ♖d8 24. ♖xd8+ ♔xd8 25. ♗d3! 1-0

Der Analysenbaum ist sicherlich in taktischen Stellungen eine nützliche Technik, aber er sollte flexibel genutzt und durch andere Arten von Schachdenken ergänzt werden. Man muß einen Mittelweg finden zwischen der strikten Anwendung von Kotows Prinzipien und dem Umherirren zwischen einzelnen Varianten. Im besonderen bevorzuge ich den Ansatz der kurzen Prüfung von Varianten, wobei man alle Hauptvarianten kurz betrachtet, um zu sehen, ob sie schnell bewertet werden können. Mit ein bißchen Glück reicht diese Analyse aus; wenn nicht, weiß man wenigstens, wo die kritischen Punkte liegen.

Die häufigsten Fehler beim Analysenbaum sind:

1) Man vergißt vollständig, einen Zug zu analysieren. Dies passiert überraschend leicht. Nachdem man zwanzig Minuten die Verteidigungen A und B gegen ein beabsichtigtes Opfer analysiert hat, entscheidet man, daß es korrekt ist und spielt es. Einen Moment, nachdem man die Figur losgelassen hat, erinnert man sich an Verteidigung C, die man bemerkt, aber nicht analysiert hatte.

2) Das Verwechseln ähnlicher Varianten. Wenn man zuviel zwischen ähnlichen Varianten hin- und herspringt, dann vergißt man leicht, welche Stellung aus welcher Variante entstanden ist. Das heißt, obwohl man die Stellungen klar im Kopf hat, sind die Verbindungen zu den Verzweigungen, beziehungsweise Varianten, in Unordnung geraten. In einem solchen Fall muß man eventuell den Analysenbaum in Gedanken neu errichten.

Während eine bestimmte Menge von mentaler Disziplin die Wirksamkeit Ihrer taktischen Analysen stark verbessern kann, hängt doch viel vom natürlichen Talent ab. Es wäre sehr leicht möglich, die ganze Idee mit ♗g6 in der oben genannten Partie Anand-Lautier zu übersehen, und dabei würde Ihnen auch ein wundervoll organisierter Variantenbaum nicht helfen. Aber auch Lautier hat es übersehen, und so wären Sie wenigstens nicht allein.

Nun kehren wir zur Aufgabe auf Seite 10 zurück. Hier ist noch einmal das Diagramm:

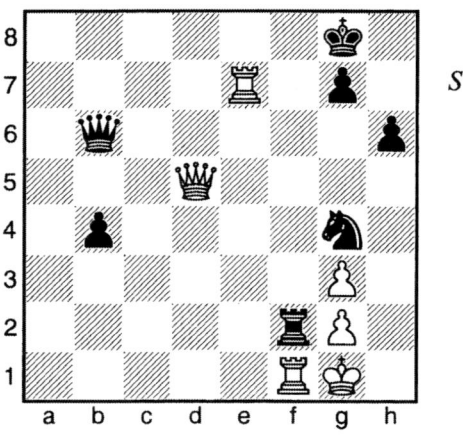

L. Psachis – D. King (Analyse)

Crouchs 34. ... ♔h7 ist tatsächlich der schwächste der drei Königszüge und führt, wie in der Analyse dargestellt, zum Remis.

Zunächst dachte ich, daß 34. ... ♔h8 gewinnt, da jedes Schach auf der achten Reihe durch ... ♖f8+ beantwortet wird und Weiß ansonsten keine Verteidigung gegen die Drohungen gegen seinen König hat. Trotzdem fand das Computerprogramm *Fritz* eine unglaubliche Verteidigung: 35. ♖e8+ ♖f8+ 36. ♔h1 ♖xe8? 37. ♖f8+! ♖xf8 (nach 37. ... ♔h7 38. ♕f5+ steht Schwarz schlechter) 38. ♕g8+! und erzwingt

das Patt. Deshalb müßte Schwarz 36. ... ♘f2+ 37. ♖xf2 ♖xe8 spielen, mit großem Vorteil, aber keinem forcierten Gewinn.

Der letzte Zug, 34. ... ♔f8, ist tatsächlich der stärkste und führt zu einem forciertem Gewinn für Schwarz, obwohl er der unwahrscheinlichste zu sein scheint, da er den f2-Turm freiwillig fesselt. Weiß kann nur 35. ♖e2 ♖f6+ 36. ♖ff2 (36. ♖ef2 ♖xf2 37. ♕a8+ ♔e7 38. ♕e4+ ♔f6 gewinnt) 36. ... ♖xf2 37. ♕a8+ versuchen, aber es gibt kein Dauerschach: 37. ... ♔f7 38. ♕e8+ (38. ♕d5+ ♔f6) 38. ... ♔f6 39. ♕e7+ (39. ♕f8+ ♔g6) 39. ... ♔f5 40. ♕f7+ (40. ♕d7+ ♔g5) 40. ... ♔g5 41. ♕xg7+ ♔h5 und Schwarz gewinnt.

Bewertungsfunktionen

Wenn Computer eine Stellung analysieren, erstellen sie einen Analysenbaum und benutzen dann eine eher simple Bewertungsfunktion, um die Stellung am Ende jedes Zweiges einzuschätzen. Dann können sie durch einen rückwärtigen Arbeitsprozeß die vorhandene Stellung bewerten und festsetzen, was sie als die optimale Fortsetzung betrachten. Wenn ein Computer eine hundertprozentig genaue Bewertungsfunktion hätte, dann müßte er die Stellung nicht mehr als einen Halbzug voraus analysieren – er könnte einfach die Stellung nach jedem legalen Zug bewerten und denjenigen mit der höchsten Bewertung auswählen. Der Effekt der Analyse ist die Verbesserung der Genauigkeit der ziemlich primitiven Bewertungsfunktion.

Menschen analysieren auf eine andere Art und Weise, aber auch sie benutzen eine Bewertungsfunktion. Sie mögen zwar nicht denken, sie hätten einen Vorteil von 0,32 Bauerneinheiten, aber es ist ziemlich normal, zu denken „Nun, am Ende dieser Variante habe ich einen kleinen/ziemlichen/klaren/gewinnbringenden Vorteil." Nach Betrachten verschiedener Varianten entscheidet sich ein Mensch für die beste. Dieser Prozeß ist dem eines Computers ziemlich ähnlich.

Trotzdem ist es typisch für einen Menschen, eine Bewertungsfunktion in einer anderen Art und Weise zu benutzen. Wenn Sie glauben, in der laufenden Stellung einen Vorteil zu besitzen, dann verwerfen Sie automatisch Züge, die Ihrem Gegner vollständigen Ausgleich erlauben. Diese Art des Denkens ist sehr verbreitet und extrem nützlich, weil es die Anzahl der in Frage kommenden Züge deutlich verringert, es birgt aber auch Gefahren in sich. Dieses Denken ist beinahe das Gegenteil der Computerlogik; anstatt die Analyse für die Bewertung der Stellung heranzuziehen, wird die Bewertung zur Straffung des Analysenbaums genutzt. Weil die anfängliche Bewertung jedoch nicht auf konkreter Analyse beruht, ist sie naturgemäß unzuverlässig. Typischerweise übernehmen Spieler die Bewertung des vorhergehenden Zuges und benutzen sie als Anhaltspunkt für den nächsten Zug. Wenn die Bewertung ungenau ist, dann können die verschiedensten Dinge passieren. Nehmen Sie an, Sie haben drei mögliche Züge, A, B und C, und Sie glauben, Sie wären im Vorteil. Sie analysieren A und entscheiden, daß er zum Ausgleich führt; B ebenfalls. Nach kurzer Analyse schließen Sie dann daraus, daß C der korrekte Zug sein muß. Wenn die Stellung aber tatsächlich ausgeglichen ist, dann könnte C in Wirklichkeit zum Nachteil führen, obwohl Sie das nicht sofort erkennen. Da Sie dann dazu neigen, die Bewertung von einem Zug zum nächsten zu übernehmen, wiederholen Sie diese Übung in mangelhafter Logik beim nächsten Zug. Das Ergebnis ist eine ganze Reihe von ungenauen Zügen; das ist es, was man gewöhnlich als „den Faden verlieren" bezeichnet. Wenn Sie selbst einmal „den Faden verlieren", versuchen Sie hinterher das Problem bis zu seinem Ursprung zu verfolgen;

überraschend oft war die Quelle eines Fehlers eine fehlerhafte Bewertung.

Y. Seirawan – J. Nunn
Brüssel World Cup 1988
Königsindische Verteidigung

1. d4 ♘f6 2. c4 g6 3. ♘c3 ♗g7 4. e4 d6 5. f3 0-0 6. ♗e3 ♘c6 7. ♘ge2 a6 8. d5 ♘e5 9. ♘g3 c6 10. a4 cxd5 11. cxd5 e6 12. ♗e2 exd5 13. exd5 ♖e8 *(D)*

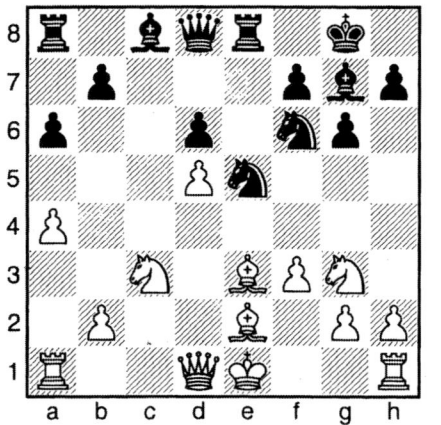

Mit dem Ergebnis der Eröffnung war ich sehr zufrieden. Es schien mir, als ob 8. d5 verfrüht gewesen sei, da es Schwarz die Hebel ... c6 und ... e6 überläßt. In der Diagrammstellung betrachtete ich den Zug f3 nicht nur als Zeitverlust, sondern auch als Schwächung der schwarzen Felder, besonders e3. Aus diesem Grund kann Weiß nicht rochieren (den Abtausch des e3-Läufers durch ... ♘c4 und ... ♘e3 zu erlauben, wäre wirklich sehr schlecht für Weiß). Deshalb schätzte ich die Stellung als leicht besser für Schwarz ein, aber dies war nicht gerechtfertigt. Vielleicht hat Weiß die Eröffnung nicht optimal gespielt, aber eine kleine Ungenauigkeit von Weiß reicht nicht aus, Schwarz Vorteil zu geben; er hat ausgeglichen, aber nicht mehr.

14. ♕d2

Nicht unerwartet, da 14. 0-0 ♘c4 schlecht ist (wie oben angegeben) und 14. ♔f2 ♕c7 15. ♕b3 (verhindert ... ♘c4) 15. ... ♕e7! unangenehmen Druck auf der e-Linie schafft.

14. ... ♕e7

Mein erster Gedanke war, 14. ... ♕c7 15. 0-0 ♘c4 16. ♗xc4 ♕xc4 zu spielen, aber dann sah ich, daß Weiß mehr oder weniger das Remis forcieren kann durch 17. ♘ge4 ♘xe4 (17. ... ♕b4 18. ♘xf6+ ♗xf6 19. ♘e4 ♕xb2 20. ♖ab1 ♕e5 21. ♗f4 ♕d4+ 22. ♔h1 bevorteilt sogar Weiß) 18. ♘xe4 ♕b3! 19. ♗d4! ♕xd5 20. ♖fd1 ♕xd4+ 21. ♕xd4 ♗xd4+ 22. ♖xd4 ♖e7 23. ♘xd6.

Ich hätte mich auch einfach entwickeln können, mittels 14. ... ♗d7 15. 0-0 ♖c8, aber wieder einmal verspricht dies Schwarz kaum mehr als Ausgleich.

15. ♔f2

Natürlich sind 15. 0-0? ♘c4! und 15. ♗d4?! ♘c4 gut für Schwarz, aber die Tatsache, daß Weiß nun diesen künstlich aussehenden Königszug spielen mußte, schien meine frühere Einschätzung zu bestätigen. Mittlerweile war ich ziemlich aufgeregt beim Berechnen verschiedener taktischer Möglichkeiten, die ein Läufer- oder Springeropfer auf g4 beinhalten, aber im Moment ist keine dieser Ideen effektiv.

15. ... h5

Die Fortsetzung meines Planes, Weiß für seine Eröffnung zu „bestrafen". Da es keinen sofortigen taktischen Schlag gab, schien der einzige Weg, die Initiative zu behalten, im Vorrücken des h-Bauern zu bestehen.

16. Rhe1

Der Turm tritt in Erscheinung, damit er nicht nach einem Rückzug des Springers eingesperrt wird.

16. ... h4 17. ♘f1

Nach 17. ♘ge4 ♘h7 (17. ... ♘eg4+!? 18. fxg4 ♘xe4+ 19. ♘xe4 ♕xe4 20. ♗f3 ♕c4 ist auch möglich) 18. ♔g1 f5 muß Weiß unter Zeitverlust den Rückzug antreten.

17. ... ♘h5? *(D)*

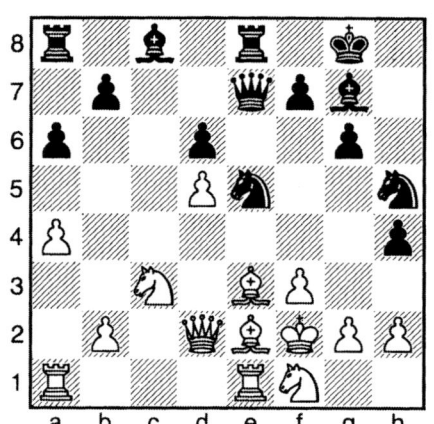

Bis jetzt ist Schwarz kein echter Fehler unterlaufen, aber nun läßt ihn sein Verlangen, um Vorteil zu kämpfen, das Ziel weit verfehlen. Ursprünglich plante ich 17. ... h3, in dem Glauben, daß es nach 18. g4 irgendeine Kombination, basierend auf dem Schlagen auf g4, geben würde. Nun entdeckte ich, daß es keine solche Kombination gab. Die Unfähigkeit, eine Fortsetzung meines früheren aktiven Spiels zu finden, frustrierte mich. Das Ergebnis war der sehr schwache Zug ♘h5, der auf einer Falle beruht, die aber nicht einmal funktioniert! Der richtige Plan bestand in 17. ... ♘h7 (verhindert ♗g5) 18. f4 ♘g4+ 19. ♗xg4 ♗xg4 20. ♗d4 ♗xd4+ (20. ... ♕f8 21. ♘e3 ist besser für Weiß) 21. ♕xd4 ♕f6 22. ♕xf6 ♘xf6 mit einem ziemlich ausgeglichenen Endspiel, was für mich natürlich nicht annehmbar war.

18. ♔g1

Nach 18. ♗g5 plante ich das Bauernopfer 18. ... ♕c7 19. ♗xh4 ♕c5+ 20. ♘e3 ♗h6 21. ♘e4 ♘g4+ 22. fxg4 ♖xe4, aber nach 23. ♗f3 ♖d4 24. ♕c3 hat Schwarz Schwierigkeiten, Kompensation für den Bauern zu finden. Vielleicht ist 19. ... ♕b6+ 20. ♘e3 ♗h6 besser, aber selbst dann ist 21. ♘cd1 unklar. Wahrscheinlich ist das prosaische 18. ... ♗f6 19. ♗xf6 ♕xf6 20. ♘e4 ♕e7 am besten.

18. ... h3

Nun ist 18. ... ♗d7?! schlecht, wegen 19. ♗g5! ♗f6 20. f4 ♗xg5 21. fxg5 ♘g7 22. ♘e4, mit Blickrichtung auf f6, deshalb muß der h-Bauer vorziehen, um nicht nach ♗g5 verlorenzugehen.

19. g4

Schneidet den h-Bauern ab.

19. ... ♘f6

Das Opfer 19. ... ♘xg4 20. fxg4 ♗xc3 21. bxc3 ♕e4 wird durch 22. ♗f3! ♕xf3 23. gxh5 widerlegt, so daß der Springer unter Zeitverlust zurückweichen muß.

20. ♗d4

Droht 21. f4.

20. ... ♕f8 21. ♘g3 ♘h7 22. g5

Schließt den Springer vom Spiel aus.

22. ... f6 23. f4 ♘g4 24. ♘ce4 ♗d7 *(D)*

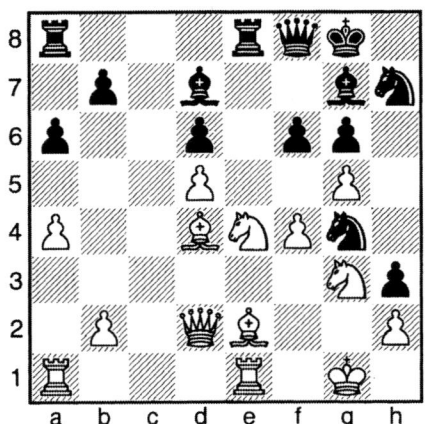

Weiß spielte jetzt den schwachen Zug 25. gxf6?, was dem toten Springer auf h7 die Rückkehr ins Spiel erlaubte; nach vielen Komplikationen endete die Partie mit Remis.

Hätte Seirawan mit 25. ♕d1 f5 26. ♗xg7 ♕xg7 27. ♗xg4 fxg4 28. ♕d2 fortgesetzt, dann wäre Schwarz in Schwierigkeiten gewesen. Der d6-Bauer ist bedroht und der Springer h7 kann erst in ferner Zukunft ins Spiel zurückkehren. Sogar das solide 25. ♖f1 hätte Weiß einen klaren Vorteil gegeben.

Die Kette von Ereignissen in diesem Beispiel war folgendermaßen: eine falsche Einschätzung der Stellung führte zu überambitioniertem Spiel von Schwarz; dann führte die Vermeidung von Remisvarianten zu dem schrecklichen Zug 17. ... ♘h5?. Zurück auf den richtigen Weg gelangte Schwarz erst, als sich seine Stellung bereits erheblich verschlechtert hatte.

Wann soll man analysieren?

Eine Frage, die Kotow nicht wirklich beantwortet hat, ist, ob man überhaupt und wieviel man analysieren soll. Dies ist aber von hoher praktischer Bedeutung. Vielleicht würde man bessere Züge machen, wenn man unendlich viel Zeit zum Analysieren hätte, aber Partien, die vor der Einführung von Schachuhren gespielt wurden (und einige Fernpartien) zeigen daß dies nicht unbedingt der Fall sein muß. Zu viel Analyse kann leicht zu Müdigkeit und Konfusion führen. Heutzutage geht die Tendenz zu immer kürzeren Zeitbegrenzungen, und dies bedeutet, daß die Einteilung der Bedenkzeit immer entscheidender wird.

Beim Analysieren einer bestimmten Stellung zeigt sich, daß man fast immer mehr in den ersten fünf Minuten sieht, als in den nächsten. Die fünf Minuten danach sind noch unproduktiver und so weiter. Ich habe beobachtet, daß, wenn ein Spieler mehr als zwanzig Minuten an einem Zug überlegt, das Ergebnis fast immer ein Fehler ist. Der normale Entscheidungsprozeß sollte nicht länger dauern, auch in ziemlich komplexen Stellungen. Es gibt natürlich immer Ausnahmen bei einem solchen empirischen Gesetz, aber in diesem Fall sind sie sehr selten. Wenn ein Spieler lange über einen Zug brütet, ist der Grund dafür normalerweise entweder Unentschlossenheit oder die Unfähigkeit, eine zufriedenstellende Fortsetzung zu finden. Es wäre sehr ungewöhnlich, wenn die Stellung so kompliziert wäre, daß sie wirklich mehr als zwanzig Minuten Bedenkzeit erfordert.

Wenn Sie längere Zeit über eine Stellung nachgedacht haben und immer noch unsicher sind, was Sie spielen sollen, dann ist es essentiell, rücksichtslos pragmatisch zu sein. Sie müssen sich fragen, ob weiteres Nachdenken Ihnen wirklich weiterhelfen wird, eine bessere Entscheidung zu treffen. Nehmen Sie an, Ihr langes Nachdenken ist das Resultat von Unentschlossenheit; sagen wir zum Beispiel, es gibt zwei Züge, die beide etwa gleich gut sind. Wenn Sie

sich bis jetzt nicht zwischen ihnen entscheiden konnten, ist es vernünftig, anzunehmen, daß es tatsächlich wenig zwischen ihnen zu wählen gibt. Beträchtliches weiteres Nachdenken könnte eventuell einen kleinen Unterschied aufdecken, aber selten lohnt sich dieser Bedenkzeitaufwand. Erstens kann man sich bei der Beurteilung von feinen Unterschieden leicht irren, und zweitens lohnt es sich nicht, einen kleinsten Vorteil herauszuholen, wenn das Resultat das Einstellen einer Figur in Zeitnot ist. Partien werden sehr viel seltener durch kleine Vorteile entschieden als oft angenommen wird. Es gibt Spieler, wie Capablanca und Karpow, die die Fähigkeit besitzen, ständig kleine Vorteile in einen Gewinn umzumünzen, aber dieses Talent ist sogar unter Großmeistern selten. Partien, in denen die Spieler Fehler machen und der Vorteil hin- und herwogt, sind eher üblich; die Entscheidung fällt am Ende in Form eines schweren Fehlers. Mein Rat ist, Ihrem instinktiven Gefühl für den besseren der beiden Züge zu gehorchen, oder, wenn Sie keinen bevorzugen, willkürlich einen auszuwählen. Gelegentlich war ich versucht, am Brett eine Münze zu werfen, aber trotz des unbestreitbaren psychologischen Eindrucks auf den Gegner scheint dies doch ziemlich unsportlich zu sein.

Wenn Sie keine zufriedenstellende Fortsetzung finden können, dann hilft es wiederum gewöhnlich nicht zu grübeln, darauf hoffend, daß ein Wunder geschieht. Wenn man natürlich mit etwas aufwarten muß oder ansonsten aufgeben könnte, darf man genauso gut weiter überlegen, aber dieser Fall ist ungewöhnlich. Normalerweise ist es besser, wenn Sie die am wenigsten nachteilig erscheinende Fortsetzung wählen und die Bedenkzeit für genaue Verteidigung und mögliches Gegenspiel in einem späteren Stadium der Partie einsparen. Es ist wichtig zu betonen, daß wenn Sie generell mit Ihrer Stellung unzufrieden sind, dies auf Ihre Einschätzungen abfärben könnte. Bevor Sie sich für einen Zug entscheiden, ist es wahrscheinlich der Mühe wert, sich noch einmal kurz die Alternativen und die Gründe, sie abzulehnen, vor Augen zu halten, um zu sehen, ob sie wirklich so schlecht sind, wie Sie glauben. Es ist nicht ungewöhnlich, plötzlich herauszufinden, daß Ihre beabsichtigte, zum Ausgleich führende Fortsetzung doch etwas schlechter für Sie ist; dann betrachten Sie immer nachteilhaftere Möglichkeiten, werden sehr frustriert über Ihre Stellung und vergessen vollkommen, daß die erste Variante tatsächlich gar nicht so schlecht war.

Eine weitere bekannte Zeitverschwendung besteht darin, instinktiv einen Zug spielen zu wollen und dann viel Zeit darauf zu verwenden, das instinktive Gefühl durch konkrete Analyse zu stützen. Tun Sie das nicht. Wenn Ihre Intuition Ihnen klar vorgibt, Zug X zu spielen, dann werden Sie ihn am Ende wahrscheinlich sowieso machen und weiteres Nachdenken ist reine Zeitvergeudung. Die schlimmste Situation, die man sich vorstellen kann, ist die, daß Sie Zug X spielen wollen, aber keinen objektiven Grund finden, dies auch zu tun; dann analysieren Sie, bis Sie endlich einen zweifelhaften Grund finden, warum X ein guter Zug ist. Schließlich spielen Sie einen zweifelhaften Zug *und* Sie haben viel Zeit verbraucht. Trotzdem lohnt es sich gewöhnlich, ein paar Minuten aufzuwenden, beim Versuch etwas konkret *Falsches* bei Ihrer intuitiven Wahl zu finden, weil positionelle Intuition nicht gegen die Möglichkeit absichert, daß der Zug aus taktischen Gründen schlecht ist. Wenn Sie innerhalb dieser paar Minuten nichts Anrüchiges finden, dann sollten Sie den Zug ruhig ausführen.

Die folgende Partie ist ein gutes Beispiel für das „Spielen (fast) ohne Berechnungen".

J. Nunn – P. van der Sterren
Bundesliga 1995/6
Spanisch

1. e4 e5 2. ♘f3 ♘c6 3. ♗b5 a6 4. ♗a4 ♘f6 5. 0-0 ♗e7 6. ♖e1 b5 7. ♗b3 d6 8. c3 0-0 9. d3 ♘a5 10. ♗c2 c5 11. ♘bd2 ♖e8 12. ♘f1 h6 13. ♘g3 ♗f8 14. d4 exd4 15. cxd4 cxd4 16. ♘xd4 ♗b7 17. b3 d5 18. e5 ♘e4 *(D)*

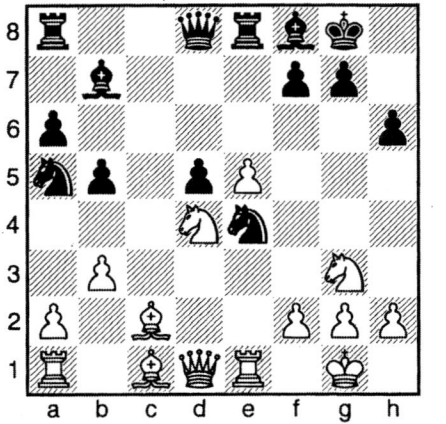

Die minderwertige Behandlung der Eröffnung von Schwarz hat ihn mit einem abseits stehenden Springer auf a5 zurückgelassen. Die Idee von ... d5 und ... ♘e4 besteht in einem Bauernopfer zur Befreiung seiner Stellung.

19. ♗b2

Ich zog das Nehmen des Bauern durch 19. ♘xe4 dxe4 20. ♗xe4 ♗xe4 21. ♖xe4 ♕d5 22. ♕e2 (aber nicht 22. ♕g4 ♖xe5 23. ♖xe5 ♕xe5 24. ♗xh6 f5 25. ♕f4 ♗d6 26. ♕xe5 ♗xe5 27. ♗e3 f4 und Schwarz gewinnt) in Betracht, aber instinktiv gefiel es mir nicht. Die weißen Figuren sind ziemlich in Unordnung geraten, während die schwarzen Entwicklungsprobleme gelöst sind. Es schien mir äußerst schwierig, den Mehrbauern in einer solchen Stellung zu verwerten. Zurückblickend denke ich, daß auch diese Variante für Weiß etwas besser gewesen wäre, da Schwarz immer noch Schwierigkeiten hat, seinen Springer effektiv zu verwenden. Die dynamischere Partiefortsetzung ist mindestens genauso gut und stellt Schwarz vor schwierige Entscheidungen.

Generell wäre Weiß sehr glücklich über einen Springerabtausch auf g3, da er automatisch durch ♕d3 (wobei ... g6 mit e6 beantwortet wird) Angriff erlangt. Trotzdem wollte ich mit 19. f3 kein Tempo verlieren. Außerdem schwächt dies die Diagonale a7-g1 und blockiert die Diagonale d1-h5, auf der Weiß eventuell seine Dame bewegen möchte.

19. ... ♕b8

Nach 19. ... ♖xe5 20. f3 ♗b4 21. fxe4 ♗xe1 22. ♕xe1 ♕b6 23. ♔h1 hat Weiß großen Vorteil, da ein Angriff auf g7 nicht lange auf sich warten läßt.

Der Partiezug kam unerwartet, aber die Idee ist klar: wenn Weiß dreimal auf e4 nimmt, spielt Schwarz einfach ... ♖xe5.

20. e6

Ein Schlüsselmoment. Ich dachte einige Minuten über das direkte 20. ♕g4 nach, wonach Schwarz praktisch keine Wahl hat und 20. ... ♕xe5 spielen muß. Dann sieht es so aus, als ob es eine taktische Möglichkeit in der langen Diagonale geben müßte, aber ich konnte nur eine Idee entdecken: 21. ♘df5 ♕xb2 22. ♘xh6+ ♔h7 23. ♘xf7 ♕xc2 24. ♖xe4 dxe4 25. ♘g5+, gefolgt von ♕h5. Trotzdem reicht schon ein kurzer Blick, um zu erkennen, daß die Analyse dieser Variante sehr kompliziert sein wird: in der Mitte kann Schwarz 24. ... ♖xe4 versuchen oder er kann das zweite Figurenopfer ablehnen und zum Beispiel 23. ... ♕f6 spielen.

Dies ist ein Fall, bei dem ein kurzer Überblick über die anderen Möglichkeiten viel besser ist, als zwanzig Minuten zu verbrauchen, um das doppelte Figurenopfer einzuschätzen. Zuerst betrachtete ich 20. ♘gf5 ♖xe5 21. ♕g4 g6, aber das schien nicht klar zu sein. Dann entdeckte ich den Partiezug, und er erregte sofort meine Aufmerksamkeit. Nach 20. ... fxe6 21. ♘xe4 dxe4 22. ♗xe4 ♗xe4 23. ♖xe4 ist die schwarze Stellung bedauernswert; der e6-Bauer ist schwach, der Springer a5 bleibt außer Spiel, und Weiß kann den Druck mit natürlichen Zügen, wie ♕g4 und ♖ae1 verstärken. Das beste daran ist, daß er einfach und risikofrei ist.

Die Heimanalyse zeigt, daß das doppelte Figurenopfer zum Remis führt: nach 25. ♘g5+ ♔g8 26. ♕h5 in der obigen Variante kann Schwarz mit 26. ... e3! antworten und Weiß hat nicht mehr als Dauerschach.

20. ... ♕f4

Ein weiterer eher unerwarteter Zug.

21. ♘xe4 dxe4 22. g3

Wieder eine leichte Wahl. Um nicht den Bauern auf e4 zu verlieren, muß die schwarze Dame die lange Diagonale betreten, aber danach besitzt Weiß verschiedene taktische Ideen, basierend auf Abzügen des Springers auf d4.

22. ... ♕e5

Nach 22. ... ♕f6 23. ♕d2 b4 24. ♗xe4 würde Schwarz sich glücklich schätzen, nur mit dem Verlust eines Bauern davonzukommen.

23. ♕g4

Es ist wichtig, jede Finesse in Betracht zu ziehen, die den Gewinn vereinfachen könnte. Hier hat Weiß die Wahl zwischen 23. ♕e2 und 23. ♕g4 h5 24. ♕e2. Die letztere Variante ist aus zwei Gründen klar überlegen. Zunächst ist der vorgerückte Bauer h5 eine Schwäche, da er ungedeckt sein wird; zweitens könnte die Schwäche des Feldes g5 Weiß erlauben, es später mit einem Springer zu besetzen, was eine permanente Gefahr für den schwarzen König bedeuten wird. Dies ist ein Beispiel für die Vergleichsmethode (Seite 45).

23. ... h5

Es gibt nichts Besseres. 23. ... ♗b4 24. ♖e2 macht keinen Unterschied, während 23. ... fxe6 24. ♗xe4 ♗xe4 25. ♖xe4 ♕f6 26. ♖f4! ♕g5 27. ♕xg5 hxg5 28. ♖e4 der Partie ähnlich ist, wobei die schwarzen Königsflügelbauern sogar noch schwächer sind.

24. ♕e2 fxe6 25. ♗xe4 ♕xe4 26. ♕xe4 ♗xe4 27. ♖xe4

Ein ideales Ergebnis. Schwarz wird den Verlust des e6-Bauern innerhalb weniger Züge nicht verhindern können (z.B. 27. ... ♔f7 28. ♖ae1 ♗b4 29. ♖f4+) und er verbleibt mit einem abseits stehenden Springer.

27. ... ♖ac8

Wenn Weiß sofort auf e6 schlägt, dann wird dieser Turm auf c2 eindringen. Aber es besteht kein Grund zur Eile.

28. ♖ae1

Mit der Drohung, zweimal mit den Türmen auf e6 zu schlagen, wobei der Springer auf d4 verbleibt und c2 überdeckt.

28. ... ♗b4 29. ♖1e2 ♗c3 30. ♗xc3 ♖xc3 31. ♖xe6 1-0

Das erscheint ein bißchen verfrüht, aber Schwarz wird auch den Bauern a6 verlieren, und es gibt keinen Grund, mit zwei Minusbauern weiterzuspielen.

DAUT

Dieses Akronym steht für: „Don't Analyse Unnecessary Tactics". (Was soviel heißt wie: Analysiere nicht unnötige Verwicklungen)

Die taktische Analyse ist eine fehleranfällige Beschäftigung. Das Übersehen einer wichtigen Finesse kann das Ergebnis einer Analyse erheblich verändern. Wenn es möglich ist, sich für Ihren Zug unter rein positionellen Gesichtspunkten zu entscheiden, dann sollten Sie dies tun; das geht schneller und ist verläßlicher. Es gibt natürlich viele Stellungen, in denen konkrete Analyse unerläßlich ist, aber sogar in solchen Fällen sollte man spezielle Varianten nicht mehr als notwendig berechnen.

Das folgende Beispiel ist ein Grenzfall.

J. Nunn – M. Pribyl
Bundesliga 1995/6
Italienisch

1. e4 e5 2. ♘f3 ♘c6 3. ♗c4 ♘f6 4. d3 ♗c5 5. 0-0 d6 6. c3 0-0 7. ♘bd2 a6 8. ♗b3 ♗a7 9. h3 ♘d7 10. ♗c2 f5 11. exf5 ♖xf5 12. d4 ♖f8

Schwarz hat die Eröffnung in einer ziemlich herausfordernden Art und Weise gespielt, darauf abzielend, die f-Linie zu öffnen und Gegenspiel durch den Angriff auf f2 zu erreichen. Dafür ist Schwarz in der Entwicklung zurückgeblieben.

13. ♘e4

Nach 13. d5 ♘e7 14. ♘g5 ♘f6 15. ♘de4 ♘f5 verfügt Weiß über sichere Kontrolle über e4, was das Herz eines jeden, der gegen Königsindisch spielt, erwärmen würde. Unglücklicherweise für Weiß steht der schwarze Läufer auf a7 statt auf g7, und der Druck gegen f2 gibt Schwarz ausreichendes Gegenspiel.

13. ... exd4 *(D)*

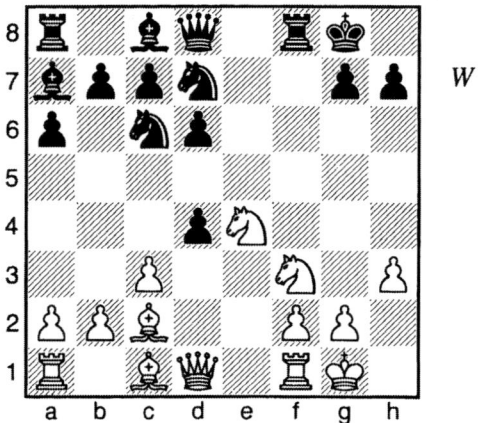

Mit ziemlich vielen weißen Figuren, die auf den verwaisten Königsflügel gerichtet sind, ist sicherlich Potential für eine forcierte Fortsetzung vorhanden, aber für welchen Zug soll man sich entscheiden? 14. ♘eg5, 14. ♘fg5, 14. ♗b3+ und 14. ♗g5 sind alles vernünftige Fortsetzungen. Ich würde dies als einen Grenzfall betrachten für die Entscheidung, ob man die Zeit für eine sorgfältige Analyse aufwenden soll oder nicht. Die Stellung sieht im rein strategischen Sinne in der Tat vielversprechend aus, aber die hohe Anzahl von Zügen, die Weiß zur Verfügung hat, zeigt an, daß eine komplette Analyse sehr zeitraubend wäre.

Am Ende entschied ich mich für eine einfache forcierte Fortsetzung, die Weiß einen kleinen positionellen Vorteil einbringt. Tatsächlich hätte Weiß einen größeren Vorteil durch eine andere forcierte Variante sicherstellen können, aber das ist das Risiko, das man eingeht, wenn man eine Entscheidung trifft, ohne zu lange in die Stellung geschaut zu haben. Trotzdem hätte ich mir sicher die Zeit genommen, hätte es nicht eine vorteilhafte Alternative gegeben.

14. ♘eg5

Hier ist eine Analyse der anderen Möglichkeiten:

1) 14. ♗g5 ♛e8 15. ♖e1 ♘de5 16. ♘xd4 ♗xh3! 17. gxh3 ♗xd4 18. cxd4 ♘f3+ 19. ♔g2 ♘xe1+ 20. ♛xe1 ♘xd4 und Schwarz steht etwas besser.

2) 14. ♛d3 ♘ce5 15. ♘xe5 ♘xe5 16. ♘f6+ ♛xf6 17. ♛xh7+ ♔f7 verteidigt.

3) 14. ♗b3+ ♔h8 15. ♘fg5 ♛e7 (nicht 15. ... ♘de5 16. ♘xh7!) 16. ♘e6 (16. ♛h5 g6 17. ♛h6 ♘f6 und 16. ♘xh7 ♛xe4 17. ♘xf8 ♘xf8 18. ♛h5+ ♘h7 19. ♛f7 ♗xh3 20. gxh3 dxc3 sind gut für Schwarz) 16. ... ♘f6 17. ♘xf8 ♛xe4 18. ♖e1 ♛h4 19. ♘e6 dxc3 und Schwarz hat zwei Bauern für die Qualität – die Stellung ist unklar.

4) 14. ♘fg5! und jetzt:

4a) 14. ... d5 15. ♘e6 (15. ♛h5 h6 16. ♘e6 ist auch gut) 15. ... ♛e7 16. ♘4g5 ♘f6 17. ♘xf8 gewinnt die Qualität.

4b) 14. ... ♘de5 15. ♘xh7! ♖f5 16. ♘eg5 d3 17. ♗b3+ (17. ♗xd3 ♘xd3 18. ♛xd3 ist unklar, da die Springer aus ihrer exponierten Lage keinen Weg zurückfinden) 17. ... d5 18. g4! ♖f7 19. ♘xf7 ♘xf7 20. ♛xd3 ♘ce5 21. ♛xd5 ♛xd5 22. ♗xd5 ♔xh7 23. ♖e1 und mit ♖+2♗ gegen 2♘ hat Weiß das bessere Endspiel.

4c) 14. ... dxc3 15. ♛h5 (15. ♘e6 ♛e7 16. ♘xf8 cxb2 17. ♗xb2 ♘xf8 ist unklar) 15. ... h6 16. ♛g6 mit entscheidendem Angriff.

4d) 14. ... h6 15. ♘e6 ♛e7 16. ♘xf8 ♘xf8 17. ♖e1 ♗e6 und Schwarz hat einen Bauern und leichten Entwicklungsvorsprung für die Qualität, aber dies reicht nicht für eine volle Kompensation aus.

14. ... ♘f6 15. ♛d3 g6

Nach 15. ... h6 16. ♘h7 ♖e8 17. ♛g6 hat Weiß einen gewinnbringenden Angriff, so daß dieser Zug erzwungen ist. Trotzdem ist diese Schwächung der dunklen Felder um den schwarzen König sehr gefährlich, wenn der schwarzfeldrige Läufer weit entfernt am Damenflügel weilt.

16. ♘xd4 ♘xd4 17. cxd4 d5

Dies ist fast erzwungen, denn sonst kann Schwarz seine Entwicklung nicht beenden, z.B. geht 17. ... ♗f5 nicht wegen 18. ♛b3+ und 19. ♗xf5. Jetzt aber ist 18. ... ♗f5 eine Drohung.

18. ♘xh7!

Sicherlich am besten. Der Nutzeffekt dieses Zuges besteht im Abtausch der Bauern h7 und d4, was zu einer weiteren Aushöhlung der schwarzen Königsstellung führt.

18. ... ♗f5

Nicht 18. ... ♔xh7 19. ♛xg6+ ♔h8 20. ♗g5 mit entscheidendem Angriff, zum Beispiel 20. ... ♛e7 21. ♖ae1 ♖g7 22. ♗xf6 ♖xf6 23. ♖e8+ ♖f8 24. ♖xf8+ ♛xf8 25. ♛h7#.

19. ♘xf6+ ♛xf6

Forciert, da 19. ... ♖xf6 20. ♛b3 ♗c2 21. ♛xc2 ♗xd4 22. ♗g5 die Qualität kostet.

20. ♛b3 ♗xc2 21. ♛xc2 ♗xd4 22. ♗h6 ♖f7 23. ♖ad1

Diese Stellung ist die beinahe forcierte Konsequenz der weißen Entscheidung im 14. Zug. Die unmittelbare Drohung ist 24. ♖xd4, und der Läufer d4 ist an den Bauern d5 gefesselt.

23. ... ♖h7? *(D)*

Ein schwerer Fehler, der Schwarz sofort die Partie kostet. Andere Züge:

1) 23. ... ♔h7 24. ♗e3 ♗xe3 25. fxe3 ♕e7 26. ♖xf7+ ♕xf7 27. e4 dxe4 28. ♕xe4 ist unangenehm für Schwarz. Der Bauer b7 ist angegriffen, und Weiß droht sowohl 29. ♖f1 als auch 29. ♕g4, gefolgt von 30. ♖d7.

2) 23. ... c5 24. ♗e3 ♗xe3 25. fxe3 ♕c6 26. ♖xf7 ♔xf7 27. e4! d4 (27. ... dxe4 28. ♖f1+ ♔g7 29. ♕c3+ ♔g8 30. ♖f6 ♕e8 31. ♕c4+ ♔g7 32. ♖e6 ♕d7 33. ♕xe4 ♕d4+ 34. ♕xd4 cxd4 35. ♖d6 gewinnt einen Bauern) 28. ♕c4+ ♔g7 29. b4! mit starkem Druck.

3) 23. ... ♗xb2 24. ♖xd5 ♖e8 25. ♖fd1 ♗e5 ist die beste Fortsetzung für Schwarz. Trotzdem bevorzuge ich immer noch die weiße Stellung, weil sein König vollständig sicher ist, während der schwarze König nur einen Bauern zu seiner Verteidigung hat.

Hier ist ein Fall, in dem es sich hundertprozentig lohnt, nach einem forciertem Gewinn Ausschau zu halten! Nach dem Opfer auf d4 wird Schwarz überhaupt keine Bauern mehr zur Verteidigung seines Königs haben. Weiß braucht nur seinen Läufer auf die lange Diagonale zu überführen oder seinen Turm in den Angriff einzuschalten, und die Partie wird vorbei sein. Die Varianten verlaufen ziemlich geradlinig und forciert, so daß kaum Gefahr besteht fehlzugreifen.

24. ♖xd4! ♕xd4 25. ♕xg6+ ♔h8 26. ♖e1

Schwarz ist überraschenderweise hilflos gegen die Drohung 27. ♖e8+.

26. ... ♖d7 *(D)*

Der einzige Weg, die Partie fortzusetzen. Nun kann Weiß mit 27. ♖e8+ ♖xe8 28. ♕xe8+ ♔h7 29. ♕xd7+ ♔xh6 30. ♕xc7 zwei Bauern gewinnen, aber Schwarz hat einen freien d-Bauern, und in einem Damenendspiel kann ein starker Freibauer den Verlust einiger Bauern kompensieren. In jedem Fall müßte Weiß aufpassen, und so lohnt es sich, nach einem Killerzug Ausschau zu halten.

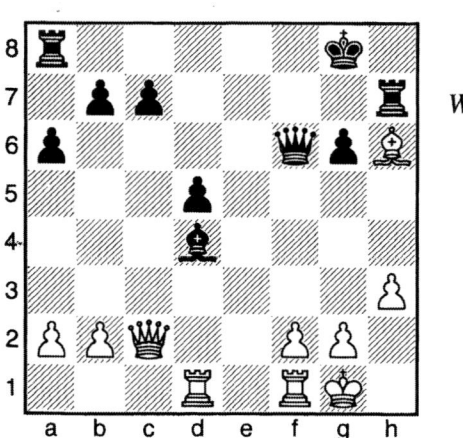

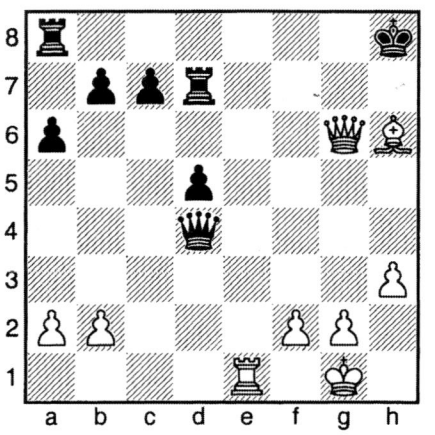

27. ♕h5! ♕d3

Es gibt zu viele Drohungen. 27. ... ♔g8 28. ♖e3 ist hoffnungslos, und nach 27. ... ♕c4 28. ♗f4+ ♔g8 29. ♖e8+ gewinnt Weiß den schwarzen Turm gratis.

28. ♖e6

Nachdem sich auch der Turm in den Angriff einschaltet, ist alles vorbei.

28. ... ♖g8 29. ♗g7+! ♔xg7 30. ♕h6+ 1-0

Es ist Matt im nächsten Zug.

Abgesehen von der Möglichkeit einer Fehlberechnung warten auf den begeisterten Rechner auch psychologische Fallen.

Nehmen Sie an, daß Sie in einer leicht vorteilhaften Stellung eine scharfe und komplizierte Variante sehen; Sie benötigen eine halbe Stunde, um alle Varianten, die entstehen können zu untersuchen, aber Sie finden heraus, daß das Ergebnis im besten Falle unklar ist. Dann ist es unglaublich schwer, Ihre Analyse als Zeitverlust abzuschreiben und nach Alternativen Ausschau zu halten. Schließlich überzeugen Sie sich selbst, die taktische Fortsetzung zu wählen, mit einem Argument wie „nun, wahrscheinlich wird er den Weg durch all die Komplikationen nicht finden, und sogar dann würde er keinen Vorteil erreichen". So endet es also damit, daß Sie den Zug spielen, der objektiv nicht der beste ist, und es ist verblüffend, wie oft es passiert, daß der Gegner tatsächlich den Weg durch die Komplikationen findet, wenn man ihn dazu zwingt.

In dieser Stellung hängt viel von den mobilen e- und f-Bauern des Weißen ab. Wenn er sie mittels f4 und e5 in Bewegung setzen könnte,

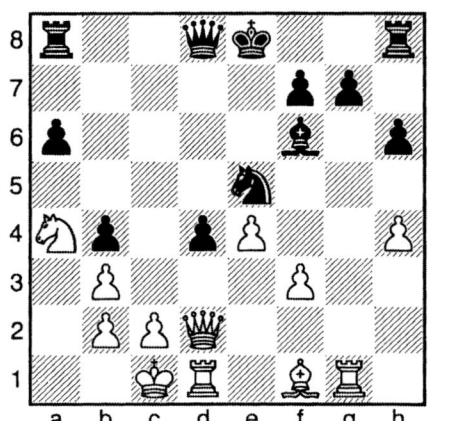

V. Anand – G. Kamsky
Linares 1994

wobei beide Züge mit Tempogewinn erfolgen würden, dann wäre Schwarz total verloren. Augenblicklich jedoch droht Schwarz eine Gabel auf f3.

Anand entschied, daß er f4 und e5 unbedingt durchsetzen mußte und war bereit, den Turm auf g1 zur Erreichung seines Ziels zu opfern. Die Partie wurde mit der komplexen taktischen Variante 19. f4! ♞f3 20. ♕g2 ♞xg1 21. e5 0-0 22. ♗d3! ♗xe5! 23. fxe5 ♕xh4 24. ♖xg1 ♕f4+ 25. ♔b1! ♕xe5 fortgesetzt. Sogar für einen Großmeister ist es nicht leicht, sich durch diese Variante durchzuarbeiten, aber das ist noch nicht das Ende vom Lied. In der entstandenen Stellung besitzt Schwarz einen Turm und drei Bauern für einen Läufer und einen Springer, auf dem Papier ein beträchtlicher materieller Vorteil. Trotzdem zeigte Anand, daß nach 26. ♞c5! die weiße Initiative Schwarz an der Koordination seiner Figuren hindert. Er gewann schließlich auf sehr schöne Art und Weise.

Man kann Anands Wahl kaum kritisieren, da sie ihm forciert Vorteil verschaffte, aber für

gewöhnliche Sterbliche (und normale Großmeister wie mich) wäre diese Fortsetzung ein Sprung ins Ungewisse gewesen. Konfrontiert mit der Diagrammstellung wäre es vernünftig, 19. f4 zu betrachten und zu denken „Nun, das könnte gut sein, aber es ist sehr kompliziert. Wenn ich muß, werde ich es analysieren, aber vielleicht gibt es eine andere Fortsetzung, die mir Vorteil verschafft und mit weniger Risiken verbunden ist." Der Zug 19. ♗e2 ist natürlich; er droht f4 und e5, ohne irgendetwas zu opfern. Schwarz kann die weißen Bauern nicht durch 19. ... g5 blockieren, da 20. hxg5 hxg5 21. ♕xb4 (oder 20. ♕xb4 gxh4 21. ♖xd4) sehr gut für Weiß ist. Anand spielte diesen Zug nicht, wegen 19. ... d3, was in der Tat die einzige vernünftige Antwort darstellt. Trotzdem kann Weiß dann mit 20. ♕e3! fortsetzen, und Schwarz ist in großen Schwierigkeiten. Die Drohung f4 und e5 ist erneuert, und der Bauer d3 hängt. Es könnte weitergehen mit 20. ... ♗xh4 21. ♗xd3 ♕c7 22. ♘b6 ♘xd3+ 23. ♖xd3 ♖d8 24. ♖xd8+ ♕xd8 25. ♘d5 und Schwarz verliert. Er kann wegen 26. ♕xh6 nicht rochieren, da der g-Bauer hängt. Außerdem droht ♕c5, und der mächtige Zentralspringer beherrscht den Läufer. Diese Variante ist ziemlich geradlinig zu berechnen und wahrscheinlich nicht wirklich notwendig, da nach 22. ♘b6 bereits klar ist, daß Weiß sehr gut steht. Also hätte Weiß mit dem einfachen ♗e2 mindestens genauso viel Vorteil erreichen können wie in der Partie. Man kann sich leicht vorstellen, daß Weiß nach den schwierigen, aber attraktiven Berechnungen von 19. f4 nicht scharf darauf war, eine ebenso gute Alternative zu finden, obwohl Züge wie 19. ♗e2 und ♕e3 für jemanden wie Anand ein Kinderspiel sind.

Sicherheitsnetze

Wenn Sie über eine lange und komplexe Variante nachdenken, hilft es, besonders wenn Opfer inbegriffen sind, ein Sicherheitsnetz zur Verfügung zu haben, mit anderen Worten, eine Alternativfortsetzung, die Sie anwenden können, wenn Sie auf halber Strecke Ihrer beabsichtigten Fortsetzung feststellen, daß diese nicht funktioniert.

Die einfachste Art eines Sicherheitsnetzes ist die Möglichkeit eines Dauerschachs.

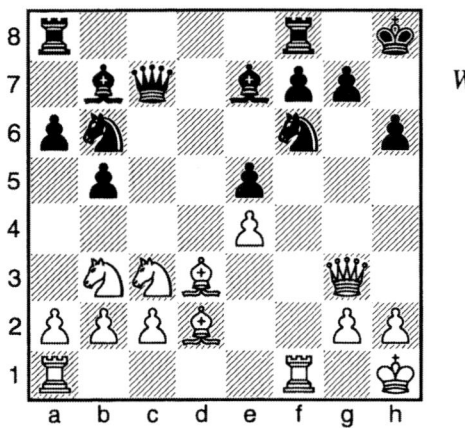

A. Schirow – B. Gelfand
Dos Hermanas 1996

Dies sieht wie ein ziemlich normaler Najdorf-Sizilianer aus, aber Schirow fand eine phantasievolle taktische Idee.

17. ♖f5! ♗c8

Das provoziert die folgende Kombination, aber wahrscheinlich erkannte Gelfand nicht, wie gefährlich sich das kommende Opfer erweisen sollte. 17. ... b4 wäre eine sicherere Alternative gewesen.

18. ♖xe5!

Dies schließt das Opfer eines ganzen Turms ein.

18. ... ♗d6 19. ♗f4 g5?!

Nach 19. ... ♗xe5 20. ♗xe5 ♕d8 21. ♖f1 (21. ♗c7 ♘h5!) wäre Schwarz unter starken Druck geraten, für den er als Trost nur einen minimalen materiellen Vorteil erhalten hätte.

Schirow analysierte 19. ... ♘c4!? nicht, aber vielleicht wäre dies ein Weg für Schwarz gewesen, eine vernünftige Stellung zu erlangen. Die Hauptvariante verläuft wie folgt: 20. ♖c5 (20. ♗xc4 bxc4 21. ♘d4 g5! ist viel besser für Schwarz als in der Partie, da die weißen Drohungen ohne den Läufer d3 wesentlich ungefährlicher sind) 20. ... ♗xf4 21. ♖xc7 ♗xg3 22. hxg3 ♘xb2 und Weiß hat einen aktiven Turm, aber seine Bauern sind zersplittert. Schwarz sollte zumindest gleiche Chancen haben.

20. ♖c5!

Darin besteht die verblüffende Idee der weißen Kombination.

20. ... gxf4 21. ♕h4 ♗xc5 22. ♕xf6+ ♔g8 *(D)*

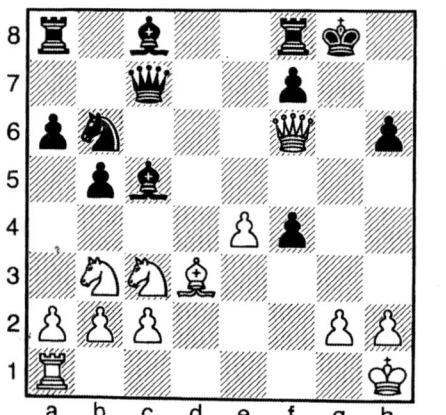

Der erste kritische Moment. Weiß hat keine Schwierigkeiten durch, zum Beispiel, 23. ♕xh6 das Remis zu forcieren, wonach Schwarz keine vernünftigen Weg hat, das Dauerschach abzuwehren (23. ... ♕d6 24. ♕g5+ ♕g6 25. ♕xc5 ist sehr gut für Weiß).

Schirow dachte nun sehr sorgfältig über die verschiedenen Optionen, weiterzuspielen nach. Dies läßt die Frage aufkommen, warum er sich auf die Kombination einließ, obwohl er an dieser Stelle nicht genau wußte, wie er fortsetzen sollte. Die Antwort ist, daß sogar ein führender Großmeister wie Schirow auch nur ein Mensch ist. Wir sind bereits sechs Züge vom Beginn der Kombination entfernt, und es ist nicht möglich, komplexe Verwicklungen unbegrenzt vorauszuberechnen. Sehr forcierte Varianten können in der Tat viel weiter getragen werden, aber in dieser Stellung gibt es verschiedene Optionen für beide Spieler, und dies vervielfacht die Komplexität.

Schirow stützte sich bei dem Opfer vorwiegend auf seine Intuition. In dieser Stellung, mit dem ziemlich exponierten schwarzen König, muß er gefühlt haben, daß es sehr wahrscheinlich einen Weg, auf Gewinn zu spielen, geben mußte. Zudem wußte er innerlich, daß, falls es tatsächlich keinen Gewinnversuch geben sollte, er sich immer noch auf das Sicherheitsnetz Dauerschach verlassen konnte.

23. ♘xc5 ♕xc5 24. e5!

Eine risikofreie Methode auf Gewinn zu spielen. Dies bezieht den Läufer d3 in den Angriff ein und möglicherweise auch den Springer c3, während die ganze Zeit die Option Dauerschach bestehen bleibt.

24. ... ♗b7?!

Gelfand greift fehl und gerät nun in große Schwierigkeiten. Die kritische Variante war 24. ... ♘d7! 25. ♕f5 und nun:

1) 25. ... ♖d8? 26. ♕h7+ ♔f8 27. ♕xh6+ ♔e8 (27. ... ♔e7 28. ♕h4+ ♔e8 29. ♘e4 ♕xe5 30. ♖e1 gewinnt) 28. ♘e4! ♕c7 29. ♘d6+ ♔e7 30. ♘f5+ ♔e8 31. e6 gewinnt.

2) 25. ... ♖e8! 26. ♕h7+ ♔f8 27. ♗e4 (wieder erzielt Weiß durch 27. ♕xh6+ ♔e7 28. ♕g5+ ♔f8 Remis, aber er kann auch ohne Risiko weiterspielen) 27. ... ♘b6 (es ist unbedingt notwendig, d5 zu überdecken; 27. ... ♖b8 verliert wegen 28. ♘d5!) 28. ♕xh6+ ♔e7 29. ♖d1 (29. ♕xb6 ♕xb6 30. ♘d5+ ♔e6 31. ♘xb6 ♖b8 bringt Weiß keinen Vorteil) und nun:

2a) 29. ... ♖b8 30. ♕f6+ ♔f8 31. ♖d5! ♕c7 (31. ... ♘xd5 32. ♘xd5 gewinnt) 32. e6! ♖xe6 33. ♖d8+ ♕xd8 34. ♕xd8+ ♔g7 35. ♕g5+ ♔f8 36. ♕xf4 mit klarem Vorteil für Weiß.

2b) 29. ... ♗e6! 30. ♕f6+ ♔f8 31. h4 und es ist immer noch möglich für Schwarz, fehlzugreifen, zum Beispiel 31. ... ♖ac8 32. h5 ♕f2 33. h6 ♘d7 34. ♕g7+ ♔e7 35. ♕g5+ f6 36. exf6+ ♘xf6 37. ♘d5+ ♗xd5 38. ♗xd5 und Weiß gewinnt. Trotzdem, nach 31. ... ♕f2 32. h5 ♖ad8! 33. ♖xd8 ♕e1+ 34. ♔h2 ♕g3+ endet die Partie schließlich mit Dauerschach, obwohl es merkwürdigerweise Schwarz ist, der es gibt!

Obwohl er Remis erreichen konnte, war die Aufgabe, die Gelfand zu lösen hatte, enorm. Er mußte sich sehr lange gegen einen Gegner sehr genau verteidigen, der absolut kein Risiko eingegangen war, da er immer ein Dauerschach in Reserve hatte.

25. ♕xh6 f5 26. exf6 ♖f7

Die einzige Verteidigung, da 26. ... ♕c7 27. ♕g5+! ♔h8 28. ♖e1 hoffnungslos wäre.

27. ♕g6+ ♔f8 28. ♕h6+ ♔g8 29. ♖f1! ♖e8 30. ♕g6+ ♔f8 31. ♕h6+ ♔g8

Nun hätte Schirow 32. ♗h7+ ♖xh7 33. ♕g6+ ♔f8 34. ♕xh7 ♗xg2+ 35. ♔xg2 ♕c6+ 36. ♖f3 ♕xf6 37. ♘e4 spielen können. Nach 37. ... ♕g7+ 38. ♕xg7+ ♔xg7 39. ♖xf4 ♘c4 40. ♘c5! hätte Schwarz im Endspiel zwei Bauern weniger gehabt.

Schirow wählte eine andere Fortsetzung und gewann nach weiteren Komplikationen.

Wenn die Taktik funktionieren *muß*

Wenn Sie taktische Verwicklungen initiieren, dabei große Verpflichtungen eingehen und kein Sicherheitsnetz haben, dann gibt es überhaupt keinen Spielraum für Fehler. In diesem Fall müssen Sie absolut sicher sein, daß Ihre Idee funktioniert, und es lohnt sich wahrscheinlich, alles doppelt zu überprüfen, bevor Sie diese Verpflichtungen eingehen.

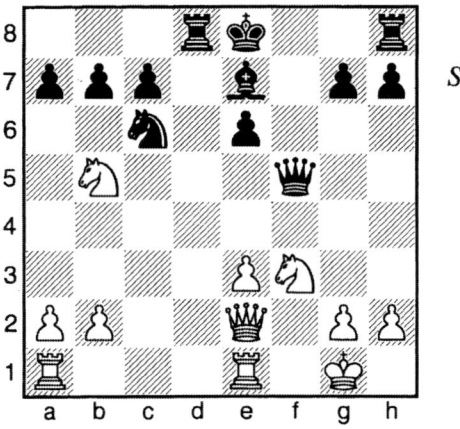

A. Jussupow – L. Portisch
Tunis Interzonenturnier 1985

In dieser Stellung hat Schwarz bereits mit seinem König gezogen und kann deshalb nicht mehr rochieren. Weiß hat gerade mit ♘b5 den c-Bauern angegriffen, und 18. ... ♗d6 wäre eine normale Antwort. Jussupow hat sicherlich einige Kompensation für den Bauern, da Portischs König im Zentrum steckengeblieben ist, aber die anderen schwarzen Figuren sind gut plaziert, und deshalb steht Schwarz zumindest nicht schlechter. Trotzdem entschied sich Portisch nun für eine Kombination.

18. ... a6?

Die Idee ist, daß der weiße Springer nach dem Nehmen auf c7 gefangen sein wird.

19. ♘xc7+ ♔d7

Es gibt keinen Weg zurück; nach 19. ... ♔f7 20. ♖f1 ♔g8 21. ♘d4 ♕e5 22. ♘cxe6 gewinnt Weiß einen Bauern, und der Turm h8 ist eingesperrt.

20. ♘xa6 ♖a8

Das sofortige Nehmen der Figur ist schlecht für Schwarz, nach 20. ... bxa6 21. ♕xa6 ♖b8 (21. ... ♖c8 22. ♕b7+ ♖c7 23. ♖ad1+ ♗d6 24. ♖xd6+ ♔xd6 25. ♖d1+ ♔d5 26. ♕b3 ♖b8 27. ♖xd5+ exd5 28. ♕c3 ist sehr gut für Weiß) 22. ♖ed1+ und nun:

1) 22. ... ♔c7 23. ♖ac1 ♗c5 (23. ... ♖b6 24. ♕a7+ ♖b7 25. ♖xc6+ ♔xc6 26. ♘d4+ ♔c7 27. ♖c1+) 24. ♘d4 ♖b6 25. ♕a4 ♗xd4 26. ♕a7+ ♖b7 27. ♕xd4 und gewinnt.

2) 22. ... ♗d6 23. ♖ac1 ♖hc8 24. ♖c3 und es gibt keine Möglichkeit, sich aus der d-Linienfesselung zu befreien. Weiß gewinnt durch irgendeine Kombination von ♖cd3 und ♕a3.

Portisch war sich sicherlich bewußt, daß das Nehmen des Springers mit dem b-Bauern seinen König zu sehr entblößen würde, und der Textzug war die Pointe seiner Idee. Er will den Springer mit einer Figur schlagen, wonach der b-Bauer weiterhin den Springer deckt und seinem König zur adäquaten Verteidigung dient.

21. ♖ed1+ ♔c8 *(D)*

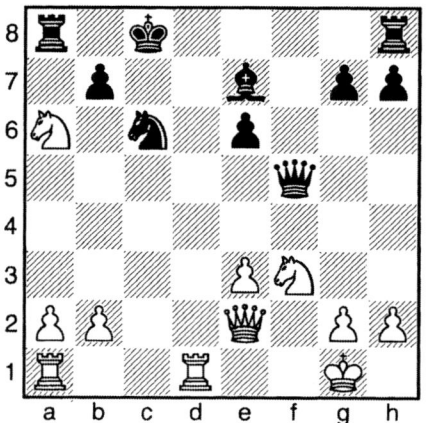

Der kritische Moment. Portischs Spiel ist darauf abgestellt, den Springer mit einer Figur zu schlagen. Wenn dies nicht gelingt, wird er unweigerlich verlieren, weil er zu viele Konzessionen gemacht hat, um den Springer zu fangen. Er hat sich darauf eingestellt, einen Bauern weniger zu haben (er hat zwei Bauern geopfert, aber in der Diagrammstellung hatte er einen Mehrbauern) und, genauso wichtig, seinen König ernsthaft zu entblößen. Da es überhaupt kein Sicherheitsnetz gibt, hätte Portisch absolut sicherstellen müssen, daß in seinen Berechnungen kein Loch vorhanden ist.

22. b4!

Jussupow markiert den Fehler im schwarzen Konzept. Schwarz gewinnt nun keine Figur, und seine Stellung ist irreparabel geschädigt.

22. ... ♖xa6

Nach 22. ... bxa6 gewinnt Weiß durch 23. ♖ac1 ♔b7 24. ♖xc6 ♔xc6 25. ♘d4+.

23. b5 ♖a3 24. bxc6 b6

Versucht die Stellung geschlossen zu halten. 24. ... bxc6 verliert wegen 25. ♖ac1 ♗c5 26. ♘d4 ♕e5 27. ♕c4! und der Angriff schlägt durch.

25. ♖ab1 ♗c5

Die schwarze Stellung ist hoffnungslos aufgrund des völlig entblößten Königs. Das Ende war **26. ♖b3 ♖a5 27. ♕c4 ♖xa2 28. ♖xb6 ♗xe3+ 29. ♔h1 ♗xb6** (oder 29. ... ♕d5 30. ♖b8+ ♔xb8 31. ♕b4+ ♔c7 32. ♕b7+ ♔d6 33. ♕d7+ ♔c5 34. ♖xd5+ exd5 35. ♕e7+ ♔xc6 36. ♕xe3) **30. ♕xa2 ♔c7 31. ♖d7+ ♔xc6 32. ♕a4+ ♔c5 33. ♘d2 1-0**

Implizite Verpflichtungen

Fast jeder Zug im Schach beinhaltet eine Art von Verpflichtung. Ein Bauernzug kann nicht zurückgenommen werden, und mit jedem weiteren Vorrücken verliert der Bauer immer mehr die Fähigkeit, bestimmte Felder zu kontrollieren. Sogar das Ziehen einer Figur ist eine Verpflichtung; wenn sich die Figur auf ihrem neuen Feld als schlecht plaziert erweist, muß sie eventuell unter Zeitverlust zurückkehren. Trotzdem ist der Grad der Verpflichtung wichtig. Ein Figurenopfer bedeutet eine größere Verpflichtung als ein natürlicher Entwicklungszug. Wir haben bereits die offensichtlichen Arten von Verpflichtungen diskutiert. Dennoch gibt es eine subtilere Art von Verpflichtung, die wir als implizite Verpflichtung bezeichnen. Sehr oft ist eine bestimmte Art von Verpflichtung eng an die Eröffnungswahl eines Spielers gebunden. Ein Spieler, der als Weißer den Velimirovic Angriff im Sizilianer anwendet (eine der Hauptvarianten verläuft wie folgt: 1. e4 c5 2. ♘f3 ♘c6 3. d4 cxd4 4. ♘xd4 ♘f6 5. ♘c3 d6 6. ♗c4 e6 7. ♗e3 ♗e7 8. ♕e2 a6 9. 0-0-0 ♕c7 10. ♗b3 0-0 11. g4), verpflichtet sich zu einem totalen Königsangriff, der auch Opfer verlangen könnte, und wenn er zögert, Material abzugeben, dann hat er einfach die falsche Eröffnung gewählt. Natürlich ist dies ein Extrembeispiel – es gibt wenige Eröffnungen, die so einseitig verlaufen wie der Velimirovic Angriff, aber dasselbe allgemeine Prinzip gilt auch in anderen Eröffnungen. Zum Beispiel ist es für einen Spieler nicht ungewöhnlich, sich auf Kosten von Figurenspiel oder Entwicklungsvorsprung einen langfristigen strategischen Vorteil zu verschaffen. In diesem Fall ist der Spieler mit der besseren Entwicklung die implizite Verpflichtung eingegangen, sofortige Aktionen einzuleiten. Vorteile wie Entwicklungsvorsprung sind naturgemäß zeitweiliger Art, denn nachdem der Gegner alle seine Figuren entwickelt hat, verschwindet der Vorteil. Ein bekannter Fehler besteht in der Herbeiführung einer solchen Stellung, ohne zu berücksichtigen, daß die langfristigen Chancen beim Gegner liegen. Das Resultat ist ein fataler Mangel an Dringlichkeit. Hier ist ein Beispiel.

J. Nunn – J. Mellado
Leon 1997
Französische Verteidigung

1. e4 e6 2. d4 d5 3. e5 c5 4. c3 ♕b6 5. ♘f3 ♗d7 6. ♗e2 ♗b5 7. c4 ♗xc4 8. ♗xc4 dxc4

Ich hatte in meiner Datenbank eine Partie entdeckt, die mein Gegner mit dieser eher ausgefallenen Variante (statt des normalen 8. ... ♕b4+) gewonnen hatte. Schachspieler lassen sich oft über Gebühr vom Ergebnis einer Partie beeinflussen. Wenn ein Spieler mit einer bestimmten Variante eine Partie gewonnen hat, dann wird er sehr oft genau diese Variante wiederholen, selbst wenn sie eher zweifelhaft ist. Nach der Analyse von 8. ... dxc4 vor der Partie gefielen mir die entstehenden Stellungen recht gut, weshalb ich mich für dieselbe Variante entschied.

9. d5 ♘e7

Nach 9. ... exd5 10. ♕xd5 ♘e7 11. ♕xc4 gleicht Schwarz nicht vollständig aus.

10. d6

Dies ist die kritische Fortsetzung. In Mellados früherer Partie hatte Weiß 10. ♘c3 gespielt, was Schwarz einen Generalabtausch auf d5 erlaubte, mit einer mehr oder weniger ausgeglichenen Stellung.

10. ... ♘ec6 11. 0-0 *(D)*

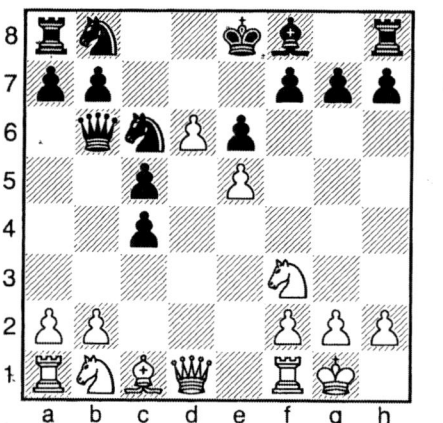

Dies ist ein typischer Fall von impliziter Verpflichtung. Der Mehrbauer ist nicht relevant, da Weiß den Bauern c4 in wenigen Zügen zurückgewinnen wird. Schwarz hat Weiß erlaubt, einen Keil mitten in seine Stellung treiben zu lassen. Der gedeckte Freibauer wird sich in naher Zukunft nicht umwandeln können – dafür sind einfach zu viele Figuren auf dem Brett – aber er stellt sowohl im Mittelspiel als auch im Endspiel einen Aktivposten dar. Im Mittelspiel beeinträchtigt er die Aktivität der schwarzen Figuren, und er beschneidet die Kommunikation zwischen Damenflügel und Königsflügel. Dies könnte Weiß helfen, einen Königsangriff zu starten, da die schwarzen Figuren am Damenflügel Schwierigkeiten hätten, die andere Seite des Brettes zu erreichen. Im Endspiel könnte sich der Bauer eher umwandeln, da es weniger Figuren gäbe, die ihn unter Kontrolle halten könnten. Schwarz müßte wahrscheinlich eine Figur abstellen, die ein wachsames Auge auf den Bauern wirft, die aber an anderer Stelle fehlen könnte. Die einzige Warnung besteht darin, daß Weiß im Endspiel nicht zu viele Figuren tauschen sollte, da Schwarz dann den König als Blockadefigur benutzen könnte.

Im Gegenzug für den Langzeitwert des Weißen können sich die schwarzen Leichtfiguren im Angriff gegen den Bauern e5 vereinigen, wonach Weiß für einige Zeit an dessen Verteidigung gebunden sein wird. Weiterhin ist die schwarze Entwicklung ziemlich gut, besonders weil Weiß einige Zeit wird investieren müssen, um den Bauern c4 zurückzugewinnen. Trotzdem sind diese kompensierenden Faktoren alle nur zeitweiliger Art, und falls ihm die Zeit gegeben wird, wird der Weiße seine Entwicklung abschließen und seine Kräfte reorganisieren, um den Bauern e5 zuverlässig zu verteidigen. Schwarz hat also eine schwere implizite Verpflichtung übernommen, Weiß entweder aus dem Gleichgewicht zu bringen oder seine zeitweiligen Vorteile in etwas Bleibendes umzuwandeln, bevor Weiß sein Haus geordnet hat. Wenn Schwarz nach dem nächsten halben Dutzend Züge nichts Konkretes erreicht hat, dann können wir leicht voraussagen, daß er in Schwierigkeiten sein wird.

Weiß dagegen kann sich mit bescheidenerem Spiel zufriedengeben. Alles was er tun muß, ist seine Stellung zu konsolidieren und seine Figuren ins Spiel zu bringen, und Schwarz wird

„automatisch" schlechter dastehen. Natürlich hätte das ziemlich schwierig werden können, wenn Schwarz akkurat fortgesetzt hätte, aber in jedem Fall ist die weiße Stellung einfacher zu spielen. Er hat ein eindeutiges Ziel, während Schwarz „irgendwie" versuchen muß, Gegenspiel zu entfachen, d.h. er muß einen Plan formulieren, ohne eine Vorgabe zu haben, während der weiße Plan auf dem Tablett serviert wird. Dies ist eine typische Situation in solchen Stellungen mit langfristigem Vorteil gegen Figurenspiel. Die Figurenspielseite muß zumindest am Anfang wesentlich mehr arbeiten, um den besten Plan zu finden. Wenn es ihr gelingt, dann muß die andere Seite wohl genauso sorgfältig darüber nachdenken, wie das gegnerische Gegenspiel aufgefangen werden kann, aber wenn es ihr nicht gelingt, kann die Partie ziemlich einfach sein.

Zu meiner Überraschung verbrauchte Schwarz sehr wenig Zeit für die nächsten paar Züge und begann erst nachzudenken, als er schon in Schwierigkeiten steckte. Offensichtlich erkannte er nicht, daß dies die kritische Phase der Partie war und normale Entwicklungszüge nicht ausreichen würden.

Von all dem können wir etwas Wichtiges lernen. Nehmen Sie sich nach Beendigung der Eröffnung ein paar Minuten Zeit, um zu entscheiden, ob einer der Spieler die besseren langfristigen Chancen besitzt. Dies mag durch die Eröffnungswahl bereits offensichtlich sein (z.B. ist es offensichtlich Weiß, der in der spanischen Abtauschvariante die besseren langfristigen Chancen besitzt), aber wenn es unklar ist, dann lohnt es sich, die Zeit zur Klärung dieser Frage zu verwenden. Die Strategie der beiden Spieler mag dann ziemlich klar sein: eine Seite muß versuchen, sich zu konsolidieren und den Gegner in Schach zu halten; die andere Seite muß schnell Verwicklungen herbeiführen.

11. ... ♘d7 12. ♖e1 g6 13. ♘a3

Die erste Aufgabe besteht im Rückgewinn des Bauern c4.

13. ... ♗g7

Schwarz kann den Bauern nicht durch 13. ... ♕a6 14. ♕e2 b5 behalten, da 15. b3 die Bauernstruktur am Damenflügel aufreißt und den Bauern auf vorteilhaftere Art zurückgewinnt.

14. ♘xc4 ♕a6 15. ♕e2 (D)

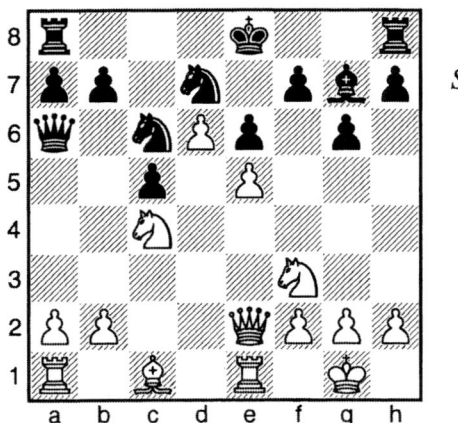

15. ... 0-0?

Ein natürlicher Zug, der Weiß aber erlaubt, seine Zentralbauern zu konsolidieren. Schwarz hätte mit 15. ... b5 16. ♘a3 (relativ am besten, da Weiß seinen Läufer nicht einsperren sollte) 16. ... ♖b8 (nach 16. ... ♘cxe5 17. ♘xe5 ♗xe5 18. ♘xb5 0-0 19. a4 besitzt Weiß einigen Vorteil; Schwarz kann wegen des Spießes auf der d-Linie nicht auf d6 schlagen, so daß Weiß seinen gefährlichen Freibauern unterstützen kann) 17. ♗f4 0-0 fortsetzen sollen, da Weiß wegen des abseits stehenden Springers a3 mehr Schwierigkeiten als in der Partie hätte. Nach 18. ♖ad1, zum Beispiel, könnte Schwarz 18. ... c4 spielen und versuchen seinen Springer auf d3 zu plazieren (für den Weiß wahrscheinlich die Qualität geben müßte).

16. ♗f4 ♘b6

Wenn jetzt 16. ... b5, dann 17. ♘cd2; aufgrund des ungenauen 15. schwarzen Zuges kann der Springer statt nach a3 ins Zentrum zurückweichen.

17. b3

Weiß sollte den Damentausch nicht zulassen. Seine eigene Dame steht sehr gut im Zentrum des Brettes, während die schwarze am Damenflügel abgeschnitten ist, weshalb ein solcher Abtausch klar Schwarz zugute kommen würde.

17. ... ♘d5

Die Überführung des Springers nach d5 hat die d-Linie blockiert und hindert Weiß daran, mit seinem Turm den Bauern von d1 aus zu unterstützen, aber sie hat auch den Druck auf den Bauern e5 vermindert.

18. ♗g3

Nun beginnen die Mängel des vorherigen schwarzen Spiels offensichtlich zu werden. Sicherlich hat er seine Figuren entwickelt, aber er hat Weiß nicht daran gehindert, das Gleiche zu tun. Wenn alles andere ausgeglichen ist, wird die weiße Stellung aufgrund der überlegenen Struktur vorzuziehen sein. Schwarz wird immer mehr Schwierigkeiten haben, konstruktive Züge zu finden. Er kann lediglich die weißen Bauern mittels ... f6 unterminieren, aber dann würde Weiß auf f6 tauschen, was den Bauern e6 hoffnungslos geschwächt zurückläßt.

18. ... h6

Schwarz möchte verhindern, daß Weiß später einmal seinen d-Bauern durch ♗h4 unterstützt, was das Umwandlungsfeld kontrollieren würde, aber wir können bereits erkennen, daß Schwarz die Ideen ausgehen.

19. ♕e4

Ein typischer Zug eines Spielers, der die Zeit auf seiner Seite hat. Er schafft keine sofortige Drohung, aber bereinigt die weiße Stellung, indem er den Springer c4 entfesselt. Schwarz muß sich außerdem Sorgen machen, daß die weiße Dame zum Königsflügel wechseln könnte, um einen direkten Angriff zu starten.

19. ... ♖ac8 20. h4

Verschafft Weiß zum einen ein Luftloch (der weiße König stünde auf h2 sehr sicher) und stellt zum anderen eine weitere Drohgebärde gegen den schwarzen König dar.

20. ... b5 21. ♘e3 *(D)*

Weiß möchte die d-Linie öffnen, indem er die bestplazierte schwarze Figur, den Blockadespringer auf d5, abtauscht.

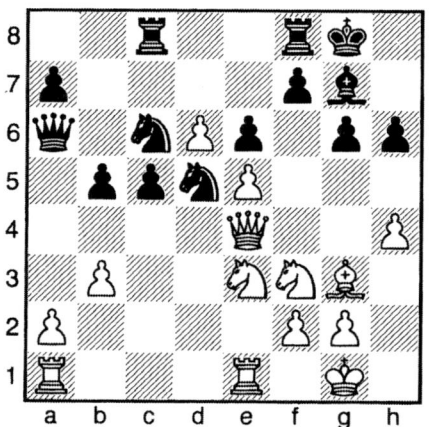

21. ... ♘cb4?

Der korrekte Plan bestand in der Tat darin, die Blockade der d-Linie mit dem zweiten Springer wiederherzustellen, aber dieser Zug ist ein taktischer Fehler, der zu Materialverlust führt. 21. ... ♘xe3 22. ♕xe3 ♘b4 war der richtige Weg, den Plan in die Tat umzusetzen. Nach 23. ♖ac1 ♘d5 24. ♕e2 c4 25. bxc4 bxc4 26. ♘d2 ♕xa2 27. ♖xc4, zum Beispiel, hat Schwarz jede sofortige Katastrophe verhindert, aber der weiße Langzeitvorteil bleibt bestehen. Nachdem die Figuren getauscht sind, stellt der d-Bauer eine immer größere Gefahr dar, während der Läufer g7 praktisch tot ist.

22. a3! ♘c3 23. axb4 ♖xa1 24. ♕c2 *(D)*

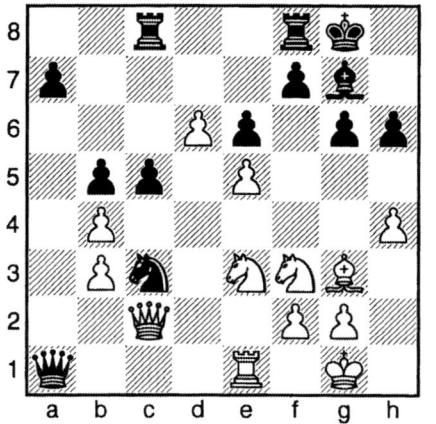

Gewinnt zwei Springer für einen Turm und einen Bauern. Dies mag noch nicht entscheidend sein, außer aufgrund der Tatsache, daß die Struktur der Stellung die Leichtfiguren außerordentlich bevorteilt.

24. ... ♕a3 25. ♕xc3 cxb4 26. ♕d3 ♖c3 27. ♕xb5 ♖xb3 28. ♘c4 ♕a2 29. ♘a5

Der überzeugendste Gewinnweg. Weiß plaziert seine Springer so, daß sie sowohl das Vorrücken des b-Bauern verhindern, als auch nach c6 oder b7 gehen können, um den Vormarsch des d-Bauern zu unterstützen. 29. ♘fd2 ♖d3 30. ♕xb4 a5 wäre weniger klar.

29. ... ♖b2 30. ♘d4 ♖d2 31. ♘ab3 ♖b2 32. ♕xb4 ♕a6 33. ♕c3 ♖a2 34. ♘c5 ♕c8 35. ♖c1 ♕a8 36. ♕b3 ♖d2 37. ♕b4 ♖a2 38. ♕b7 ♖d2 39. ♕xa8 ♖xa8 40. ♘cb3 1-0

Positionelles Denken

Obwohl die präzise Analyse in den meisten Schachpositionen eine gewichtige Rolle spielt, ist das positionelle Denken mindestens genauso wichtig. Sogar in scharfen Situationen können positionelle Faktoren eine große Rolle spielen; zum Beispiel macht es wenig Sinn, eine Kombination zu starten, um die Qualität zu gewinnen, wenn das Ergebnis eine Stellung voller Schwächen ist (siehe Sax-Stean auf Seite 106).

Wenn Sie wenig natürliches Talent für das positionelle Denken besitzen, dann ist dies unglücklicherweise einer der schwierigsten Aspekte des Schachspiels, den man erlernen kann. Man hört oft davon, wie ein bestimmter Spieler ein natürliches Gefühl für die Figuren besitzt und sie instinktiv auf den richtigen Feldern plaziert. Dies ist entweder eine angeborene Fähigkeit oder etwas, das durch Erfahrung gelernt worden ist. Wenn Sie Tausende von Partien nachgespielt und studiert haben und alle verschiedenen Muster und Pläne, die aus den Haupteröffnungen entstehen können, gesehen haben, dann ist dies bereits ein guter Anfang für positionelles Spiel.

Die meisten Spieler haben nicht die Zeit für diese Art von Studien und müssen ihre Bemühungen auf etwas richten, was ihnen am meisten einbringt. Das bedeutet, daß man sich wirklich auf die Mittelspielstellungen konzentriert, die aus dem eigenen Eröffnungsrepertoire entstehen

können. Die meisten Eröffnungen lassen bestimmte unterscheidbare Zentralbauernstrukturen entstehen. Manche Bauernstrukturen entstehen aus nur einer bestimmten Eröffnung. Betrachten Sie zum Beispiel das folgende Diagramm:

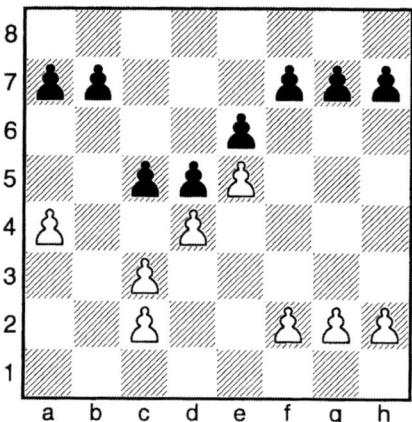

Sie brauchen nicht die Stellung der Figuren zu kennen, um zu erkennen, daß es sich höchstwahrscheinlich um einen Winawer Franzosen handelt. Betrachten Sie andererseits das folgende Diagramm:

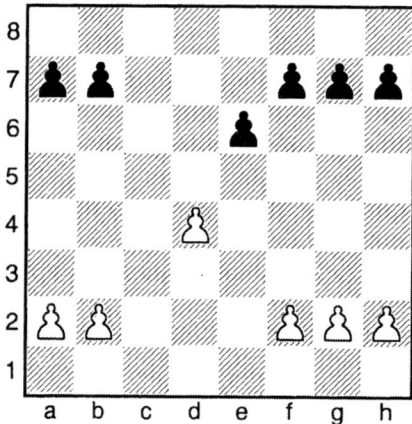

Es könnte praktisch alles sein: Caro-Kann, 2. c3 Sizilianer, Angenommenes Damengambit,

Nimzo-Indisch, etc. Wenn solche Bauernstrukturen in Ihrem Repertoire auftauchen, lohnt es sich, nicht nur Partien mit „Ihrer" Eröffnung zu untersuchen, sondern auch andere, die solche Strukturen entstehen lassen. Wenn Sie über ein Datenbankprogramm mit der Möglichkeit einer „Stellungssuche" verfügen, dann können Sie es dazu benutzen, herauszufinden, welche Eröffnungen in eine bestimmte Bauernstruktur resultieren.

Nachdem Sie die Hauptbauernstrukturen, die für Ihre Eröffnungen relevant sind, identifiziert haben, sollten Sie versuchen, Partien zu finden, die in solchen Strukturen resultieren. Wieder einmal hilft ein Datenbankprogramm dabei sehr. Wenn es zu viele Partien zum Nachspielen gibt, dann sollten Sie sich lediglich die Partien von Großmeistern vornehmen – es macht keinen Sinn, Partien nachzuspielen, in denen die Spieler ziemlich unangebrachte Pläne anwenden. Es ist viel besser, wenn die Partien Anmerkungen enthalten, vorzugsweise verbaler und nicht symbolischer Art. Nichtsprachliche Anmerkungen sind gut für taktische Analysen, aber wenn es um das Erklären von Plänen für beide Seiten geht, gibt es keinen Ersatz für eine klare Erläuterung in Worten von jemandem, der wirklich etwas von der Eröffnung versteht. Eröffnungsbücher, die allgemeine Ideen und Pläne betonen, können ebenfalls hilfreich sein.

Für jede Bauernstruktur sollten Sie versuchen, fünfzig Partien nachzuspielen. Dies sollte ausreichend sein, Ihnen einen Überblick über die beiderseitigen Pläne zu verschaffen. Außerdem können Sie erkennen, welche Pläne die meisten Erfolgsaussichten bieten. Die Idee dahinter ist nicht wirklich zu lernen, was man in einer bestimmten Stellung spielen soll, sondern zu erkennen, was die beiden Spieler versuchen zu tun und wie jede Seite versucht, die gegnerischen Pläne zunichte zu machen. Beim Betrachten all

dieser Partien in schneller Abfolge werden Sie Beziehungen und Gemeinsamkeiten zwischen ihnen feststellen, die nicht offensichtlich geworden wären, hätten Sie sie über einen Monat hinweg betrachtet. Wenn diese Stellungen dann in Ihren Partien auftreten, werden Sie viel eher eine Idee davon haben, was Sie zu tun versuchen sollten.

Sogar Großmeister hängen von dieser Art von Wissen ab, und wenn sie in unbekannte Regionen vordringen müssen, dann beginnen sie sofort, viel schlechter zu spielen. Die folgende Partie ist eine Illustration für das Gesagte, aber sie demonstriert auch eine zweite wertvolle Regel: die Wichtigkeit, konsequent an seinem Plan festzuhalten.

M. Adams – A. Onischuk
Tilburg 1997
Zweispringerspiel

1. e4 e5 2. ♘f3 ♘c6 3. ♗c4 ♘f6 4. d3 ♗e7 5. 0-0 0-0 6. a4 d6 7. ♘bd2

Adams spielt dieses ruhige System in einer etwas ungewöhnlichen Art und Weise. Normalerweise spielt Weiß an einer bestimmten Stelle c3, um seinen Läufer c4 vor dem Abtausch zu bewahren (er kann ... ♘a5 mit ♗b5 beantworten und ihn dann über a4 nach c2 zurückziehen, falls ihn Schwarz mit seinen Bauern jagt). Adams ist der Drohung ... ♘a5 auf andere Art begegnet, durch das Spielen von a4. Dies erlaubt ihm nicht nur, seinen Läufer auf der Diagonalen a2-g8 zu behalten, sondern könnte auch die Basis für eine raumgreifende Operation am Damenflügel darstellen. Ein dritter Punkt, der später in der Partie zum Tragen kommt, besteht in der Mobilmachung des Turms via a3.

Natürlich reicht diese leicht ungewöhnliche Idee nicht alleine aus, die Partie zu gewinnen, aber sie bringt Onischuk vom gewohnten Pfad ab. Anstatt den normalen Mustern in diesem System zu folgen, muß er nun selbst einen Plan ausarbeiten. Wie wir noch sehen werden, hat Adams die Erfordernisse der Stellung viel besser erfaßt.

7. ... ♗e6 8. ♖e1 ♗xc4 9. dxc4!

Wieder ergreift Adams die Chance, die Partie auf neue Pfade zu leiten. Die mechanische Antwort wäre 9. ♘xc4, worauf der Springer später nach e3 gehen könnte. Trotzdem wählt Adams einen anderen Zug, der die Kontrolle über d5 verstärkt. Er hat bereits seinen Plan für die nächste Phase der Partie zurechtgelegt: größtmögliche Verstärkung der Kontrolle über die weißen Felder, insbesondere d5 und f5. Eher ungewöhnlich, ist dies der einzige Plan, den er benötigt, um die Partie zu gewinnen! Der erste Schritt besteht in der Überführung des Springers von d2 nach e3.

9. ... ♖e8 10. ♘f1

Bereitet ♘e3 vor, was auf beide kritische Felder abzielt.

10. ... ♗f8?

Sicherlich ein Fehler. Eines der weißen Probleme besteht darin, daß das sofortige ♘e3 aufgrund des hängenden Bauern e4 unmöglich ist. Also muß Weiß Zeit verlieren, um ♘e3 vorzubereiten. Indem er Weiß erlaubt, ♗g5 und ♗xf6 zu spielen, läßt Schwarz Weiß nicht nur das Entwicklungsproblem seines Läufers lösen, sondern er erlaubt ihm auch, ♘e3 ohne Zeitverlust zu spielen. Es zeichnet sich bereits eine Stellung mit gutem Springer gegen schlechten Läufer ab.

Schwarz hätte 10. ... h6 spielen sollen. Er braucht vor 11. ♘g3 ♗f8 12. ♘f5 keine Angst zu haben, da der Springer mit 12. ... ♔h7, gefolgt von ... g6, vertrieben werden kann.

11. ♗g5 h6

Nachdem man ... ♗f8 gespielt hat, wäre es psychologisch sehr schwierig gewesen, nach e7 zurückzukehren, obwohl dies wohl die beste Wahl gewesen wäre. Der Textzug erweist sich schließlich als Schwächung des schwarzen Königsflügels.

12. ♗xf6 ♕xf6 *(D)*

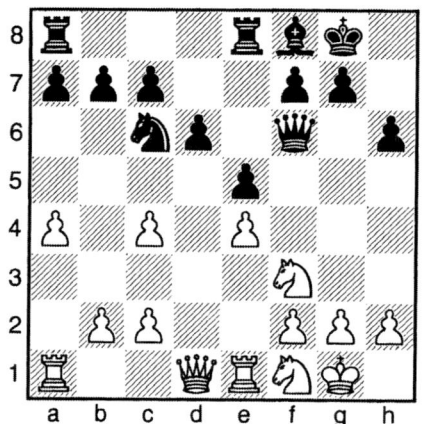

13. ♘e3 ♕e6

Weiß hat nun die erste Stufe seines Plans vollendet.

14. a5

In dieser statischen Stellung ist es möglich, Pläne zu kreieren, die sich über relativ lange Zeit erstrecken, da die Bauernstruktur wahrscheinlich nicht verändert wird. 14. a5 ist ein typischer positioneller Zug. Weiß würde sich sehr schwer tun, mit einer konkreten Variante aufzuwarten, in der sich a5 als nützlicher Zug herausstellt, aber er muß langfristig planen.

Berücksichtigt man, daß er die Kontrolle über die weißen Felder anstrebt, dann erweist sich die Möglichkeit a6, was ... b6 erzwingt, als hilfreich. Schwarz kann dies natürlich durch eigenes ... a6 verhindern, aber das würde nicht ohne mögliche Mängel geschehen. Weiß wird irgendwann ♘d5 spielen, und Schwarz würde gern in der Lage sein, den Springer mit ... c6 zu vertreiben. Wenn er aber bereits ... a6 gespielt hat, dann kann sich der Springer auf b6 niederlassen.

Also muß Schwarz unter verschiedenen Übeln wählen, was die Entscheidung nicht gerade erleichtert.

14. ... ♘e7 15. ♖a3

Ein weiterer nützlicher Zug. Wieder wartet Weiß zuversichtlich auf den Tag, an dem Schwarz ... c6 spielen müssen wird, was den Bauern d6 geschwächt zurückläßt. In dem Fall kann der Turm nach d3 gehen, was den Druck auf d6 ohne Zeitverlust verstärkt. Die Feuerkraft könnte sogar noch durch das Manöver ♖e1-e2-d2 verstärkt werden. Beachten Sie, daß es beim Aufstellen der schweren Artillerie auf einer offenen oder halboffenen Linie gewöhnlich besser ist, die Türme vor der Dame zu plazieren. Hier kann Weiß diese Idealformation auf sehr wirkungsvolle Weise erreichen.

Diese beiden Ideen (Erreichen eines Raumvorteils am Damenflügel und Entwicklung des Turms nach a3) waren bereits beim sechsten weißen Zug vorgesehen, weshalb man das Spiel von Adams als sehr konsequent bezeichnen kann.

15. ... g6?!

Schwarz würde gerne die Stellung seines Läufers verbessern, aber sein Optimismus ist unbegründet. Er wird ziemlich sicher irgendwann ... c6 spielen müssen, und dann wird der Läufer auf f8 benötigt, um den Bauern d6 zu decken. Wenn Schwarz ... f5 durchsetzen könnte, würde er etwas Gegenspiel erlangen und damit ... g6 rechtfertigen, aber gegen das genaue Spiel von Adams erweist sich dieser Plan als undurchführbar.

Es wäre besser gewesen, sofort 15. ... c6 zu spielen; nach 16. ♖d3 ♖ad8 17. ♖e2 ♘g6 wäre alles verteidigt und Weiß müßte einen weiteren „Miniplan" finden, um seine Stellung zu verbessern.

16. h4!

Ein hervorragender und unerwarteter Zug. Anders als beim Vormarsch des a-Bauern zielt er nicht so sehr darauf ab, Raum zu gewinnen, sondern er will die schwarzen Königsflügelbauern schwächen. Wenn Schwarz 16. ... h5 erwidert, dann überläßt 17. ♘g5 ♕f6 18. ♘d5 ♘xd5 19. cxd5 Weiß Vorteil. Schwarz kann den Springer nicht mit ... f6 vertreiben, da er einfach nach e6 springen würde; das beste, was er machen könnte, wäre ihn mit ... ♗h6 abzutauschen, aber Weiß würde wegen seines Raumvorteils am Damenflügel Vorteil behalten.

16. ... ♗g7

Schwarz ignoriert den h-Bauern, aber nach h5 und hxg6 hat Weiß zwei beachtliche Ziele erreicht: Ausschalten des möglichen Gegenspiels durch ... f5 und Schaffung einer neuen Bauernschwäche auf g6.

17. h5 ♖ad8

Wieder eine schwierige Wahl. 17. ... gxh5 18. ♘h4 ist eindeutig schlecht, und nun ist es fast zu spät für 17. ... c6, da 18. ♖d3 ♖ad8 19. ♖e2 b6 20. axb6 axb6 21. hxg6 fxg6 22. ♖ed2 ♘c8 23. b4, gefolgt von b5, Weiß die Kontrolle über d5 überläßt.

18. a6

Erzwingt eine weitere leichte Schwächung der weißen Felder.

18. ... b6 19. ♘d5 ♖d7 20. hxg6 fxg6 21. ♘h4!

Plant ♖g3, wonach die Schwäche von g6 ... g5 erzwingen wird, was Weiß das Feld f5 überläßt. Es gibt wenig, das Schwarz diesem Plan entgegensetzen könnte.

21. ... c6 22. ♘xe7+ ♖exe7 23. ♖g3 g5 24. ♘f5 (D)

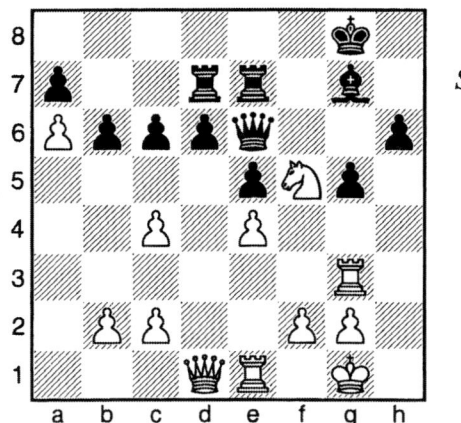

Eine Idealstellung für Weiß. Sechs der sieben schwarzen Bauern sind auf schwarzen Feldern, und der Springer besetzt einen wunderschönen Vorposten; außerdem ist der Bauer d6 schwach. Schwarz ist verloren.

24. ... ♖f7 25. ♖d3 ♗f8 26. b3 d5

Diese verzweifelte Suche nach Gegenspiel kostet Material, aber Weiß hätte in jedem Fall den Druck leicht genug erhöhen können, zum Beispiel durch ♖e2-d2.

27. ♕g4 ♔h7

27. ... dxe4 28. ♘xh6+ gewinnt die Qualität.

28. cxd5 cxd5 29. ♘xh6! ♕xg4

Oder 29. ... ♕xh6 30. ♖h3.

30. ♘xg4 ♗c5 31. ♖e2 1-0

Schwarz wird kompensationslos zwei Bauern weniger haben.

In den meisten Partien kommt irgendwann ein Punkt, an dem Ihr angeeignetes Wissen erschöpft sein wird und Sie sich auf Ihre eigenen Ressourcen verlassen müssen. Dieser Punkt kommt normalerweise im frühen Mittelspiel. Die nächste Stufe besteht in der Formulierung eines Plans. Sie mögen durch Ihr Eröffnungsstudium bereits eine Idee von den Ihnen offenstehenden Optionen haben; dies wird Ihnen helfen, die Suche einzuschränken. In jedem Fall ist es die Zeit für ernsthafte Überlegungen; der Plan, den Sie jetzt wählen, wird für längere Zeit den weiteren Spielverlauf prägen. In einigen Stellungen, zum Beispiel in solchen mit blockiertem Zentrum, könnte es angebracht sein, sich einen langfristigen Plan zurechtzulegen, dessen Ausführung zehn oder zwanzig Züge verlangen könnte. Viel wahrscheinlicher ist es, daß sich Ihr Plan über ungefähr fünf Züge erstreckt. Dies gilt vor allem in relativ offenen Stellungen.

Hier ein paar Ratschläge für das Aufstellen eines Planes:

1) Stellen Sie sicher, daß sich Ihr Plan auszahlt. Es macht keinen Sinn, auf ein Ziel hinzuarbeiten, das Ihre Stellung nicht wirklich verbessert. Typische fehlgeleitete Pläne sind: Angriff am falschen Flügel; der Versuch, die falschen Figuren abzutauschen; mit schwächenden Bauernvorstößen Verpflichtungen einzugehen.

2) Stellen Sie sicher, daß Ihr Plan realistisch ist. Es macht keinen Sinn, einen Plan aufzustellen, der sich über fünf Züge erstreckt, wenn Ihr Gegner vier Züge lang warten kann und dann Ihren Plan mit einem Zug zunichte macht.

3) Stellen Sie sicher, daß Ihr Plan taktisch wasserdicht ist. Selbst wenn Ihr Ziel lohnenswert ist, wird Ihnen das nicht helfen, wenn Ihr Gegner Sie während der Ausführung mattsetzen kann.

Nachdem Sie sich für einen bestimmten Plan entschieden haben, müssen Sie einen vernünftigen Mittelweg zwischen Konsequenz und Flexibilität finden. Zum einen sind unmotivierte Änderungen von Plänen sehr schädlich. Wenn Sie zwei Züge eines Plans ausführen, dann drei Züge eines anderen, dann drei Züge eines dritten, dann werden Sie wahrscheinlich nicht weiter sein als am Anfang! Die ideale Situation besteht darin, einen Plan zu formulieren, und während Sie ihn ausführen, tut Ihr Gegner wenig, um ihn zu verhindern oder Gegenspiel zu entwickeln. Dann können Sie eine elegante positionelle Partie produzieren, die von einem einzigen strategischen Faden dominiert wird. Trotzdem entstehen solche Partien normalerweise nur zwischen Spielern sehr unterschiedlicher Spielstärke (die oben genannte Partie Adams-Onischuk stellt diesbezüglich eine Ausnahme dar). Sehr viel öfter wird Ihr Plan zunichte gemacht, da Ihr Gegner sich ihm in irgendeiner Weise entgegenstellt. Obwohl Konsequenz eine Tugend darstellt, müssen Sie manchmal pragmatisch wie ein Politiker sein und Ihren Plan ändern. Wenn Ihr Gegner Plan A auf Kosten einer Schwäche in einem anderen Bereich des Brettes abgewehrt hat, wäre es unsinnig, am Originalplan festzuhalten, ohne die neue Situation zu berücksichtigen. Statt dessen sollten Sie Ihre Strategie überdenken. Die meisten Partien verlaufen folgendermaßen: die Spieler formulieren eine Serie von Miniplänen und versuchen einen Mittelweg zu finden zwischen der Ausführung ihrer eigenen Pläne und der Verhinderung der gegnerischen Pläne. Irgendwann ist dieses Gleichgewicht gestört, entweder durch die entscheidende Durchführung eines Plans oder durch Auflösung der Partie in Verwicklungen.

J. Nunn – V. Hort
Wijk aan Zee 1982
Italienisch

1. e4 e5 2. ♗c4 ♘c6 3. ♘f3 ♗c5 4. c3 ♘f6 5. d3 a6 6. 0-0 d6 7. ♘bd2 0-0 8. ♗b3 ♗a7 9. ♖e1 ♗e6 10. ♘c4 h6 11. a4

Weiß hat ein ruhiges Eröffnungssystem angewandt, das ein frühes d4 vermeidet, in der Hoffnung, es zu einem späteren, günstigeren Zeitpunkt spielen zu können. Während dieses System sehr solide ist, hat es den Nachteil, daß die Partie leicht zum Remis verflachen kann, wenn Schwarz die Partie genauso solide behandelt.

Der letzte weiße Zug plant a5, um Raum am Damenflügel zu gewinnen und auf einen vorteilhafteren Moment für das thematische ♘e3 (mit Blick auf die Felder d5 und f5) zu warten. Die Leser kennen diese Art der Strategie aus der bereits erwähnten Partie Adams-Onischuk.

11. ... b5?!

So den Damenflügel zu schwächen, erscheint eher zweifelhaft. 11. ... ♖e8 ist eine solidere Alternative, die bereits in einer Vielzahl von Partien gespielt worden ist.

12. ♘e3 ♕d7 *(D)*

Die Partie ist nun von bekannter Theorie abgewichen, so daß es für Weiß an der Zeit ist,

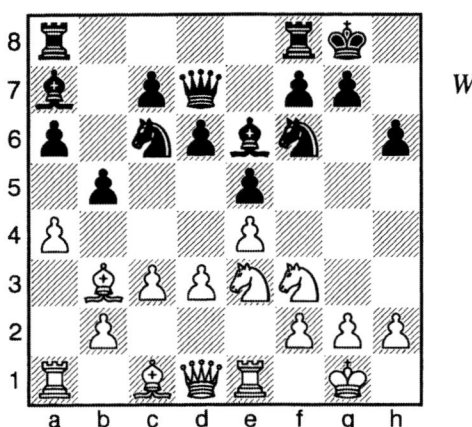

sowohl über einen langfristigen Plan als auch über einen sofortigen „Miniplan" nachzudenken. Da die Stellung immer noch nicht festgelegt ist, ist es schwer, irgendwelche langfristige Pläne zu formulieren; der Versuch, vorauszusehen, was über ein paar Züge hinaus geschehen wird ist nutzlos, da zu viele Dinge passieren könnten, die einen Plan aus der Bahn werfen. Trotzdem ist das Aufstellen eines Miniplans viel einfacher; wie bereits besprochen, besteht eine der weißen Ideen in dieser Eröffnung darin, d4 im Mittelspiel zu spielen, wenn es für Schwarz unangenehmer sein könnte. Weiß kann nicht sofort d4 spielen, da Schwarz zunächst auf b3 und dann auf d4 schlagen könnte, so daß 13. ♗c2 angezeigt ist. Dann könnte d4 sehr unangenehm werden, da Schwarz der drohenden Gabel d5 begegnen muß.

13. ♗c2 ♖fe8 14. d4 exd4

Die Aufgabe des Zentrums bedeutet ein großes Zugeständnis seitens des Schwarzen.

15. ♘xd4

Weiß hätte vielleicht 15. cxd4 spielen können, obwohl es nach entweder 15. ... d5 16. e5 ♘e4

(17. ♘xd5 ♘xf2 18. ♘f6+ gxf6 19. ♔xf2 scheitert an 19. ... ♘xd4) oder 15. ... ♘b4 16. ♗b1 c5 (16. ... d5 17. e5 ♘e4 18. ♘xd5 ♘xf2 19. ♘f6+ gxf6 20. ♔xf2 fxe5 ist unklar) 17. d5 ♗g4 18. ♘xg4 ♘xg4 19. h3 ♘e5 20. ♘xe5 ♖xe5 komplizierter ist.

15. ... ♘xd4?!

Danach ist der weiße Vorteil sicher. Schwarz hätte diesen Abtausch lieber umgangen, aber er machte sich wahrscheinlich Sorgen um den Druck auf b5. Trotzdem hätte er hier mit 15. ... b4!? Gegenspiel suchen sollen.

16. cxd4 c6

Der erste Miniplan endete mit einem großen Erfolg, aber nun ist es Zeit für den nächsten. Weiß hat durch seine größere Zentrumskontrolle einen dauerhaften Vorteil, wenn es ihm gelingt, seine beiden Zentrumsbauern intakt zu halten. Also besteht der nächste Miniplan in einer Konsolidierung. Das momentane Problem ist der Bauer e4; Schwarz braucht nur seinen Läufer e6 zu bewegen, um den Bauern unangenehm anzugreifen. Weiß kann ihn nicht mit ♕f3 verteidigen, da die Dame den d-Bauern decken muß. Eine Lösung wäre f3 zu spielen, aber die Schwächung der Diagonale a7-g1 ist unschön, besonders unter Berücksichtigung des auf a7 lauernden Läufers – Schwarz hätte durch ein zeitgerechtes ... c5 gute Chancen auf Gegenspiel.

17. h3!

Der Beginn eines Alternativplans zur Unterstützung von e4, basierend auf ♘f1-g3. Weiß verhindert zunächst die Möglichkeit ... ♗g4, die nach dem Rückzug des Springers e3 störend sein könnte.

17. ... ♕c7 18. ♘f1 ♗d7 *(D)*

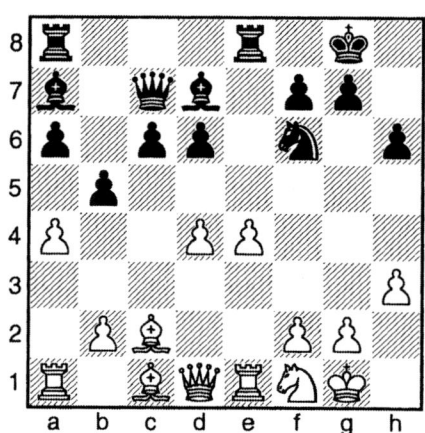

Nun ist e4 verteidigt, und auf den ersten Blick wäre 19. ♘g3 die natürliche Fortsetzung, um den Zentrumbauern nochmals zu überdecken und dem schwarzen König näherzukommen. Trotzdem sollte man immer die gegnerischen Absichten in Betracht ziehen und versuchen, sie zu verhindern. Der letzte schwarze Zug, der Rückzug des Läufer e6, deutet an, daß er plant ... c5 zu spielen. Nach 19. ♘g3 c5 20. d5 c4, zum Beispiel, aktiviert Schwarz seine Damenflügelmajorität, während Weiß aufgrund des Läufers a7 Schwierigkeiten hat, seine eigene Zentralbauernmajorität in Bewegung zu setzen.

19. b4!

Ein sehr ehrgeiziger Zug, der nur gerechtfertigt ist, weil die weiße Zentralstruktur bereits gesichert ist. Wenn Schwarz nun jemals ... c5 spielt, dann wird Weiß mit bxc5 und d5 antworten, was zu einer massiven Übermacht im Zentrum führt. Weiterhin kann der Läufer c1 nun nach b2 gehen und latente Drohungen gegen den schwarzen Königsflügel schaffen. In gewissem Sinne fällt dieser Zug unter die Kategorie „Konsolidierung", da er sich hauptsächlich gegen die Möglichkeit des Aufbrechens des weißen Zentrums mittels ... c5 richtet.

19. ... bxa4

Schwarz droht nun, den b-Bauern auf der halboffenen Linie anzugreifen, und die oberste Priorität des Weißen besteht in seiner Verteidigung. Der Bauer auf a4 kann später zurückerobert werden.

20. ♗b2 ♕b6 21. ♗c3 ♖e7

Nach 21. ... c5 würde Weiß die hängende Figur ignorieren, da 22. dxc5 dxc5 23. ♗xf6 ♕xf6 24. ♕xd7 cxb4 ziemlich unklar ist. Statt dessen würde er das thematische 22. bxc5 dxc5 23. d5 spielen, wonach das mögliche Gegenspiel gegen f2 kein Grund zur Sorge ist, zum Beispiel 23. ... c4 24. ♕d2 (24. ♖e2? ♘xe4! führt zum Remis) 24. ... ♖ab8 25. ♖e2, und nun ist Weiß bereit zu e5.

Nach dem Textzug muß Weiß seinen nächsten Miniplan kreieren. Das Zentrum ist gesichert und Schwarz kann es nicht mit ... c5 oder ... d5 attackieren, letzteres wegen der Antwort e5, die Weiß automatisch Königsangriff gibt.

Es ist klar, daß Schwarz versucht, das weiße Zentrum durch Verdopplung der Türme in der e-Linie im Zaum zu halten, was die Frage offen läßt, wie Weiß Fortschritte zu machen gedenkt. Natürlich richtete ich mein Auge auf den schwarzen Königsflügel; dort gibt es nur einen einzelnen Springer zur Verteidigung, während alle weißen Leichtfiguren gut plaziert sind, um Drohungen auf dieser Seite des Brettes zu schaffen. Ich entschied mich einfach dafür, meine Figuren mittels ♘g3 und ♕f5 in die Nähe des schwarzen Königs zu führen. Danach könnte Weiß über einen Durchbruch mittels d5 oder e5 nachdenken oder einfach ♘f5 spielen und sich das Läuferpaar sichern.

22. ♘g3 ♖ae8 23. ♕f3 ♘h7

Schwarz hätte das trickreiche 23. ... a3 versuchen können, auf 24. ♖xa3 ♘d5! hoffend, aber Weiß würde einfach 24. ♘f5 spielen.

Der Textzug kommt d5 oder e5 zuvor, so daß Weiß mit ♘f5 fortsetzt.

24. ♘f5 ♗xf5 25. ♕xf5 *(D)*

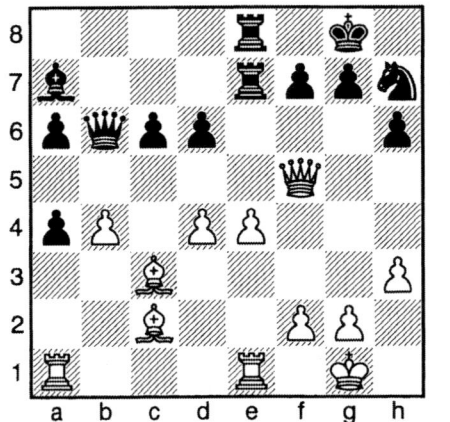

Der nächste schwarze Zug kommt dem weißen e5 zuvor.

25. ... ♘f8

Als Ergebnis seiner Bemühungen hat Weiß das Läuferpaar, aber der Springer auf f8 ist ein effektiver Verteidiger des schwarzen Königsflügels, und direkte Angriffsversuche scheinen nicht vielversprechend. Weiß muß aufpassen, ansonsten könnte der latente Druck auf der Diagonalen a7-g1 und der e-Linie entfesselt werden.

Deshalb entschied ich mich dafür, zum Damenflügel zu wechseln und Druck gegen den Bauern a6 auszuüben. Beachten Sie, daß dieser Plan früher nicht effektiv gewesen wäre, da Schwarz einfach ... ♗c8 hätte spielen können.

26. ♖xa4 ♘e6 27. ♖d1 ♘c7?!

Schwarz entschließt sich, dem weißen Angriff auf den a-Bauern zuvorzukommen und hofft, auf b5 ein gutes Feld zu besetzen, aber nun ist der Springer gefährlich weit weg vom Königsflügel. Es wäre besser gewesen, den Springer auf e6 zu belassen, von wo aus er, falls nötig, nach c7 oder f8 gehen könnte.

28. ♗b2 *(D)*

Das sofortige 28. e5 g6 ist unwirksam, da 29. ♕f4 mit 29. ... ♘d5 beantwortet wird. Nun aber ist 29. e5 eine Drohung. Beachten Sie, wie Weiß unter Ausnutzung des Umstands, daß der schwarze Springer zum Damenflügel gewechselt ist, wiederum seinen Plan geändert hat.

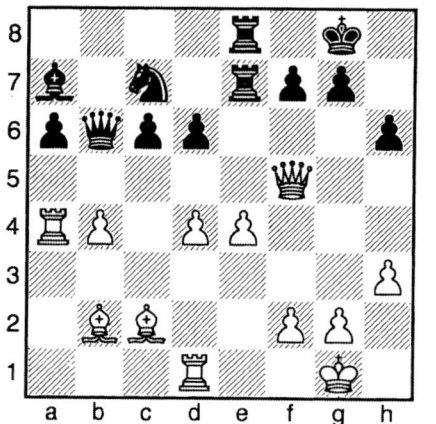

28. ... ♕b5

Schwarz möchte nicht mattgesetzt werden und überführt nun, da der Springer a6 gedeckt hat, die Dame zum Königsflügel.

29. ♕f3 ♕g5

Während der schwarze Plan positionell gesehen ziemlich vernünftig erscheint, so hat er doch einen konkreten Mangel: die Dame hat nicht sehr viele Felder.

30. ♖a5! *(D)*

Nun ist Schwarz dazu verpflichtet, ein weiteres Zugeständnis zu machen. Beachten Sie, daß das gierige 30. ♕c3 d5 31. ♕xc6 dxe4 32. ♗xe4 für Weiß vernichtend wäre, da 32. ... ♖xe4 33. ♕xc7 ♗b8, gefolgt von ... ♖e2, Schwarz einen entscheidenden Angriff geben würde.

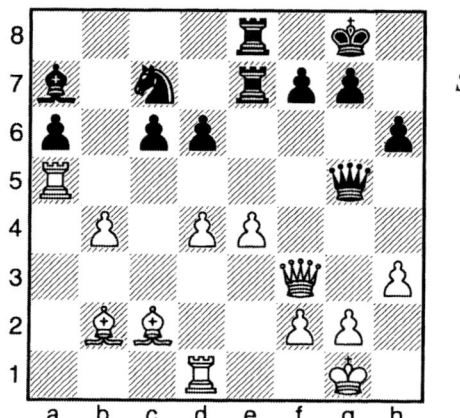

30. ... d5

Nach 30. ... ♕g6 31. ♕c3 ♗b6 32. ♖aa1 hätte Schwarz keine gute Antwort auf die Drohungen 33. ♕xc6 und 33. e5.

31. e5

Nun hat Weiß weitere Vorteile auf seiner Seite: der e-Bauer steht nicht länger unter Beschuß, und Weiß kann auf der Diagonalen b1-h7 Drohungen schaffen. Die sofortige Drohung ist 32. ♗c1 ♕h4 33. g3 ♕xh3 34. ♗f5.

31. ... ♘e6?

Alarmiert durch die wachsende Gefahr für seinen König, entscheidet sich Hort, der zudem in hoher Zeitnot war, den a-Bauern zu opfern, um den Springer zum Königsflügel zu überführen.

Wenn Ihre Figuren an die Verteidigung eines schwachen Bauern gebunden sind, dann ist das Opfern dieses Bauern oft ein Weg, die Figuren zu aktivieren und Gegenspiel zu entwickeln (siehe Seite 136). Hier jedoch macht es wenig Unterschied; die Stellung bleibt mehr oder weniger gleich, außer daß Schwarz einen Bauern weniger hat.

31. ... g6 wäre eine elastischere Verteidigung gewesen; nach 32. g3 ♖e6 33. ♕d3 ♕h5 34. ♔g2 ♖b8 35. ♗c3, mit der Drohung f4-f5, hätte Weiß klar besser gestanden, aber noch nicht gewonnen.

32. ♖xa6 ♖c8 33. g3 ♖b7 34. ♕d3 g6 35. ♗c3 ♗b6

Weiß hat den schwarzen Bauern genommen und den Angriff auf den b-Bauern abgewehrt. Nun muß er sich einen neuen Miniplan ausdenken, um seinen Vorteil zu verwerten. Der natürliche Plan, der seit dem Zug e4-e5 in der Luft liegt, besteht darin den f-Bauern vorzurücken.

36. ♔h2 ♗d8 *(D)*

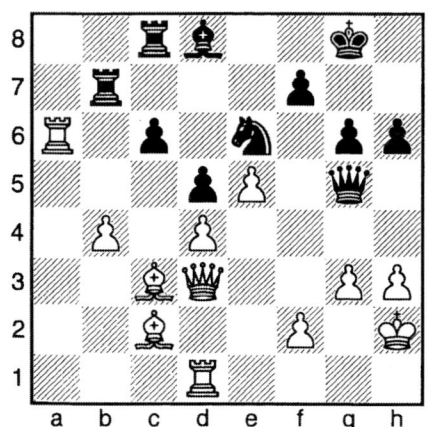

37. ♖f1

Ultravorsichtig in Zeitnot. Nach 37. f4 ist 37...♘xf4 38. gxf4 ♕xf4+ wegen 39. ♔h1 natürlich inkorrekt, aber ich wollte wirklich sicherstellen, daß es keine Komplikationen gibt.

37. ... ♕e7 38. ♕e3 ♕f8 39. f4 ♘g7 40. f5 ♗g5 41. ♕e2 ♘xf5 42. ♗xf5 gxf5 43. h4 ♗e7 44. ♖xf5 ♕g7

Schwarz ist vollkommen verloren. Zusätzlich zu seinem Minusbauern sind drei seiner vier verbliebenen Bauern schwach, und sein König ist entblößt. Der Rest ist einfach und besteht darin, Drohungen aneinander zu reihen, bis Schwarz zusammenbricht.

45. ♖f4 ♔h8 46. ♕f3 ♗f8 47. ♖f6 ♖bc7 48. ♖a2

Gegen ♖af2, gefolgt von e6, gibt es keine Verteidigung.

48. ... ♕h7 49. e6 ♗g7 50. ♖xf7 ♖xf7 51. exf7 ♕g6 52. ♖f2 ♗f8 53. ♗d2 ♔h7 54. b5 cxb5 55. ♕xd5 ♕d3 56. ♔h3 ♗g7 57. ♗b4 1-0

Die Vergleichsmethode

Manchmal ist es möglich, die exakte Bewertung der Konsequenzen der verschiedenen zur Verfügung stehenden Optionen zu vermeiden. Das liegt daran, daß Sie tatsächlich nur an relativen und nicht an absoluten Einschätzungen interessiert sind. Wenn Sie zum Beispiel wissen, daß Zug A „0.2 Bauerneinheiten" besser ist als Zug B, dann werden Sie A vorziehen – es ist egal, ob Zug A 0.3 Bauerneinheiten besser für Sie ist oder 0.1 Bauerneinheiten schlechter, es ist lediglich die relative Bewertung, die zählt.

In der Praxis ist diese Art von Logik natürlich schwerlich anzuwenden, wenn es mehrere verschiedene Fortsetzungen gibt. Wenn Sie die

Alternativen A, B, C, D, und E haben und dann A mit B, C mit E, D mit A und so weiter vergleichen, führt dies eher zu einem logischen Rätsel als zu einer Entscheidung. Es ist sehr viel einfacher, eine absolute Einschätzung zu machen, daß A ein bißchen besser für Weiß ist, B zum Ausgleich führt und so weiter und sich dann den Zug mit dem höchsten Wert heraussuchen.

Daraus folgt, daß die sogenannte Vergleichsmethode dann am besten funktioniert, wenn es nur sehr wenige Optionen gibt (höchstens drei) und wenn die aus diesen Optionen entstehenden Stellungen ziemlich ähnlich sind und so viel eher miteinander verglichen werden können, als absolut bewertet zu werden.

Der häufigste Fall entsteht, wenn Sie die Möglichkeit eines Zwischenschachs haben, das irgendeine Art von Zugeständnis erzwingt.

A. Meszaros – Y. Zimmerman
Balatonbereny 1994
Nimzowitsch-Larsen Angriff

1. b3 e5 2. ♗b2 ♘c6 3. e3 d5 4. ♗b5 ♗d6 5. f4 *(D)*

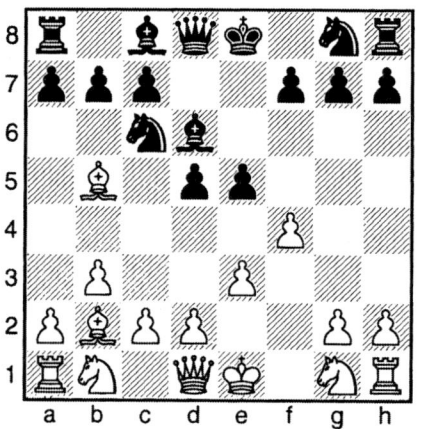

Dies ist eine bekannte theoretische Stellung. Die weiße Eröffnung zielt darauf ab, Druck auf das Feld e5 auszuüben. Schwarz kann nicht 5...exf4 spielen, wegen 6. ♗xg7, und die Verteidigung des Bauern durch 5. ... f6 sieht ziemlich häßlich aus – nach 6. ♕h5+ g6 7. ♕h4 ist der schwarze Königsflügel geschwächt, und seine Entwicklung ist gehemmt.

Deshalb sollte Schwarz den Bauern e5 mit ... ♕e7 decken, aber er besitzt die Option, zunächst ... ♕h4+ zu spielen. Der einzige Unterschied zwischen diesen beiden Varianten besteht darin, daß in der einen der Bauer auf g2 steht und in der anderen auf g3. Es ist keine Frage, daß der zusätzliche Zug g2-g3 Schwarz hilft. Wenn Weiß seinen Läufer b5 auf c6 abtauscht, dann wird er in jedem Fall eine verringerte Kontrolle über die weißen Felder haben; die Schwächung durch g3 wäre dann ziemlich ernst. Es könnte leicht sein, daß Weiß seine Meinung ändern wird und seinen Läufer von b5 zurückzieht, aber in diesem Fall hätte Schwarz Zeit gewonnen.

5. ... ♕h4+ 6. g3 ♕e7 7. fxe5 ♗xe5 8. ♘c3 ♘f6

8. ... d4!? 9. ♘d5 ♕c5 ist eine interessante Alternative.

9. ♘f3 ♗g4 10. ♗e2 ♗d6 11. ♘b5 0-0 12. ♘xd6 ♕xd6

Weiß hat das Läuferpaar, aber die schwarze Entwicklung ist komfortabel. Die Stellung ist ausgeglichen.

13. ♘d4 ♘xd4 14. ♗xd4 ♗h3

Schwarz beginnt, die Schwächung der weißen Felder am Königsflügel auszunutzen.

15. ♗f1 ♗d7 16. ♗g2 c5 17. ♗xf6?

Zu ehrgeizig. Weiß spielt auf Bauerngewinn, aber seine mangelnde Entwicklung und geschwächte Königstellung machen dies zu einer riskanten Unternehmung. 17. ♗b2 hätte das Gleichgewicht aufrechterhalten.

17. ... ♕xf6 18. ♗xd5 ♗g4! 19. ♕c1 ♖ad8 20. ♗xb7 *(D)*

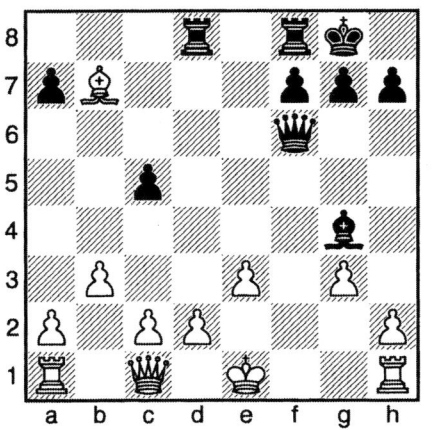

20. ... ♖xd2! 21. ♔xd2?

Nun erreicht Schwarz deutlichen Vorteil. Weiß hätte immer noch dagegenhalten können mit 21. ♕xd2 ♕xa1+ 22. ♔f2 ♕f6+ 23. ♔g2 ♖d8 24. ♕a5! (24. ♕c1 ♕c3!) 24. ... ♕e7 (nach 24. ... ♕b6 25. ♕xb6 ♖d2+ 26. ♔f1 axb6 wird Schwarz den Bauern zurückgewinnen, aber in der Zwischenzeit kann Weiß seinen Turm befreien, und das Resultat sollte ein Remis sein) 25. ♗f3 ♗xf3+ 26. ♔xf3 ♖e8 27. ♖e1 ♕e4+ 28. ♔f2 ♕xc2+ 29. ♖e2 mit fast sicherem Remis.

21. ... ♖d8+ 22. ♔e1 ♕c3+ 23. ♔f1 ♖d2 24. ♕e1?

Verliert forciert. Die letzte Chance bestand in 24. ♕xd2 ♕xd2 25. h3 ♗e2+ 26. ♔g1 ♕xc2 27. ♗g2 (27. ♖h2 ♕c3!) 27. ... ♕b2 28. ♖e1 ♕xa2 29. ♔h2 ♗f3 30. ♖hg1 ♗xg2 31. ♖xg2

♕xb3, wonach Schwarz Vorteil besitzt, aber Weiß aufgrund der unverbundenen schwarzen Damenflügelbauern Remischancen hat.

24. ... ♗h3+ 25. ♔g1 ♕xc2 *(D)*

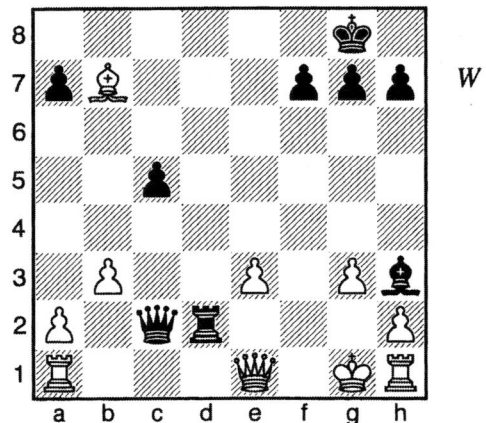

Eine anschauliche Ausbeutung der durch 5. ... ♕h4+ herbeigeführten Schwächung.

26. ♕c1 0-1

Weiß gab auf, ohne 26. ... ♖g2+ abzuwarten.

Während Gelegenheiten, bei denen man bewußt die Vergleichsmethode anwenden kann, nicht sehr häufig vorkommen, benutzt man sie in gewissem Sinne doch die ganze Zeit. Wenn jemand überlegt „gehört dieser Springer nach c4 oder g3?", dann ist dies wirklich ein Vergleich. Man versucht nicht, die Konsequenzen dieser beiden Alternativen absolut zu bewerten; man fragt nur, welche besser ist. In diesem weitergefaßten Sinn ist der Vergleich ein wichtiger Teil des Schachdenkens.

Den Gegner zum Nachdenken zwingen

Manchmal ist es besser, die Verantwortung für eine schwierige Entscheidung auf Ihren Gegner abzuschieben. Sie mögen zum Beispiel über den Zug ... h6 nachdenken, der das Figurenopfer ♗xh6!? ermöglicht. Sie analysieren das Opfer ein wenig; es ist ein totales Durcheinander, extrem schwer zu bewerten. Trotzdem sind die Alternativen zu ... h6 ungefähr gleich. Sie entscheiden sich also, ... h6 ohne weiteres Nachdenken zu spielen und reichen die Verantwortung für die Bewertung des Opfers an Ihren Gegner weiter. Dies ist eine dieser Entscheidungen, bei denen der Pragmatismus über die Vorsicht triumphiert. Es gibt nichts Frustrierenderes, als eine halbe Stunde nachzudenken, danach zu entscheiden, daß das Opfer nicht korrekt ist und ... h6 zu spielen und nach 30 Sekunden mit der Antwort ♖ad1 konfrontiert zu werden. In der Tat gibt es viele Gegner, die die Logik anwenden, wenn sie so lange über das Opfer nachgedacht haben und es trotzdem erlauben, es inkorrekt sein muß. Das schnelle Ausführen Ihres Zuges umgeht diese Logik. Tatsächlich mag sich Ihr Gegner fragen, ob Sie das Opfer überhaupt gesehen haben. Natürlich kann man diese Art von Logik auch übertreiben; es wäre lächerlich, ein Opfer zu erlauben, das zu einem einfachen Gewinn führt. Weiterhin wäre es sicherlich keine gute Idee, im Spiel gegen einen gefährlichen Angriffsspieler Ihren Gegner zum Opfern zu verführen.

Ein Zug, der Ihren Gegner zum Nachdenken zwingen soll, funktioniert normalerweise dann am besten, wenn Sie die leicht schlechtere Stellung besitzen. Dann wird Ihr Gegner unentschlossen sein, ob er positionell fortsetzen soll, wonach sich sein Vorteil als nicht zum Gewinn ausreichend erweisen könnte, oder ob er sich in Verwicklungen stürzen soll, wonach er, auf Kosten des eigenen Risikos, mit einem größeren Vorteil rechnen kann. Wenn Ihr Gegner bereits einen großen Vorteil besitzt, dann wird er wahrscheinlich Verwicklungen vermeiden, da er sowieso schon gute Gewinnchancen hat.

Hier ist ein Beispiel:

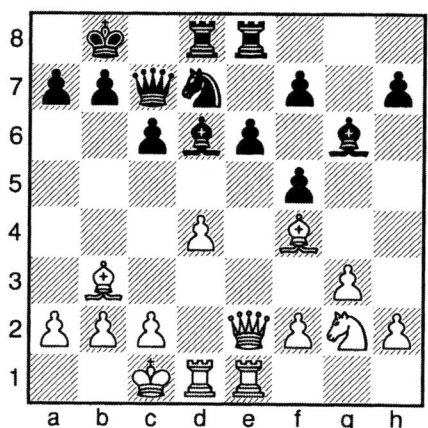

J. Nunn – S. Conquest
Hastings 1996/7

Schwarz steht schlecht, vor allem wegen der bedauernswerten Stellung des Läufers auf g6. Weiß beabsichtigt, die Läufer auf d6 zu tauschen und dann ♘f4 zu spielen. Dies wird den Druck auf e6 so sehr verstärken, daß ... f6 nie mehr möglich sein wird, und es schaltet auch die Möglichkeit ... ♘f6 und ... ♗h5 aus. Schwarz könnte natürlich ... ♘f6-e4 spielen, aber dieser Springer könnte durch f3 wieder vertrieben werden, und er verbliebe mit den gleichen Problemen.

Der einzige Weg, wie Schwarz seine Stellung verstärken könnte, besteht in ... f6, mit der Absicht ... ♗f7, oder, wenn Weiß es zulassen sollte, ... e5.

17. ... f6

Conquest spielte dies sehr schnell, was eine gute praktische Entscheidung darstellt „den Gegner zum Nachdenken zu zwingen". Weiß kann den Bauern mit 18. ♗xe6 schlagen, aber das fesselt den eigenen Läufer, was unheilvolle Konsequenzen nach sich ziehen könnte. Er kann den Bauern auch durch 18. ♗xd6 ♕xd6 19. ♘f4 ♗f7 20. ♘xe6 nehmen, was ähnlich kompliziert erscheint. Schließlich könnte Weiß sich dafür entscheiden, den angebotenen Bauern zu ignorieren und positionell fortzusetzen, obwohl Schwarz in diesem Fall ... ♗f7 spielen kann und seine Zukunftsaussichten sich aufgrund der Befreiung des Läufers verbessert haben.

Ich war mit einer schwierigen Entscheidung konfrontiert, und ich benötigte mehr als zwanzig Minuten, um mich für das sofortige Nehmen des Bauern zu entscheiden. Ich zog auch die positionelle Fortsetzung in Betracht, aber es schien mir, als ob Weiß trotz seines unzweifelhaften Vorteils Schwierigkeiten hätte, Fortschritte zu machen. Ich hatte noch sehr viel Zeit auf der Uhr, und so entschied ich mich dafür, das Schlagen des Bauern sorgfältig zu analysieren. Schließlich kam ich zu dem Ergebnis, daß Weiß einen klaren Vorteil erreichen würde, aber dennoch war ich ein bißchen nervös, als ich den Bauern nahm!

18. ♗xe6!

Das andere Schlagen, 18. ♗xd6 ♕xd6 19. ♘f4 ♗f7 20. ♘xe6, ist weniger genau, wegen 20. ... ♘b6 (20. ... ♗xe6 21. ♗xe6 ♘f8 22. d5 cxd5 23. ♖xd5 ♕xd5 24. ♗xd5 ♖xe2 25. ♖xe2 ♖xd5 26. ♖e8+ ♔c7 27. ♖xf8 führt zum Gewinn für Weiß) 21. ♖d3 ♘d5 22. ♗xd5 ♕xd5 23. ♖e3 ♖xe6 24. ♖xe6 ♗xe6 25. ♕xe6 ♕xd4 26. ♕e3 mit nur einem kleinen Vorteil für Weiß.

18. ... ♘f8

Nach 18. ... ♗f7 19. ♕c4 ♘b6 20. ♕b3 behält Weiß sein Material auf leichtere Art.

19. ♕c4 ♗h5

Die Hauptalternative ist 19. ... ♘xe6 20. ♖xe6 ♗xf4+ (20. ... ♕f7 21. ♖xd6 und 20. ... ♗f7 21. ♖xd6 ♖xd6 22. ♕b4 führen zum Gewinn für Weiß) 21. ♘xf4 ♗f7 22. d5 ♗xe6 23. ♘xe6 ♕d6 24. ♘xd8 ♖xd8 25. ♕d3 ♕xd5 26. ♕xd5 cxd5 27. ♖d4 und die schwachen schwarzen Bauern ermöglichen Weiß den Gewinn im Turmendspiel.

20. ♖d3! *(D)*

Nicht 20. ♗xd6 ♕xd6 21. ♗f7 ♖xe1 22. ♖xe1 ♗xf7 23. ♕xf7 ♕xd4 und Schwarz hat sogar Vorteil.

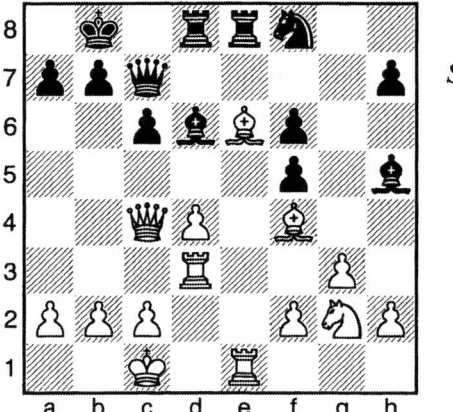

20. ... ♘xe6

Es gibt nichts Besseres, zum Beispiel:

1) 20. ... b5 21. ♕b3 ♘xe6 22. ♖xe6 ♖xe6 23. ♕xe6 ♗xf4+ 24. ♘xf4 ♖e8 25. ♕b3 ♖e1+ 26. ♔d2 ♖d1+ 27. ♔c3 ♗f7 28. ♕b4 und Weiß konsolidiert seinen Mehrbauern, während sein positioneller Vorteil bestehenbleibt.

2) 20. ... ♘xe6 21. ♖xe6 ♗xf4+ 22. ♘xf4 ♗f7 23. d5 ♗xe6 24. ♘xe6 ♕e5 25. ♘xd8 ♖xd8 26. d6 ♕e1+ 27. ♖d1 ♕xf2 28. ♕e6 und der mächtige Freibauer ist entscheidend.

21. Rxe6 Rxe6 22. Wxe6 Bxf4+ 23. Nxf4 Re8 24. Wxf5

Es gibt keinen Grund, warum Weiß nicht einen zweiten Bauern nehmen sollte. Schwarz hat ein paar Schachs, aber sein Gegenspiel ist bald beendet.

24. ... Re1+ 25. Kd2 Rd1+ 26. Kc3 Bg4 27. Wc5

Ein Fall von DAUT (siehe S.23). 27. Wxg4 Wa5+ 28. b4 Wa3+ 29. Kc4 Wxa2+ 30. Kc5 Wxc2+ 31. Kd6 mag auch gewinnen, aber es gibt keinen Grund, eine solche Variante zu analysieren, wenn es eine sichere Alternative gibt.

27. ... Ra1 28. Re3 (D)

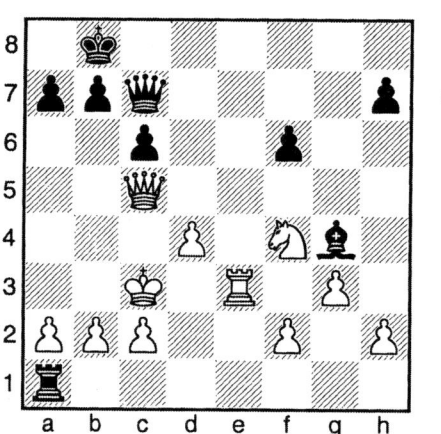

Das schwarze Gegenspiel hat sich verlaufen, und es ist nun an Weiß in die Offensive zu gehen.

28. ... Bc8 29. Re7 Wd8 30. Ne6

Ohne Zweifel gibt es andere Wege zum Gewinn, aber das Erzwingen von Abtäuschen ist eine risikofreie Methode.

30. ... Bxe6 31. Rxe6 Rxa2 32. Wd6+ 1-0

Während Schwarz seinen Turm von a2 zurückbeordert, läßt sich Weiß die schwarzen Königsflügelbauern schmecken.

Übersehen und Fehler

Übersehen und Fehler sind lediglich zwei Aspekte derselben Sache. Wenn Sie etwas übersehen und das Schicksal es gut mit Ihnen meint, dann wiegen die Folgen nicht so schwer. Dies bezeichnet man als Übersehen; wenn die Konsequenzen katastrophal sind, dann haben Sie einen Fehler gemacht.

Warum produzieren Schachspieler Fehler? Menschliche Fehlbarkeit ist offensichtlich ein Grund, aber die meisten Fehler sind nicht allein das Resultat von Zufällen. Es gibt verschiedene Faktoren, die die Wahrscheinlichkeit, einen Fehler zu machen, erhöhen, und wenn man sich diese Faktoren bewußt macht, dann kann man während dieses „risikoreichen" Zeitraums besondere Vorsicht walten lassen.

Der Hauptgrund für einen Fehler besteht in einem vorherigen Übersehen. Lassen Sie uns annehmen, daß Ihr Gegner plötzlich eine Figur opfert, und daß dieses Opfer für Sie vollkommen überraschend kommt. Eine typische Gedankenkette beginnt: „Oh, ****! Das habe ich vollkommen übersehen. Es sieht stark aus; vielleicht werde ich sogar aufgeben müssen. Wie konnte ich eine solch simple Idee nur übersehen? Wie dumm. Und ich hatte eine solch klare Gewinnstellung." Nicht sehr konstruktiv. Ein ernstes Übersehen ist ein schwerer Schlag für das eigene Selbstbewußtsein, die Gedanken spielen verrückt, und der Magen dreht sich einem um. Kein Gehirn kann in einem solchen Zustand richtig funktionieren. Die einzige wirkliche Lösung besteht darin, sich die notwendige Zeit zu nehmen, bis man sich wieder

beruhigt hat. Wie lang dieser Zeitraum ist, hängt von der eigenen Persönlichkeit und Willensstärke ab und natürlich davon, wie stark der gegnerische Zug wirklich ist! Ein Anfall von Schuldzuweisungen an die eigene Person ist dagegen ziemlich nutzlos – auch wenn Sie persönlich so veranlagt sind. Versuchen Sie, sich das bis zum Ende der Partie zu verkneifen (dann ist es hoffentlich auch gar nicht mehr notwendig). Dies ist ein weiterer Grund, warum ein hoher Zeitverbrauch nicht empfehlenswert ist. Wenn etwas Unerwartetes geschieht, haben Sie nicht mehr die Möglichkeit einer kurzen Erholungsphase, um Ihre Fassung wiederzuerlangen.

Hier ist ein Beispiel für genau die falsche Reaktion, entnommen aus meiner eigenen Partiensammlung.

J. Nunn – D. Cox
Norwich Junior International 1974
Sizilianisch, Pelikan

1. e4 c5 2. ♘f3 e6 3. d4 cxd4 4. ♘xd4 ♘f6 5. ♘c3 ♘c6 6. ♘db5 d6 7. ♗f4 e5 8. ♗g5 a6 9. ♘a3 ♗e6 10. ♘c4 ♗e7? 11. ♗xf6 gxf6 12. ♘e3 ♖c8 13. ♘cd5 f5?! 14. exf5 ♗xd5 15. ♕xd5 (D)

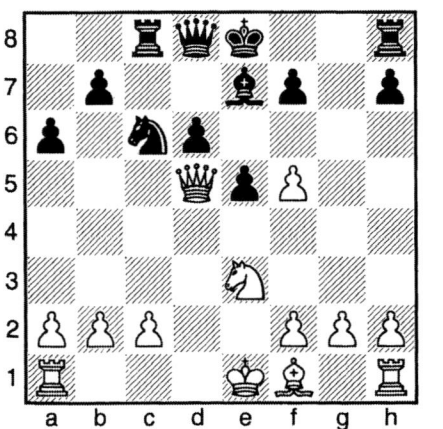

Die schwarze Eröffnungsbehandlung ließ zu wünschen übrig, und Weiß besitzt großen Vorteil. Ein weiteres Tempo, und Weiß würde c3 spielen, was Schwarz keinerlei Kompensation für seinen Minusbauern und die weißfeldrigen Schwächen überließe.

15. ... ♘b4

Nicht überraschend, versucht Schwarz ... d5 durchzusetzen, bevor Weiß die Schlinge fester zuzieht.

16. ♕e4?

16. ♕b3 war viel einfacher. Nach der Fortsetzung 16. ... d5 17. a3 d4 18. axb4 dxe3 19. fxe3 hat Schwarz für seine beiden Minusbauern wenig vorzuweisen.

16. ... d5!

Ich hatte nicht erkannt, daß dieser Zug möglich war, obwohl man sich nachträglich schwerlich eine andere Fortsetzung nach dem vorherigen schwarzen Zuges vorstellen kann. Sofort bemerkte ich, daß die Stellung unklarer geworden war, als wirklich nötig gewesen wäre, und das Wissen, daß ich die Stellung ein wenig mißhandelt hatte, war der Auslöser für das folgende Geschehen.

17. ♕xe5 f6 18. ♕d4 (D)

Zu diesem Zeitpunkt war ich etwas besorgt, nicht über 18. ... ♘xc2+ 19. ♘xc2 ♖xc2 20. ♕a4+ ♖c6 21. ♗xa6! 0-0 22. ♗b5, gefolgt von 23. 0-0, mit einem klaren Vorteil von zwei Bauern, sondern über 18. ... ♗c5. Nach 19. ♕d2 ♕e7 verfügt Schwarz über einige gemeine Drohungen, während Weiß etwas in der Entwicklung zurückgeblieben ist. Tatsächlich sollte Weiß mit 20. 0-0-0! die bessere Stellung behalten, aber natürlich besitzt Weiß nicht länger den klaren Vorteil von früher.

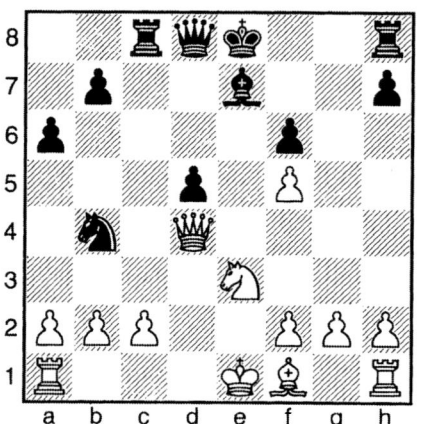

18. ... ♖xc2!?

Dies ist kein besonders guter Zug, aber er hatte eine vernichtende Wirkung auf mich, da ich ihn total übersehen hatte. Nachdem ich nun zwei der gegnerischen Züge übersehen hatte, geriet ich in Panik. Ich sah fürchterliche Drohungen, wie 19. ... ♕a5 oder 19. ... ♘c6 gefolgt von ... ♗b4+ und entschied, daß ich so schnell wie möglich meinen Königsflügel entwickeln müßte. Ich sah, daß ich nach 19. ♗d3 ♘xd3+ 20. ♕xd3 ♕a5+ (oder 20. ... ♗b4+) 21. ♔f1 spielen müßte, aber die entstehende Stellung sah gar nicht so schlecht aus. Mein König könnte nach g3 und ♔g2 einen sicheren Unterschlupf finden und den Turm befreien; außerdem wäre der schwarze d-Bauer sehr schwach. Unglücklicherweise hatte mein Gehirn aufgehört zu arbeiten.

19. ♗d3?? ♗c5 0-1

Ich bin sicher, daß alle Spieler irgendwann einmal eine solche Erfahrung gemacht haben – eine Fehlorientierung, verursacht durch einen Fehler, führt sofort zu einem zweiten, sehr viel ernsteren Fehler. Ein ruhiger Blick auf die Stellung nach 18. ... ♖xc2 hätte gezeigt, daß Weiß nach der Antwort 19. ♗e2 (droht 20. ♗h5+ gefolgt von 0-0) immer noch klar besser steht, zum Beispiel 19. ... ♖g8 20. ♗h5+ ♔f8 21. 0-0 ♗c5 22. ♕h4 oder 19. ... ♗c5 20. ♕g4 ♕a5 21. 0-0.

Warnsignale

Einer der Hauptgründe für Fehler besteht in dem Versäumnis, Warnsignale zu beachten. Taktische Schläge kommen sehr selten aus heiterem Himmel. Normalerweise gibt es eine unterschwellige Schwäche, die schon vorher erkennbar war, und die durch einen taktischen Schlag ausgenutzt wird. Wenn Sie eine potentielle Schwäche erkennen, zahlt es sich aus, sehr sorgfältig nach einem möglichen taktischen Schlag des Gegners, der diese Schwäche ausnutzen könnte, Ausschau halten.

Ich spielte einmal 100 Partien gegen Mike Cook mit 10 Minuten (für ihn) gegen 5 Minuten (für mich). Zu der Zeit hatte Mike eine Zahl von ungefähr 2300. Nach ungefähr der Hälfte des Wettkampfs (den ich schließlich 88-12 gewann) erklärte er mir seine Unzufriedenheit: „Ich dachte, ich würde eine Menge von fortgeschrittenen strategischen Konzepten in diesen Partien zu sehen bekommen, aber alles, was ich gelernt habe ist LPDO."

„LPDO?"

„Loose Pieces Drop Off." (Was soviel heißt wie: Ungedeckte Figuren verschwinden vom Brett)

Während der übrigen Partien verstand ich, was er meinte. Die meisten Partien wurden durch relativ einfache taktische Schläge, unter Beteiligung ungedeckter Figuren entschieden, wobei die ungedeckten Figuren vorschriftsmäßig vom Brett verschwanden.

Nun denke ich jedesmal, wenn ich eine solche Kombination sehe (sie kommen ziemlich häufig vor), „LPDO".

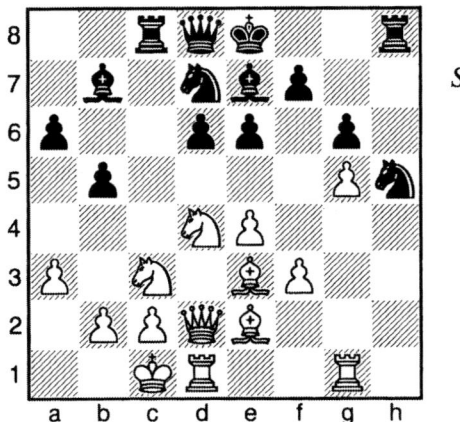

M. Chandler – W. Beckemeyer
Bundesliga 1987

Die ungedeckte Figur auf h8 hätte für Schwarz ein Warnsignal sein sollen, besonders sorgfältig nach taktischen Schlägen Ausschau zu halten.

16. ... ♘b6?

Läuft direkt hinein.

17. ♘dxb5! axb5 18. ♕d4

und Weiß gewann leicht.

Was an diesem Beispiel überrascht, ist die Tatsache, daß der Anfangszug der Kombination einen der bekanntesten taktischen Schläge im Sizilianer darstellt. Es scheint, als ob die Idee, daß dies durch etwas anderes als ♗xb5+ oder ♘xb5 ergänzt werden könnte, Schwarz einfach nicht in den Sinn kam.

Sogar Exweltmeister (oder amtierende, das hängt von Ihrer Perspektive ab) können LPDO zum Opfer fallen:

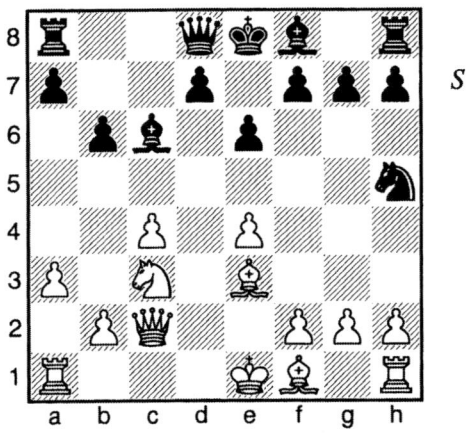

L. Christiansen – A. Karpow
Wijk aan Zee 1993

Schwarz hat bereits eine ungedeckte Figur auf h5. Er fügte eine zweite hinzu ...

11. ... ♗d6

Christiansen sah verblüfft aus.

12. ♕d1 1-0

LPDO!

Die weiße Dame war früher von d1 nach c2 gegangen, so daß dies ein Beispiel für das Übersehen eines Rückzugs (siehe Seite 58) darstellt. Wir werden zwei weitere Warnsignale berücksichtigen, aber praktisch jede taktische Schwäche kann dem Gegner die Chance auf eine Kombination bieten. Beachten Sie, daß ich mit taktischer Schwäche nicht einen isolierten Bauern, schlechte Läufer und andere solche langfristigen Schwächen meine; dies sind strategische Schwächen. Eine taktische Schwäche ist

eine kurzzeitige Verwundbarkeit, wie zum Beispiel eine ungedeckte Figur, eine mögliche Fesselung oder Gabel, oder eine gefangene Figur. Taktische Schwächen existieren manchmal nur einen Zug lang, also sollten Sie, falls Ihr Gegner eine solche kreiert hat, sofort nach einer Möglichkeit suchen, sie auszunutzen.

Einer der häufigsten Fehler bei Anfängern besteht darin, die Dame auf der e-Linie fesseln zu lassen, aber sogar Großmeister unterschätzen die Bedeutung einer Aufstellung von Dame und König auf einer Linie.

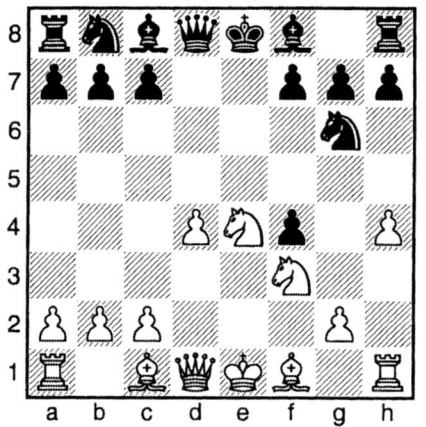

B. Spasski – Y. Seirawan
Montpellier Kandidatenturnier 1985

Die Diagrammstellung entstand nach **1. e4 e5 2. f4 exf4 3. ♘f3 ♕e7 4. d4 d5 5. ♘c3 dxe4 6. ♘xe4 ♘g6 7. h4** *(D)*, wonach Seirawan mit der Drohung 8. h5 konfrontiert war, was den geopferten Bauern auf f4 zurückgewinnen würde. Da Schwarz seine ganze Strategie auf das Halten des Bauern ausgerichtet hatte, wäre sein Verlust ein herber Schlag gewesen.

7. ... ♕e7?

Dies ist ein Beispiel für das Eingehen einer großen Verpflichtung. Das Ziel von Schwarz ist, den weißen Springer zu beunruhigen; in der Tat denkt man zunächst, daß Weiß 8. ♕e2 spielen müßte, um den Springer nicht durch ... f5 zu verlieren. Falls sich allerdings herausstellen sollte, daß Weiß aus der Fesselung des Springers keine Unannehmlichkeiten erwachsen, dann hat Schwarz seiner Stellung einigen Schaden zugefügt: die Dame beeinträchtigt die Entwicklung des schwarzen Königsflügels, nimmt dem Springer g6 das letzte Fluchtfeld und erlaubt eine mögliche Fesselung auf der e-Linie. Tatsächlich sind diese Mängel so ernst, daß dieser Zug in die „muß funktionieren" Kategorie (siehe Seite 29) fällt. Das mögliche Auftauchen eines Turms auf der e-Linie und die Tatsache, daß Schwarz sich so sehr verpflichtet hat, sind Warnsignale, denen Seirawan nicht genug Aufmerksamkeit geschenkt hat.

8. ♔f2!

Es stellt sich plötzlich heraus, daß 8. ... ♕xe4 unmöglich ist, wegen 9. ♗b5+ ♔d8 10. ♖e1 und die Dame ist aufgrund des drohenden Matts auf e8 gefesselt. Schwarz ist gezwungen, seinen Plan komplett zu ändern, und alle Mängel von ... ♕e7 treten offen zutage.

8. ... ♗g4 9. h5 ♘h4 10. ♗xf4 ♘c6 11. ♗b5 0-0-0 12. ♗xc6 bxc6 13. ♕d3 ♘xf3 14. gxf3 ♗f5 15. ♕a6+ ♔b8 16. ♘c5 ♗c8 17. ♕xc6 ♖xd4 18. ♖ae1 ♖xf4 (18. ... ♕xc5? 19. ♗xc7#) **19. ♕b5+ ♔a8 20. ♕c6+ ♔b8 21. ♖xe7 ♗xe7** und Weiß gewann leicht.

Natürlich ist 8. ♔f2 ein sehr ungewöhnlicher Zug und man kann sich leicht vorstellen, wie Seirawan ihn übersehen konnte. In offenen Eröffnungen beraubt sich Weiß normalerweise nicht freiwillig des Rechts, zu rochieren, und in den meisten Stellungen wäre es für Schwarz reine Zeitverschwendung, Königszüge auf die

zweite Reihe zu analysieren. Wie aber kann man dann erwarten, Züge wie ♔f2 im voraus zu erkennen? Dies ist tatsächlich der Punkt bei Warnsignalen – sie zeigen Ihnen an, wann Sie nach ungewöhnlichen taktischen Motiven Ausschau halten sollten, da sie nur gerechtfertigt sind, wenn in Ihrer Stellung eine potentielle Verwundbarkeit vorhanden ist.

Unser letztes Warnsignal ist die schwache Diagonale. Hier ist ein anschauliches Beispiel:

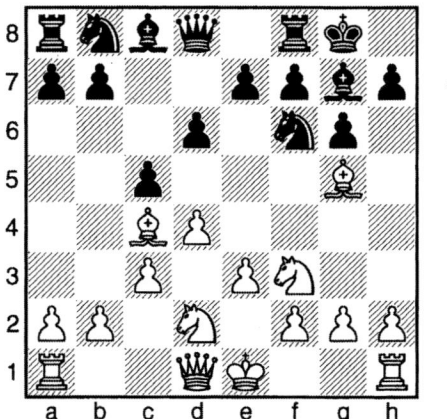

Ye Rongguang – L. van Wely
Antwerpen Kronengruppe 1997

Die Diagrammstellung entstand nach **1. d4 ♘f6 2. ♘f3 g6 3. ♗g5 ♗g7 4. ♘bd2 0-0 5. e3 d6 6. ♗c4 c5 7. c3** (D). Nun entschied sich Van Wely dafür, seinen Läufer nach b7 zu entwickeln und spielte **7. ... b6??**. Die Schwäche der Diagonale h1-a8 ist ziemlich offensichtlich, aber Van Wely hatte die einfache Fortsetzung **8. ♗xf6 ♗xf6 9. ♗d5**, die eine Figur gewinnt, übersehen. Die Partie endete mit **9. ... ♗a6 10. ♗xa8 d5 11. c4 dxc4 12. 0-0 cxd4 13. exd4 ♗xd4 14. ♘xc4 1-0**. Diese fürchterliche Katastrophe war eine direkte Konsequenz aus der Tatsache, daß Schwarz das Warnsignal „eingesperrter Turm auf a8" nicht berücksichtigt hatte.

Wenn Van Wely die Stellung ein bißchen länger betrachtet hätte, dann wäre ihm ♗xf6 sicher nicht entgangen. Dieses Problem ist psychologischer Art: Weiß würde normalerweise niemals einen antipositionellen Zug wie ♗xf6 spielen, was grundlos das Läuferpaar aufgibt, so daß Van Wely es nicht als gegnerische Möglichkeit betrachtete. Trotzdem stellt eine Mehrfigur eine ziemlich gute Kompensation für das Läuferpaar dar!

Kurioserweise gab es eine ähnliche „Diagonalkatastrophe" in einer anderen Partie aus dem offenen Turnier beim selben Anlaß.

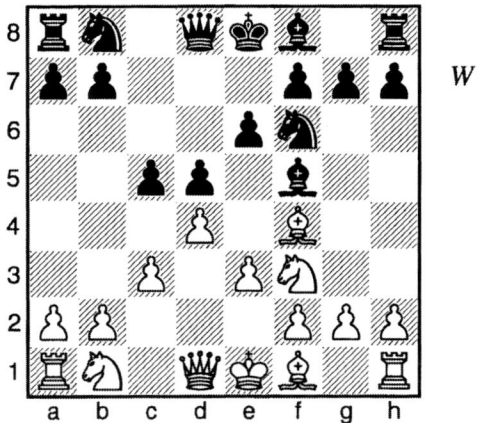

A. Stefanova – S. Giddins
Antwerpen Open 1997

Nach **1. d4 d5 2. ♘f3 ♘f6 3. ♗f4 c5 4. e3 ♗f5 5. c3** entschied sich Schwarz für die Fortsetzung der Entwicklung mit dem natürlichen Zug **5. ... e6?** (D). Dies vernachlässigte die Gefahr der durch die Entwicklung des Läufers c8 nach f5 entblößten weißen Felder am Damenflügel. Durch e6 verhindert Schwarz den möglichen Rückzug des Läufers. Sicherlich erwog Schwarz Varianten wie 6. ♗b5+ ♘c6 7. ♘e5 ♖c8 8. ♕a4 ♕b6, wonach Weiß keine weiteren Figuren zur Erhöhung des Drucks auf c6 heranführen kann.

Trotzdem zog er nicht in Betracht, daß der Springer b8 wirklich die einzige Figur ist, die die Diagonale b5-e8 unterbrechen könnte. Deshalb brachte ihn **6. ♗xb8!** in eine unangenehme Situation. Nach dem Schach auf b5 muß Schwarz mit seinem König ziehen, da 7. ... ♘d7 wegen 8. ♘e5 verliert. In der Partie wählte Schwarz **6. ... ♖xb8 7. ♗b5+ ♔e7 8. dxc5** und verlor bald. Vielleicht war 6. ... ♕xb8 7. ♗b5+ ♔d8 ein bißchen besser, aber in jedem Fall wäre die schwarze Stellung kaum beneidenswert gewesen. Hier gab es drei Faktoren, die zu dem schwarzen Übersehen führten: Vernachlässigung des Warnsignals „Schwäche der Diagonale b5-e8", die antipositionelle Natur von ♗xb8 und der einschläfernde Effekt der wenig ehrgeizigen weißen Eröffnungsanlage.

Ein ähnliches Motiv entstand in der Partie Adams-Van Wely, Tilburg 1996 nach den Zügen **1. d4 ♘f6 2. ♗g5 ♘e4 3. ♗f4 d5 4. e3 ♗f5 5. f3 ♘f6 6. c4 c5?! 7. cxd5 ♘xd5** *(D)*.

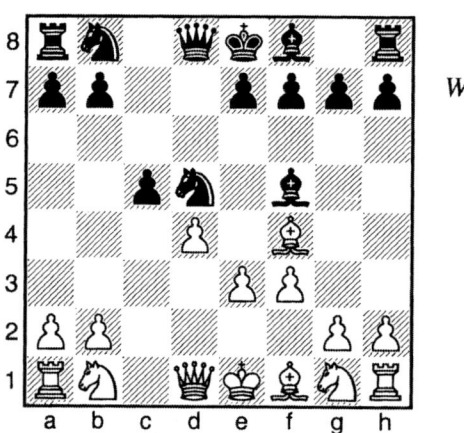

8. ♗xb8!

Schwarz mußte eine Figur geben, da e4 folgt. Die Konsequenzen waren diesmal weniger katastrophal, da Schwarz nach **8. ... ♘xe3 9. ♗b5+ ♗d7 10. ♗xd7+ ♕xd7 11. ♕e2 ♘xg2+**

12. ♕xg2 ♖xb8 13. dxc5 g6 14. ♘c3 ♗g7 einige Kompensation für die Figur erhielt, und schließlich erreichte er ein Remis.

Wir beschäftigen uns mit der Frage, wie man nach einem Übersehen fortsetzen soll, unter „Verteidigung" (siehe Seite 98).

„Schwer zu sehende" Züge

Eine andere Art von Übersehen ist der einfache „blinde Punkt". In diesem Fall geht es nicht um ein Fehlurteil, sondern um einen Zug, ein eigener oder gegnerischer, der einem überhaupt nicht in den Sinn gekommen ist. Dies passiert normalerweise, weil der Zug etwas Ungewöhnliches an sich hat, so daß er nicht in die normalen Muster paßt. Hier ist ein treffendes Beispiel.

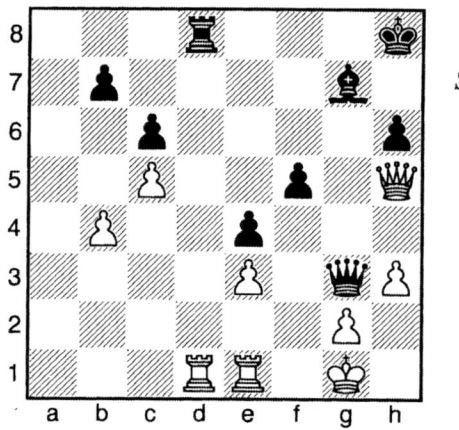

U. Andersson – J. Mestel
London (Philips & Drew) 1982

Schwarz ist am Zug; Mestel setzte mit **29. ... ♖d5** fort, und der Weiße führte seinen materiellen Vorteil schließlich zum Gewinn. Dabei hätte Schwarz die sofortige Aufgabe mit 29. ... ♖d2! erzwingen können, das entweder einen Turm gewinnt oder mattsetzt. Es sei angeführt, daß Mestel nur noch wenig Zeit hatte, aber

selbst dann ist diese einfache Kombination nicht schwer zu berechnen, *vorausgesetzt, daß einem diese Idee überhaupt in den Sinn kommt.*

Wenn sich zwei Figuren auf einer Linie oder Diagonale gegenüberstehen, dann gibt es normalerweise nur wenige Optionen: man tauscht selber, man läßt tauschen oder man zieht die angegriffene Figur weg. Es ist sehr ungewöhnlich für eine Figur nur einen Teil des Weges in die Richtung der anderen Figur zurückzulegen. Eine Ausnahme bildet ein netter Vorposten irgendwo auf einer offenen Linie, der eine Figur praktisch einlädt, auf ihm zu landen. Dies war hier nicht der Fall, so daß der Gewinnzug ein wenig schwer zu finden war. Nichtsdestotrotz überrascht es, daß Mestel tatsächlich einen Zug auf der offenen Linie wählte, also mußte er bemerkt haben, daß es Weiß nicht möglich war, den Turm nach solch einem Zug zu schlagen. Scheinbar war die Tatsache, daß der Turm auf d2 ungedeckt stehen würde, der Auslöser für die mentale Blockade.

Ich bezeichne solche Züge auf einer Angriffslinie (ohne die angreifende Figur zu schlagen) als *kollineare Züge*. Sie sind sogar noch schwerer zu entdecken, wenn die angegriffene Figur von der angreifenden Figur wegzieht. Hier ist ein Beispiel aus der Eröffnungstheorie:

1. e4 c5 2. ♘f3 d6 3. d4 cxd4 4. ♘xd4 ♘f6 5. ♘c3 a6 6. ♗e2 e5 7. ♘b3 ♗e6 8. 0-0 ♘bd7 9. f4 ♕c7 10. f5 ♗c4 11. a4 ♗e7 12. ♗e3 0-0 13. a5 b5 14. axb6 ♘xb6 15. ♗xb6 ♕xb6+ 16. ♔h1 *(D)*

In dieser Stellung trachtet Weiß nach dem Abtausch der weißfeldrigen Läufer. Danach wird er bestimmte potentielle Vorteile besitzen: Druck gegen den isolierten a-Bauern auf einer offenen Linie und die strategisch günstige Chance, den guten Springer gegen den schlechten Läufer zu

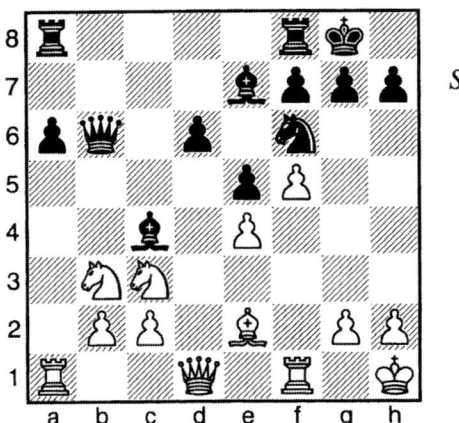

M. Tal – R. Fischer
Curaçao Kandidatenturnier 1962

behalten, mit einem weißen Springer, der d5 besetzt (z.B., wenn Weiß ♖a2 und dann ♘d2-c4-e3-d5 spielt). Fischer fand eine einfache und elegante Lösung des schwarzen Problems: **16. ... ♗b5!**. Dieser kollineare Zug überläßt Weiß drei Optionen: den Läufer auf b5 belassen, ♘xb5 spielen, oder ♗xb5 spielen. Wenn Weiß den Läufer ignoriert, dann wird der nächste schwarze Zug ... ♗c6 sein, was sowohl den Bauern e4 angreift als auch den Vorstoß ... d5 unterstützt. Um diesen Drohungen zu begegnen, wird Weiß gezwungen sein, ♗f3 zu spielen, aber dies ist kaum das aktivste Feld für den Läufer; Schwarz würde durch ... a5-a4 gutes Gegenspiel erlangen, wonach der Bauer b2 verwundbar wird. Die zweite Option, 17. ♘xb5, tauscht den Springer ab, der eigentlich später nach d5 gehen sollte und befreit den schwachen a-Bauern aus der offenen Linie. Das Ergebnis wäre ein fast sicheres Remis, wenn man die ungleichfarbigen Läufer in Betracht zieht, aber dies wäre wahrscheinlich die beste weiße Option.

Fischer spielte 16. ... ♗b5 in zwei Partien; beide Gegner wählten die dritte Option, und die

Partien gingen weiter mit **17. ♗xb5 axb5 18. ♘d5 ♘xd5 19. ♕xd5 ♖a4!** (ein zweiter kollinearer Zug, der Druck auf e4 ausübt; wenn Weiß schlägt, wird sein b-Bauer in Schwierigkeiten geraten) **20. c3 ♕a6** *(D)*.

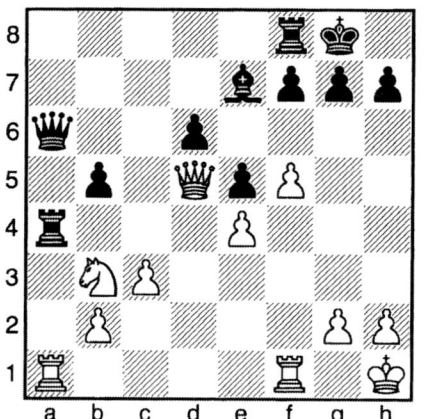

Weiß hat nicht nur keinen Vorteil, er steht sogar etwas schlechter. Seine Dame auf d5 sieht beeindruckend aus, aber eigentlich sollte dort statt dessen der Springer stehen. Der Springer hat keine Möglichkeit, nach d5 zu gelangen, und nach ... ♗g5 wird er sogar praktisch kaltgestellt sein. Schwarz kann seine Stellung zum Beispiel durch ... h6 und ... ♖c8-c4 verstärken.

Die Tal Partie ging weiter mit **21. ♖ad1 ♖c8 22. ♘c1 b4 23. ♘d3 bxc3 24. bxc3**, und nun wäre Schwarz nach 24. ... ♖xc3 mit einem Mehrbauern bei guter Stellung verblieben. In der späteren Partie Unzicker-Fischer, Varna Olympiade 1962, wählte der deutsche Großmeister **21. h3**, verlor aber nach nur weiteren fünf Zügen: **21. ... ♖c8 22. ♖fe1 h6 23. ♔h2 ♗g5 24. g3? ♕a7 25. ♔g2 ♖a2 26. ♔f1 ♖xc3 0-1**.

Fischers Behandlung dieser Partie war sehr eindrucksvoll.

Rückzüge sind ein weiterer potentieller blinder Punkt. Wenn Sie gerade eine Figur von A nach B gezogen haben, dann kann die Idee, sie von B nach A zurückzubewegen schwer zu erkennen sein. Die dritte Zugart, die schwer zu finden ist, ist der „verzögerte Zug". Dieser tritt auf, wenn eine Figur von A entweder nach B oder C ziehen kann. Sie entscheiden, daß es schlecht wäre, sie nach C zu ziehen und gehen statt dessen nach B. Im nächsten Zug wäre es allerdings gut, von B nach C zu gehen, aber Sie berücksichtigen es einfach nicht, denn das ist genau der Zug, den Sie kurz zuvor noch verworfen haben.

Hier ist ein Beispiel:

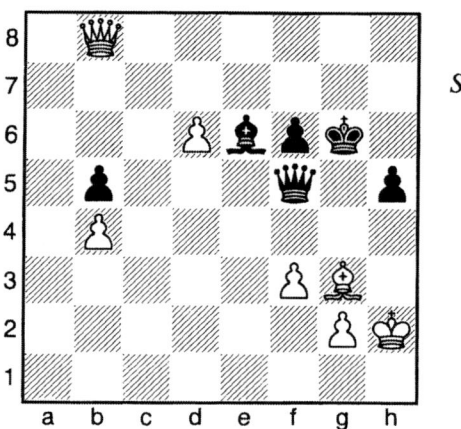

J. Nunn – R. Filguth
Studenten Mannschaftsweltmeisterschaft, Mexiko City 1977

Die schwarze Stellung ist ziemlich schlecht. Er hat einen Bauern weniger, sein König ist etwas entblößt, und Weiß besitzt einen freien d-Bauern, der ständige Aufmerksamkeit verlangt. Trotzdem erschweren die ungleichfarbigen Läufer den Gewinn außerordentlich, und zudem wartete Schwarz mit einer guten Verteidigungsidee auf:

1. ... h4!

Nun führt 2. ♗xh4 ♕f4+ 3. ♗g3 ♕h6+ zu Dauerschach, deshalb versuchte ich

2. d7 ♗xd7

Natürlich nicht 2. ... hxg3+ 3. ♕xg3+ gefolgt von 4. d8♕.

3. ♕g8+ ♔h6

Der beste Zug. Nach 3. ... ♔h5 4. ♗xh4! ist Schwarz mehr oder weniger gezwungen, 4. ... ♔h6 zu spielen, aber dann hat Weiß ein Tempo mehr. Tatsächlich würde selbst dies Weiß nur geringe Gewinnchancen einräumen, da er nichts Forciertes hat, und der Abtausch des gefährlichen weißen d-Bauern gegen den gegnerischen h-Bauern hat nur dem Schwarzen genützt. Wenn Weiß jetzt 4. ♗xh4 spielt, dann verteidigt sich Schwarz mit 4. ... ♗e6 sogar noch bequemer.

4. ♗d6 (D)

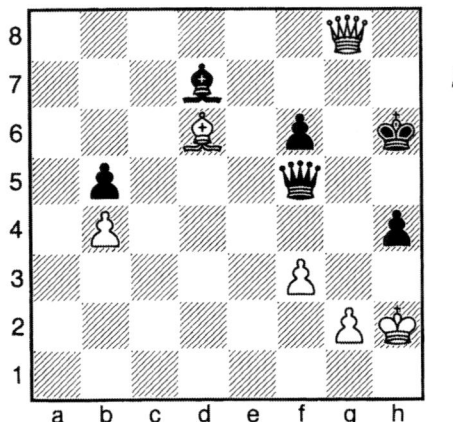

Mein Gegner schien durch diesen Zug, der die häßliche Drohung 5. ♗f8+ ♔h5 6. ♕h8+ ♔g6 7. ♕g7+ ♔h5 8. ♕h6# enthält, überrascht zu sein. Es ist ziemlich schwer, diese Drohung abzuwehren, zum Beispiel 4. ... ♕g6 5. ♗f4+ ♔h5 6. ♕h8+, 4. ... ♕g5 5. ♗f8+ ♔h5 6. ♕h7+ und 4. ... ♕h7 5. ♗f4+ helfen nicht.

Aus diesen Varianten schloß Schwarz, daß es keine Verteidigung gibt, und deshalb ...

1-0

Filguth hatte das einfache 4. ... ♔h5! übersehen, wonach Weiß überhaupt keine Gewinnchancen mehr besitzt. Der Grund: er hatte ♔h5 einen Zug zuvor verworfen, aber unter den veränderten Umständen ist es die einzig rettende Möglichkeit geworden.

Nebenbei angemerkt, ich bin einer dieser Spieler, der fast nach jedem Zug vom Brett aufsteht (aber sogar beim Umherlaufen denke ich angestrengt über die Stellung nach). Trotzdem blieb ich nach ♗d6 am Brett sitzen. Wenn Spieler kurz vor dem Gewinn stehen, bleiben sie oft am Brett sitzen, um die Aufgabe ihres Gegners abzuwarten, und ich vermute, daß Filguth meine ungewöhnliche Unbeweglichkeit so interpretierte. In Wahrheit versuchte ich natürlich nur verzweifelt, eine gute Antwort auf ... ♔h5 zu finden.

Ich habe herausgefunden, daß ich besonders dazu neige, „verzögerte" Züge zu übersehen.

In der Diagrammstellung auf der nächsten Seite besitzt Weiß einen Mehrbauern, aber er muß noch für die Entwicklung des Damenflügels sorgen. Hier verwarf ich 18. ♕b3+, da es für Weiß nach 18. ... ♔h8 19. ♕xb6 axb6 ziemlich schwer ist, die Entwicklung fortzusetzen. 20. d3 ist wegen des Drucks gegen c3 unmöglich, und 20. c4 wird mit 20. ... d3! 21. ♗xd3 ♗d4 22. ♖f1 ♗g4 beantwortet, was Weiß absolut paralysiert zurückläßt. Schwarz könnte einfach

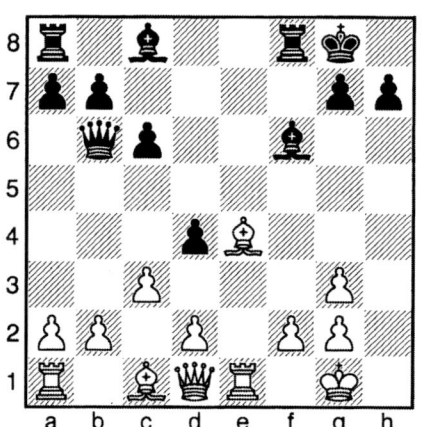

J. Nunn – J. de la Villa
Szirak Interzonenturnier 1987

mit ... ♖ae8 und ... ♗e2 fortsetzen, was schließlich den Bauern f2 gewinnt und mögliche Mattdrohungen auf der h-Linie aufstellt.

Deshalb spielte ich **18. ♕c2!**, was zusätzlich zum Angriff auf h7 droht, die Damenflügelfiguren durch 19. d3 und 20. ♗f4 zu entwickeln. Schwarz antwortete mit **18. ... d3!?**, basierend auf dem taktischen Schlag 19. ♗xd3? ♕xf2+!! 20. ♔xf2 ♗d4++ 21. ♔e2 ♗g4#. Also spielte ich 19. ♕xd3 ♗xc3 20. bxc3 ♕xf2+ 21. ♔h2 ♕xe1 22. ♗a3! und gewann nach immensen Komplikationen. Dennoch wäre das einfache 19. ♕b3+ außerordentlich stark gewesen. Nach 19. ... ♕xb3 (ansonsten tauscht Weiß die Damen und nimmt auf d3) 20. axb3 ♖d8 21. ♖e3 gewinnt Weiß den Bauern, wonach Schwarz für seine beiden Minusbauern nicht viel aufzuweisen hätte.

Ich zog 19. ♕b3+ noch nicht einmal in Betracht und zwar aus dem einfachen Grund, weil ich es einen Zug zuvor verworfen hatte. Es war mir nicht klar geworden, daß das Mehrtempo ... d3 eigentlich nur Weiß weiterhilft, da es den schwarzen d-Bauern ernsthaft schwächt, und Weiß hat, anders als in der Variante nach 18. ♕b3+, nicht das Feld d4 durch c3-c4 geschwächt.

Es lohnt sich, die sich wiederholenden Fehler in den eigenen Partien aufzudecken. Heutzutage ist das Auffinden von taktischen Fehlern durch die Verfügbarkeit von starken Computerprogrammen ziemlich einfach. Ich lasse meine Partien immer schnell durch *Fritz* durchlaufen – es ist oft ziemlich schockierend, was dabei alles auftaucht.

Zeitnot

Der Rat hier ist ziemlich einfach: geraten Sie erst gar nicht in Zeitnot. Das führt automatisch zu der Frage: was genau ist eigentlich Zeitnot? Einige Leute geraten in Panik, wenn sie noch zehn Minuten für zehn Züge haben, während andere sogar noch ziemlich ruhig erscheinen, wenn die letzten dreißig Sekunden beginnen.

Ich werde eine Definition vorschlagen: Zeitnot tritt auf, wenn Sie weniger als eine Minute pro Zug übrig haben. Meiner Meinung nach ist dies die untere Grenze, um einen akzeptablen Spielstandard zu garantieren. Es ist natürlich möglich, auch mit weniger Zeit gut zu spielen, aber Sie begeben sich wirklich in die Hände des Schicksals. Wenn keine unerwarteten Probleme auftreten, keine Schocks, keine verzwickten Entscheidungen, dann werden Sie wahrscheinlich mehr oder weniger unversehrt überleben, aber wie können Sie sich da sicher sein? Diejenigen, die ständig in Zeitnot geraten, werden Ihnen die bemerkenswerten Partien zeigen, die sie trotz extremer Zeitknappheit gewonnen haben; sie werden Ihnen wahrscheinlich nicht die viel größere Zahl von Partien zeigen, die sie aufgrund derselben Zeitknappheit verloren haben.

Wenn Sie regelmäßig, gemäß dieser Definition, in Zeitnot geraten, dann machen Sie etwas falsch, und das wird Sie mit Sicherheit Punkte kosten.

Es gibt viele Gründe dafür, in Zeitnot zu geraten. Hier ist eine Auswahl:

1) Unentschlossenheit. Wahrscheinlich der häufigste Grund. Wenn Sie beim verzweifelten Ringen nach Entscheidungen viel Zeit verbrauchen, dann wird die Zeit unweigerlich knapp werden. Der in diesem Buch vorgeschlagene pragmatische Ansatz sollte helfen. Wenn Sie herausfinden, daß Sie nach langem Nachdenken gewöhnlich den Zug spielen, den Sie von Anfang an spielen wollten, dann sollten Sie lernen, Ihrer Intuition mehr zu vertrauen.

2) Sich zu viele Sorgen um zu unwichtige Dinge machen. Es macht keinen Sinn, eine halbe Stunde über einen möglichen Vorteil oder Nachteil nachzudenken, den ein Computer als 0,1 Bauerneinheiten bezeichnen würde. Dies wird Sie sicherlich nicht einen halben Punkt kosten. Die Figur, die Sie später in Zeitnot einstellen, wahrscheinlich schon.

3) Sich selbst eine Ausrede verschaffen. Für diejenigen, die nicht unter dieser besonderen Krankheit leiden, klingt es wahrscheinlich lächerlich, aber es kommt überraschend oft vor. In diesen Fällen gibt man nur widerwillig (wahrscheinlich unbewußt) zu, daß ein Verlust auf schlechtes Spiel zurückzuführen ist; Probleme mit der Uhr verschaffen einem eine alternative Erklärung. Wenn Sie sich nach der Partie in der Situation wiederfinden, daß Sie zu anderen Leuten sagen „Ich hatte eine wirklich gute Stellung, bis ich in Zeitnot geriet", dann haben Sie diese Krankheit in einem gewissen Ausmaß. Diese Einstellung ist abwegig. Die Uhr ist genauso ein Teil des Spiels wie das Brett und die Figuren, und ein Verlust aufgrund von Zeitnot ist nichts anderes als ein Verlust durch schlechtes Spiel – es ist immer noch eine Null in der Tabelle. Der einzige Unterschied besteht darin, daß Sie in starker Zeitnot ziemlich sicher verlieren werden; wenn Sie schneller spielen, könnten Sie aufgrund von schlechtem Spiel verlieren, aber dann wiederum vielleicht auch nicht. Der beste Weg zur Verbesserung besteht darin, Erfahrungen am Brett zu sammeln, und wenn Ihre Partien zu einer einzigen Zeitnotschlacht werden, dann werden Sie wahrscheinlich nicht viel aus ihnen lernen.

Wenn Sie Zeitnotprobleme haben, dann sollten Sie zusätzlich zu den obengenannten Punkten folgende Tips beachten:

1) Erscheinen Sie pünktlich zur Partie. Der offensichtliche und einfachste Weg, Zeit zu sparen!

2) Überlegen Sie nicht lange, welche Eröffnung Sie spielen sollen. Wenn Sie sich den Luxus leisten, mehr als eine Eröffnung zu kennen, sollten Sie darüber vor der Partie nachdenken.

3) Denken Sie nicht über theoretische Züge nach. Einige Spieler verbrauchen übermäßig viel Zeit, um eine Stellung zu erreichen, die sie bereits kennen. Einen extremen Fall stellte eine Partie dar, die ich als Weißer gegen Stohl gegen die sizilianische Bauernraubvariante spielte, eine Eröffnung, in der wir uns beide sehr gut auskannten. Ich spielte eine Variante, von der angenommen wurde, daß sie zum Ausgleich führt. Er war so besorgt über die, seiner Meinung nach, sicher kommende „Verstärkung", daß er über jeden Zug sorgfältig nachdachte, um zu versuchen, die „Verstärkung" im voraus zu erkennen. Als die Verstärkung dann im fortgeschrittenen Endspiel tatsächlich kam, hatte

er 90 seiner 120 Minuten verbraucht, um eine Stellung zu erreichen, die er sehr gut kannte. Die „Verstärkung" war eigentlich eine eher bescheidene Sache, aber dank seines Zeitmangels gewann ich die Partie.

4) Denken Sie nicht über offensichtlich erzwungene Züge nach. Ihr Gegner schlägt eine Figur; plötzlich bemerken Sie, daß er nach Ihrem Wiedernehmen eine Möglichkeit besitzt, die Sie vorher nicht erkannt hatten. Denken Sie nicht nach – schlagen Sie einfach wieder. Das Nachdenken kostet nicht nur Zeit, es macht Ihren Gegner auch auf die Tatsache aufmerksam, daß es etwas gibt, worüber Sie sich Sorgen machen. Wenn er es bisher nicht bemerkt hat, dann wird er es jetzt bestimmt tun! Natürlich sollten Sie sicherstellen, daß das Wiedernehmen wirklich die einzige Möglichkeit darstellt, ansonsten könnten Sie einen mächtigen Zwischenzug übersehen.

5) Schach besteht vor allem darin, Entscheidungen zu treffen. Eine Entscheidung aufzuschieben bedeutet nicht unbedingt, sie zu verbessern. Versuchen Sie sich daran zu gewöhnen, sich selbst zu fragen: Wird weiteres Nachdenken sich tatsächlich auszahlen?

Ich werde Ihnen keine Ratschläge für das Verhalten in Zeitnot geben, da eine solche Situation erst gar nicht entstehen sollte. Wenn Ihr Gegner in Zeitnot ist, sollten Sie vor allen Dingen ruhig bleiben. Man wird sehr leicht so aufgeregt, daß man seine Züge genauso schnell ausführt wie der Gegner, und dadurch nutzt man seinen Zeitvorteil nicht aus. Sie sollten auch vermeiden zu denken „Ich *muß* versuchen, die Partie während seiner Zeitnot zu gewinnen" und sich dann auf ein riskantes Abenteuer einlassen, was Sie unter normalen Umständen nie getan hätten. Dies ist nur gerechtfertigt, wenn Sie eine sehr schlechte oder verlorene Stellung haben und die Zeitnot wirklich Ihre letzte Hoffnung ist. Wenn Sie die Wahl zwischen einer ruhigen und einer genauso guten scharfen Fortsetzung haben, dann sollten Sie auf jeden Fall die scharfe Fortsetzung wählen, aber ein Gegner in Zeitnot ist kein ausreichender Grund, wissentlich einen minderwertigen Zug zu spielen.

Spieler in Zeitnot tendieren dazu, die meiste Zeit für die Analyse forcierter taktischer Fortsetzungen zu verwenden, so daß Sie besonders auf taktische Tricks achten sollten. Strategisch gesehen werden Sie sich wahrscheinlich für einen „selbstverständlichen" Zug entscheiden, wenn Ihr Zug keine spezielle Drohung beinhaltet. Sehr oft wird dieser „selbstverständliche" Zug Teil eines Plans für die Überführung einer schlecht plazierten Figur auf ein besseres Feld sein. Wenn es einen solchen offensichtlichen Plan nicht gibt, dann ist das Ergebnis gewöhnlich Konfusion oder ein „Null" Zug. Mit etwas Glück können Sie diese Züge vor der Zeitkontrolle nutzen, um einen positionellen Vorteil zu erlangen, was Sie für die nächste Phase der Partie in eine angenehme Position bringt.

Bequemlichkeit

Bequemlichkeit am Schachbrett offenbart sich auf zwei Arten. Die erste liegt vor, wenn Sie eine komplizierte Möglichkeit besitzen, aber Sie entscheiden sich, sie nicht zu analysieren, da es zu arbeitsaufwendig wäre. Beachten Sie, daß dies nicht das Gleiche ist, wie das „DAUT" Prinzip, das auf Seite 23 erwähnt wurde. Dieses repräsentiert ein bewußtes Abwägen des Gleichgewichts zwischen der verbrauchten Zeit und der Möglichkeit, einen besseren Zug zu finden. Es kommt meistens dann ins Spiel, wenn es eine völlig adäquate Alternative gibt, die nach nur geringer Berechnung gespielt werden kann. Bequemlichkeit dagegen ist die bewußte Ablehnung eines Zuges, der sich tatsächlich als sehr stark herausstellen könnte. Eine Partie zu verlieren, weil man einen Zug übersehen hat, ist eine Sache, aber zu verlieren, weil man den korrekten Zug gesehen hat, ihn aber nicht analysieren wollte, ist etwas ganz anderes.

Eine zweite, verständlichere Art von Bequemlichkeit tritt auf, wenn Ihr Gegner eine irritierende Möglichkeit besitzt. Sie müssen diese gleiche Möglichkeit jeden Zug berücksichtigen, bis es Ihnen zu bunt wird, und Sie auf Kosten eines Tempos diese Möglichkeit vollständig ausschalten. Die häufigste Erscheinungsform dieser Art von Bequemlichkeit besteht in der Ausschaltung eines möglichen gegnerischen Schachs. Sie müssen dieses Schach in jeder einzelnen Variante berechnen, und am Ende kommen Sie dem Schach einfach durch einen Zug Ihres Königs zuvor. Es gibt natürlich Situationen, in denen ein solcher Zug völlig stellungsgerecht ist, aber es gibt auch welche, in denen der Zeitverlust wichtig ist. Das Spielen von ♔h1 nach 0-0 (oder ♔b1 nach 0-0-0) könnte ein solcher Zeitverlust sein. Wenn ein solcher Zug gerechtfertigt ist, dann normalerweise eher aufgrund einer konkreten Idee, als aus dem Grund, daß es lästig ist, ein bißchen mehr rechnen zu müssen.

Hier ist ein ungewöhnliches Beispiel für Bequemlichkeit:

In dieser Stellung wurde mir plötzlich klar, daß Schwarz mit ... a3 irgendwann einen Bauern opfern könnte. Ich fing an, Varianten wie 21. ♘f3 exf4 22. ♗xf4 a3 23. ♖xa3 ♖xa3 24. bxa3 zu analysieren und fragte mich, ob Schwarz genügend Kompensation für den Bauern besitzt. Ich sagte mir, daß dem nicht so sei, da der weiße Springer auf d4 für Schwarz sehr lästig ist

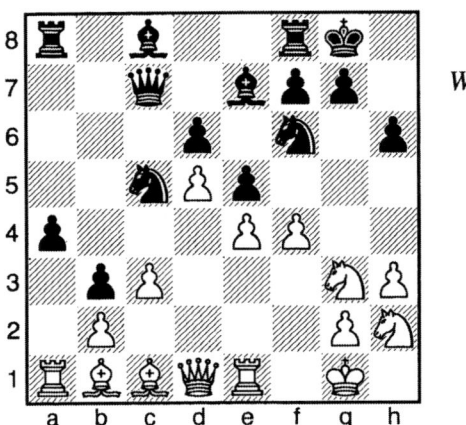

J. Nunn – Xie Jun
Hastings 1996/7

und sowohl nach c6 als auch nach f5 gehen könnte. Ich analysierte immer mehr Varianten, und in jeder einzelnen mußte ich die Möglichkeit ... a3 in Betracht ziehen. Am Ende reichte es mir, und ich entschied, sie endgültig auszuschalten.

21. ♖a3?

Da der Turm durch beide Läufer eingesperrt war und es unwahrscheinlich schien, daß er auf der ersten Reihe würde ziehen können, dachte ich mir, daß er genauso gut eine nützliche Aufgabe übernehmen könnte (... a3 verhindern). Tief in meinem Innern war ich mir bewußt, daß dieser Zug ziemlich künstlich aussieht; meine „Logik" war eigentlich nur eine rationale Erklärung für einen Anflug von Bequemlichkeit. Eine vernünftigere Herangehensweise wäre die Erkenntnis gewesen, daß die schwarze Damenflügelmajorität im Endspiel sehr stark sein wird, so daß Weiß die Entscheidung im Mittelspiel suchen muß. Im Moment braucht sich Weiß wegen ... a3 keine Sorgen zu machen, da der Läufer b1 den b-Bauern für einige Züge an der

Umwandlung hindern wird. Also ist 21. f5 korrekt, mit der Idee, durch ♘g4 oder ♘h5 den Verteidigungsspringer abzutauschen. Da Weiß in der Diagrammstellung nicht besonders gut steht, sollte er wahrscheinlich zufrieden sein, durch ein Opfer auf h6 Dauerschach zu erreichen.

21. ... ♗d7 22. ♗d3 ♕b6 23. ♔h1 exf4 24. ♗xf4 ♘xd3 25. ♕xd3 ♕f2 26. ♕d2 ♕xd2 27. ♗xd2 ♖fe8

Die Dinge haben sich nicht sehr gut für Weiß entwickelt. Sein Turm steht immer noch auf dem lächerlichen Feld a3, Schwarz besitzt das Läuferpaar, und der weiße e-Bauer ist schwach. All dies führt zu einem klaren Plus für Schwarz, und der Hauptgrund dafür ist der „bequeme" Zug 21. ♖a3.

Entschlossenheit

Von allen persönlichen Qualitäten, die am Brett wichtig sind, ist Entschlossenheit wahrscheinlich die bedeutendste. Einige Spieler, die sich einer beschwerlichen Verteidigungsaufgabe gegenübersehen, wie zum Beispiel die Verteidigung eines schlecht stehenden und langwierigen Endspiels, erleben eine Krise in ihrer Willensstärke. Sie sehen schwermütig in die Zukunft, mit der fernen Aussicht auf höchstens einen halben Punkt und werden mutlos. Das Ergebnis ist entweder schwacher Widerstand oder die Entscheidung, alles auf einen halbherzigen Schwindel ankommen zu lassen. Wenn dieser abgewehrt wird, dann glauben sie, sie könnten mit Anstand aufgeben. Nicht überraschend ist dies kein gutes Rezept für Erfolg.

Sogar sehr starke Spieler können aufgrund der Aussicht auf einen unvermeidlichen Verlust so sehr resignieren, daß sie es nicht bemerken, wenn ihnen eine unverhoffte Chance geboten wird.

Hier eine Reihe von beachtenswerten neueren Beispielen.

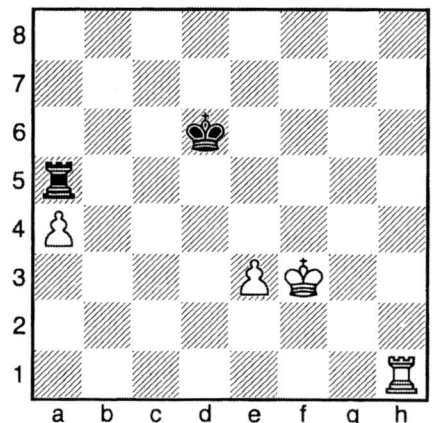

G. Kasparow – N. Short
London PCA Weltmeisterschaft (9) 1993

Diese Stellung ist ein einfacher technischer Gewinn für Weiß, und man kann sich schwer vorstellen, daß Kasparow so sehr fehlgreift, daß eine Remisstellung entsteht, aber genau das hat sich zugetragen.

45. ♖a1

Nicht gerade ein sehr genauer Zug, obwohl dies nicht den Gewinn wegwirft. Weiß sollte einfach seinen Turm auf die vierte Reihe stellen und seinen König nach b4 führen. Also hätte 45. ♖d1+ ♔e5 46. ♖d4 oder 45. ♖h6+ ♔c7 46. ♖h4 leicht gewonnen.

45. ... ♔e5 46. e4?? (D)

Ein verblüffender Fehler. Ein Weg zum Gewinn ist 46. ♔e2 ♔e4 47. ♖a3 (47. ♖f1 und 48. ♖f4 ist auch gut) und Schwarz muß entweder dem König erlauben, d3 zu erreichen oder den Vormarsch des Bauern zulassen. In jedem Fall gewinnt Weiß leicht.

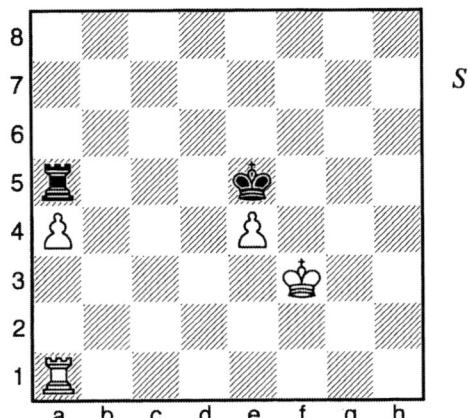
S

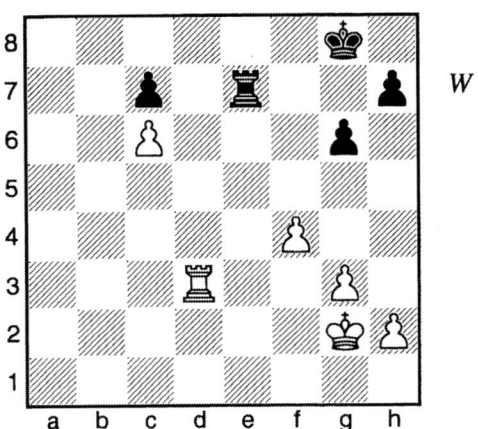
W

46. ... ♔e6??

A. Schirow – J. Timman
Wijk aan Zee 1996

Ein genauso schwerer Fehler. Schwarz erreicht Remis durch 46. ... ♖c5! 47. a5 (der schwarze Turm schafft es gerade noch zurück, nach 47. ♖a3 ♖c4 48. a5 ♖xe4 49. a6 ♖f4+ und 50. ... ♖f8) 47. ... ♖c3+ 48. ♔g4 ♖xe4 49. a6 ♖c8 50. a7 ♖a8 51. ♖a5 ♔d4 52. ♔f5 ♔c4 53. ♔e6 ♔b4 54. ♖a1 ♔c5 55. ♔d7 ♔b6 56. ♖b1+ ♔c5! (nicht 56. ... ♔xa7?? 57. ♔c7) 57. ♖b7 ♖h8.

47. ♔e3 ♔d6 48. ♔d4 ♔d7 49. ♔c4 ♔c6 50. ♔b4 ♖e5 51. ♖c1+ ♔b6 52. ♖c4 1-0

Um diesen doppelten Fehler zu verstehen, müssen Sie den Verlauf der Partie in Betracht ziehen. Short war früh in eine Verluststellung geraten, und Kasparow hatte die Stellung zu einem simplen Endspiel vereinfacht. Beide Seiten spielten lediglich die letzten Akte eines Dramas, das bereits in der Eröffnung entschieden worden war, und sie wußten nur zu gut, wie das Ergebnis der Partie aussehen würde. Unter diesen Umständen kann es geschehen, daß die Aufmerksamkeit von den Geschehnissen auf dem Brett abschweift. Nichtsdestotrotz ist es ein verblüffender Fehler auf solch hohem Niveau.

Schwarz hatte für einige Zeit unter Druck gestanden und landete in einem Turmendspiel mit einem klaren Minusbauern.

45. g4?!

Beide Spieler schienen anzunehmen, daß dies eine klare Gewinnstellung für Weiß darstellt, aber tatsächlich ist es nicht so einfach. Der Textzug ist wahrscheinlich bereits eine Ungenauigkeit. Nach 45. ♔f3 ♖e6 46. ♖d8+ (Schirow bemerkt, daß 46. ♖c3 gewinnen sollte, aber der weiße Turm ist ständig an die Verteidigung von c6 gebunden, und der Gewinn scheint mir alles andere als einfach zu sein) 46. ... ♔f7 47. ♖d7+ ♖e7 48. ♖xe7+ ♔xe7 kann Weiß ein gewonnenes Damenendspiel forcieren mit 49. ♔g4 ♔d6 50. ♔g5 ♔xc6 51. ♔h6 ♔b7 52. ♔xh7 c5 53. ♔xg6 c4 54. f5 c3 55. f6 c2 56. f7 c1♕ 57. f8♕ ♕c2+ 58. ♕f5 ♕xh2 (nach 58. ... ♕c6+ 59. ♔h5 ♕e8+ 60. ♔g4 ♕g8+ 61. ♔f4 verbleibt Weiß mit zwei Mehrbauern) 59. g4. Die Bewertung von Endspielen mit ♕+♙ gegen ♕ ist zu Hause eine einfache Sache, da man lediglich eine Computerdatenbank konsultieren muß.

Das Orakel informiert uns, daß dieses tatsächlich gewonnen ist, aber am Brett ist dies natürlich nicht so einfach. Die generelle Meinung unter Großmeistern besagt, daß Endspiele mit ♛+g♙ gegen ♛ (und wenn der verteidigende König vom Bauern abgeschnitten ist) in der Praxis beinahe unmöglich zu verteidigen sind, selbst wenn einige von ihnen mit perfektem Spiel Remis gehalten werden können (siehe Seite 151 für weitere Details). Also selbst ohne Datenbank wäre Schirow sich bewußt gewesen, daß dieses Endspiel Weiß ausgezeichnete Gewinnaussichten bietet. In dieser speziellen Stellung weiter oben ist es ziemlich leicht zu erkennen, daß Schwarz nur ein paar Schachs hat und Weiß dann seinen Bauern auf die fünfte Reihe vorrücken kann (59. ... ♛d6+ 60. ♔g7 ♛d4+ 61. ♔f7 ♛c4+ 62. ♔f8 ♛b4+ 63. ♔g8), was einen weiteren Beweis für die Einschätzung liefert, daß die Stellung gewonnen ist.

45. ... ♖e6

Schwarz muß versuchen, den weißen Turm in eine defensive Position zu zwingen.

46. ♖d8+

Weiß könnte immer noch 46. ♖c3 spielen.

46. ... ♔f7 47. ♖d7+ ♖e7 48. ♖xe7+??

Dieser Zug wirft den Gewinn weg. Weiß hätte immer noch mit seinem Turm den Rückzug antreten können, um den c-Bauern entlang der c-Linie zu decken.

46. ... ♔xe7 49. g5 1-0??

Die Aufgabe ist ein noch verblüffenderer Fehlzug als Schirows falscher Turmtausch. Nach 49. ... ♔d6 *(D)* remisiert Schwarz ohne größere Schwierigkeiten:

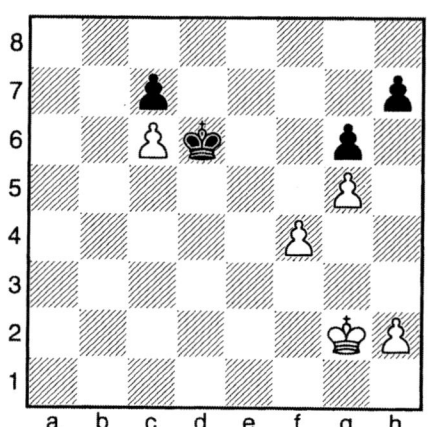

1) 50. f5 gxf5 51. h4 ♔e5 52. ♔f3 f4 53. h5 ♔f5 54. g6 hxg6 55. h6 ♔f6 56. ♔xf4 g5+ und Remis.

2) 50. h4 ♔xc6 51. f5 ♔d6 52. f6 ♔d7 53. ♔f3 ♔e6 54. ♔f4 ♔f7 55. ♔e5 ♔e8 56. ♔d5 ♔d7 57. ♔c5 ♔e8 und Weiß kann keine Fortschritte machen, vorausgesetzt, ♔c6 wird mit ... ♔d8 beantwortet. Wenn sich der weiße König auf c5 oder d5 befindet, dann kann Schwarz entweder ... ♔e8 oder ... ♔d7 spielen. Die Tatsache, daß Schwarz die Wahl zwischen zwei Zügen hat, bedeutet, daß Weiß keine Chance hat, auf irgendeine Art durch Abwälzen der Zugpflicht zu gewinnen, denn nur nach ♔c6 ist Schwarz auf ein einziges Feld für seinen König beschränkt.

Was Timmans Entscheidung zur Aufgabe so überraschend macht, ist die Tatsache, daß er einfach den Bauern auf c6 hätte nehmen können, um dann zu sehen, welche Absichten Schirow hatte. So früh aufzugeben ist ein Zeichen von Defätismus – er glaubte, daß das Turmendspiel total verloren war, und da das Bauernendspiel eine natürliche Konsequenz des Turmendspiels darstellte, mußte auch dieses verloren sein.

In diesen Beispielen widmeten sowohl Short als auch Timman ihre Aufmerksamkeit nur dürftig der Position auf dem Brett, und sie ließen sich zu sehr durch das vorangegangene Spiel beeinflussen.

Die Lektion, die man daraus lernen kann, besteht darin, daß man sich während der laufenden Partie auf die vorhandene Stellung konzentriert, egal, was vorher geschehen ist. Es gibt sehr wenige Spieler, die die technische Meisterschaft besitzen, eine vorteilhafte Stellung zum Gewinn zu führen, ohne dem Gegner irgendwann eine Chance auf Gegenspiel zu bieten. Die Aufgabe des Verteidigers besteht darin, konzentriert zu bleiben, so daß man beim Auftreten einer möglichen Gelegenheit zur Rettung diese nicht übersieht. Es macht keinen Sinn, weiter zu spielen, wenn Sie lediglich auf die günstigste Gelegenheit zum Aufgeben warten.

2 Die Eröffnung

Aufbau eines Repertoires

Es wäre schön, den Aufbau eines Eröffnungsrepertoires von Anfang an zu starten, so daß alles wunderbar zusammenpaßt und alle Übergänge berücksichtigt sind. Allerdings haben die meisten Spieler kein elegantes Eröffnungsrepertoire. Sie spielen eine bunte Ansammlung von Eröffnungen, die sie sich mehr oder weniger zufällig über die Jahre angeeignet haben. Trotzdem werden wir von der idealen Situation ausgehen, daß jemand vom ersten Feld aus startet (vermutlich a1).

Die erste Stufe ist das Nachdenken über den persönlichen Stil. Bevorzugen Sie offene taktische Stellungen oder geschlossene strategische Stellungen? Macht Sie ein Angriff auf Ihren König nervös, oder sind Sie zufrieden, solange Sie Gegenangriff besitzen? Bevorzugen Sie Hauptvarianten oder eher etwas Ausgefallenes? Schauen Sie sich als Nächstes die verschiedenen zur Verfügung stehenden Eröffnungen an und sehen nach, welche zu Ihrem persönlichen Stil passen. Wenn Sie sich zum Beispiel als Schwarzer eine Eröffnung gegen 1. e4 zurechtlegen wollen, dann sind die folgenden Merkmale der einzelnen Eröffnungen bedenkenswert.

1. ... c5: Offene Stellungen, taktisch, Angriff und Gegenangriff. Scheveninger und Taimanow-System sind sicherer und weniger taktisch als der Drachen, das Najdorf-System und die Lasker-Pelikan-Variante.
1. ... c6: Solide Stellungen, strategisch, sicherer König.
1. ... e6: Geschlossene Stellungen, strategisch.
1. ... e5: Ziemlich solide, kann aber zu fast jeder Art von Stellung führen, je nachdem was folgt. Russisch ist die solideste Wahl.
1. ... d6: Scharfe Stellungen. Angriff und Gegenangriff. Weiß besitzt jedoch solide Optionen.
1. ... d5: Etwas ausgefallen, ziemlich solide, aber ein bißchen passiv.
1. ... ♘f6: Scharfe Stellungen. Heutzutage als etwas ausgefallen betrachtet.
1. ... ♘c6: Etwas ausgefallen. Man muß sich Gedanken machen, was man nach 2. ♘f3 spielen will.

Machen Sie das Gleiche mit Eröffnungen gegen 1. d4, gegen Flankeneröffnungen und mit Weiß. Dann müssen Sie überlegen, wie all dies zusammenpaßt. Wenn Sie die Pirc-Eröffnung gegen 1. e4 wählen, dann macht es Sinn, sich Königsindisch gegen 1. d4 zurechtzulegen. Dies ist flexibler und wird Ihnen später zusätzliche Optionen geben. Zum Beispiel könnten Sie sich später entscheiden, daß Sie es vorziehen würden, das Sämisch-System gegen Königsindisch nicht zuzulassen. Um dies zu erreichen, beantworten Sie 1. d4 mit 1. ... d6, und gegen 2. c4 spielen Sie 2. ... e5. Viele Spieler, die dieses System als Schwarzer an sich gerne spielen würden, lassen sich durch zwei Dinge abschrecken: Erstens kann Weiß 2. e4 spielen, und zweitens kann Weiß 2. ♘f3 spielen (es ist wahr, daß Schwarz 2. ♘f3 mit 2. ... ♗g4 beantworten kann, aber viele beurteilen dies als etwas besser für Weiß). Allerdings wird Sie keines dieser Probleme stören, da Sie Ihre Eröffnungen so ausgewählt haben, daß sie zusammenpassen.

Pirc ist bereits in Ihrem Repertoire vorhanden, und nach 2. ♘f3 können Sie 2. ... ♘f6 spielen und in Königsindisch überleiten, wobei Sie das Sämisch-System verhindert haben.

Ähnlich passen Caro-Kann und Slawisch zusammen, und dann können Sie 1. c4 mit 1. ... c6 beantworten, ohne zusätzlich etwas lernen zu müssen, um mit 2. e4 zurechtzukommen.

Man ist der Versuchung ausgesetzt, einige wirklich ungewöhnliche Eröffnungen auszuwählen, weil die benötigten Studien weit weniger zeitaufwendig sind. Trotzdem würde ich davon abraten. Selten gespielte Eröffnungen sind gewöhnlich genau deshalb selten, weil sie irgendeinen Mangel haben. Früher oder später werden Ihre Gegner anfangen, diese Mängel auszunutzen, und dann werden Sie die Eröffnung wechseln müssen. Wenn Sie eine weitere ungewöhnliche Eröffnung wählen, dann wird sich dieser Prozeß wiederholen. Nach ein paar Jahren werden Sie genauso viele Mühen aufgebracht haben, als wenn Sie von Anfang an eine der Haupteröffnungen gewählt hätten, und Ihre Mühen haben Ihnen wenig eingebracht.

Dieses Problem entsteht nicht bei einem Repertoire, das auf Hauptvarianten beruht. Zunächst einmal werden solche Varianten, die in Tausenden von Großmeisterpartien ausprobiert und getestet worden sind, kaum widerlegt werden können. Das Schlimmste, was gewöhnlich passiert, ist, daß eine kleine Finesse zu einer geringen Änderung der Einschätzung einer Variante führt. Falls jedoch das Schlimmste passiert und eine tolle Neuerung eine Variante widerlegt, dann ist es gewöhnlich relativ leicht, zu einer anderen Variante in derselben Eröffnung zu wechseln. Haupteröffnungen wie Spanisch oder Orthodoxes Damengambit stellen nicht lediglich einzelne Varianten dar; sie sind massive Komplexe von verschiedenen Systemen für beide Seiten. Nehmen Sie zum Beispiel an, Sie spielen die folgende Variante der Tschigorin-Verteidigung im geschlossenen Spanier: 1. e4 e5 2. ♘f3 ♘c6 3. ♗b5 a6 4. ♗a4 ♘f6 5. 0-0 ♗e7 6. ♖e1 b5 7. ♗b3 d6 8. c3 0-0 9. h3 ♘a5 10. ♗c2 c5 11. d4 ♕c7 12. ♘bd2 cxd4 13. cxd4 ♗d7 14. ♘f1 ♖ac8 15. ♘e3 ♘c6 16. d5 ♘b4 17. ♗b1 a5 18. a3 ♘a6. Plötzlich sehen Sie eine Partie in dieser Variante, die das schwarze Spiel als zweifelhaft erscheinen läßt. Sie benötigen schnellstens eine Ersatzvariante. Es gibt eine große Auswahl an Möglichkeiten: Sie könnten 15. ... ♖fe8 versuchen oder, etwas früher, 13. ... ♘c6. Vielleicht könnte die Verzögerung des Abtauschs auf d4 durch 12. ... ♗d7 oder 12. ... ♘c6 eine Idee sein. All dies sind gut spielbare Varianten, so daß kein Grund zur Panik besteht. Sie alle führen zum gleichen allgemeinen Stellungstyp, so daß die Erfahrungen, die Sie mit der früheren Variante gewonnen haben, nicht umsonst sind. Die allgemeinen Prinzipien, die das Spiel mit der Bauernstruktur in der Tschigorin-Verteidigung regeln, gelten auch in der neuen Variante. Darüber hinaus bleibt der ganze Aufwand für das Erlernen der Varianten gegen frühe weiße Abweichungen (spanische Abtauschvariante, Varianten mit ♕e2, etc.) absolut unverändert. Statt einer Generalüberholung ist lediglich eine kleine Modifikation notwendig.

Nachdem Sie Ihre Eröffnungen ausgewählt haben, worin besteht der beste Weg sie zu studieren? Da gibt es nichts Besseres als ein gutes Buch, was uns zu unserem nächsten Punkt bringt.

Gebrauch von Eröffnungsbüchern

Heutzutage gibt es Bücher für praktisch jede Eröffnung unter der Sonne. Einige sind gut,

einige sind kompetent, und einige sind schlecht. Leider ist es oft nicht leicht, den Wert eines Buches einzuschätzen. Um ein gutes Buch zu wählen, würde man sich normalerweise an Buchkritiken halten, aber diese sind in der Schachwelt oft nicht sehr hilfreich. Dies ist nicht notwendigerweise die Schuld der Kritiker; ich kann aus eigener Erfahrung bezeugen, daß die Kritik von Eröffnungsbüchern eine schwierige und undankbare Aufgabe ist. Um ein Eröffnungsbuch richtig einzuschätzen, muß man wirklich ein Experte in dieser bestimmten Eröffnung sein. Natürlich kann man prüfen, ob es up-to-date und gut geschrieben ist, aber ein wirklich gutes Eröffnungsbuch wird auch all diese Finessen enthalten, die nur ein Experte in dieser Eröffnung kennen wird. Geschickte Zugfolgen zur Vermeidung bestimmter Varianten, Züge, die zur Beendigung bestimmter Varianten führten, die aber nie tatsächlich in einer Partie gespielt wurden – nur ein Spezialist wird wissen, ob solche Dinge in einem Buch vorhanden sind oder nicht. Wenn man dann noch bedenkt, daß Schachbuchkritiker normalerweise nicht bezahlt werden (abgesehen von einer freien Ausgabe dieses Buches), dann ist es kaum überraschend, daß Kritiken von Eröffnungsbüchern zu einer bestimmten Schmeichelei neigen. Große Verleger sind vielleicht etwas sicherer als kleinere Betriebe, da sie normalerweise eine Art Qualitätskontrolle haben; sie stehen allerdings auch unter viel größerem kommerziellen Druck, ein Buch pünktlich herauszubringen, was zu einer hastig erledigten Arbeit führen kann. Die Redensart „Beurteile ein Buch nicht nach seinem Umschlag" gilt besonders für Schachbücher. Die Umschläge sind normalerweise von Designern entworfen und nicht von Schachspielern; natürlich sollten sie überprüft werden, aber selbst dann werden manchmal grobe Schnitzer übersehen. Am Ende ist der Ruf des Autors wahrscheinlich der beste Hinweis auf die Qualität eines Buches.

Nachdem man sich ein Buch ausgesucht hat, ist es zu Beginn am besten, sich einen Überblick über die Eröffnung zu verschaffen. Schauen Sie sich am Anfang nur die Hauptvarianten an, um sich ein geistiges Bild der allgemeinen Struktur der Eröffnung zu verschaffen. Wenn das Buch Beispielpartien enthält, lohnt es sich, diese zuerst nachzuspielen; Sie werden wahrscheinlich bereits typische Strategien erkennen, die sich ständig wiederholen. In den meisten Haupteröffnungen werden Sie gegen jede der gegnerischen Möglichkeiten eine Auswahl von eigenen Zügen haben. Genau wie bei der Auswahl der Haupteröffnungen, sollten Sie eine Liste der verschiedenen Optionen erstellen, um zu sehen, welche am besten zu Ihrem Stil paßt. Beachten Sie mögliche Übergänge und Zugfolgen, um sicherzustellen, daß Ihr Gegner Ihr geplantes Repertoire nicht durch eine einfache Zugumstellung umgehen kann. Nehmen Sie zum Beispiel an, Sie spielen eine Variante im Sizilianer mit 1. e4 c5 2. ♘f3 e6 und denken darüber nach, wie Sie Sizilianisch mit 2. c3 beantworten sollen. Sie bemerken, daß die Verteidigung 1. e4 c5 2. c3 d5 3. exd5 ♕xd5 4. d4 ♘f6 5. ♘f3 ♗g4 momentan populär ist und entscheiden sich für sie. Es wäre leicht, die Tatsache zu übersehen, daß Weiß statt dessen 1. e4 c5 2. ♘f3 e6 3. c3 spielen kann. Natürlich können Sie immer noch 3. ... d5 spielen, aber nun ist die Variante ... ♗g4 unmöglich. Es gibt Wege, dieses bestimmte Problem zu umgehen, aber es ist wichtig, im voraus bereit zu sein und nicht am Brett kalt erwischt zu werden.

Beachten Sie, daß es bis jetzt noch kein detailliertes Lernen gegeben hat. Es ging vor allem um sorgfältige Planung, und das ist wirklich das Geheimnis erfolgreicher Eröffnungsvorbereitung: gute Vorbereitung und Gründlichkeit. Sobald Sie Ihr Repertoire eingegrenzt haben, können Sie jede einzelne Variante detailliert studieren. Beginnen Sie zunächst nur mit den Hauptvarianten – das wird 90% Ihrer Partien abdecken, und Sie können die unüblichen Varianten später nachholen.

Eine wichtige Frage ist, ob es besser ist, ein Eröffnungsbuch zu studieren, das ein vorgefertigtes Repertoire anbietet (oft bezeichnet mit „Gewinnen mit ... ", oder einem ähnlichen Titel), oder eines, das eine Eröffnung komplett abdeckt. Sicherlich haben beide Bücher ihre Berechtigung, und die ideale Situation wäre, je eines für eine gegebene Eröffnung zu haben. Es ist sicherlich nützlich, jemanden zu haben, der einen Großteil der oben beschriebenen Arbeit für Sie übernimmt, aber trotzdem könnten einige Varianten des vorgeschlagenen Repertoires nicht zu Ihrem Stil passen, oder Entwicklungen seit der Veröffentlichung des Buches könnten einige Empfehlungen zweifelhaft erscheinen lassen. In diesem Fall ist es notwendig, eine Quelle für Alternativmöglichkeiten zu besitzen.

Ernsthaftere Spieler, die eine Schachdatenbank besitzen (siehe auch Seite 167), könnten diese nach neuesten Entwicklungen durchforsten, bevor sie eine bestimmte Variante spielen. Eine Datenbank ist auch nützlich, um zu sehen, welche Varianten gerade populär sind und deshalb besondere Aufmerksamkeit genießen.

Zunächst werden Sie vielleicht finden, daß die Ergebnisse mit Ihrer neuen Eröffnung enttäuschend sind. Dies ist bei strategischen Eröffnungen wahrscheinlicher als bei solchen, die auf präziser Analyse beruhen. Als ich anfing, die sizilianische Najdorf-Variante zu spielen, waren meine Ergebnisse sehr gut. Dies ist eine Eröffnung, in der das konkrete Wissen von spezifischen Varianten sehr wichtig ist. Ich hatte die Eröffnung gerade sehr detailliert studiert, und so war mein Wissen oft besser und auf einem neueren Stand als das meiner Gegner. Auf der anderen Seite erfordert das Spielen einer strategischen Eröffnung positionelles Verständnis, das man besser durch Erfahrung als durch Bücher erlernt. Es mag einige Partien dauern, bevor Sie sich an eine solche Eröffnung gewöhnen, aber bleiben Sie am Ball – Ihre Bemühungen werden sich am Ende auszahlen.

Bücher über ausgefallene Eröffnungen

Eine besondere Art von Büchern, die spezielle Aufmerksamkeit verdient, ist die, die sich mit zweifelhaften und selten gespielten Eröffnungen beschäftigt. Wie in allen Kategorien von Eröffnungsbüchern gibt es gute und schlechte Beispiele. Typischerweise wird solch ein Buch behaupten, daß Eröffnung X ungerechtfertigterweise vernachlässigt wird, daß neuere Partien X sich als schließlich spielbar erwiesen und daß alle Arten von versteckten Ressourcen und Neuerungen zum ersten Mal in diesem Buch aufgedeckt werden.

Unglücklicherweise sind in 99% der Fälle die Gründe, warum X selten gespielt wird, vollkommen gerechtfertigt, die „neueren Partien" erweisen sich als Aufeinandertreffen von geringem Wert zwischen unbekannten Spielern, und die Ressourcen und Neuerungen können einer genauen Prüfung nur für kurze Zeit standhalten. Es gibt viele verschiedene Tricks, die Autoren benutzen, um Eröffnungen wie X spielbar erscheinen zu lassen, und sie werden, natürlich zum ersten Mal, in diesem Buch aufgedeckt!

Es ist schwer, ohne konkrete Beispiele ins Detail zu gehen, was bedeutet, daß ich ein paar Opfer auswählen muß. In diesem bestimmten Genre gibt es einen deprimierend hohen Anteil von armseligen Büchern, und es wäre ein Leichtes, eines der wirklich schlechten auszuwählen

und ein bißchen Spaß zu haben. Tatsächlich habe ich eines der besseren Exemplare ausgesucht, Tony Kostens *The Latvian Gambit* (B.T. Batsford, 1995). Dieses Buch ist deshalb ungewöhnlich, weil sich ein starker Großmeister einer selten gespielten Eröffnung mit schlechtem Ruf angenommen hat. Tony hat sich mit diesem Titel einer echten Herausforderung gestellt. Als es erschien, war ich ziemlich verblüfft, wie der Autor es geschafft hatte, 144 Seiten zu füllen; ich hatte geglaubt, eine detaillierte Widerlegung würde höchstens zehn Seiten ausmachen.

Ich beschloß, das Buch als Basis für eine mehrstündige Analyse des Lettischen Gambits zu benutzen (der Rest dieses Abschnitts basiert auf dieser Analyse). Sie wird natürlich sehr selten gespielt, und ich glaube nicht, daß es ein GM wagen würde, aber dies erhöht ihren Überraschungseffekt. Es wäre sicherlich beschämend, mit ihr konfrontiert zu werden und beim dritten Zug in tiefes Nachdenken zu versinken! Darüber hinaus ermutigt die Neuerscheinung eines Eröffnungsbuches immer einige Leute, diese Eröffnung anzuwenden, so daß die Chancen, sie anzutreffen groß genug waren, um zu rechtfertigen, daß man ein bißchen Zeit für sie aufbringt.

Zu meiner Teenagerzeit gab es ein paar Jugendspieler, die das Lettische Gambit, das, falls Sie es nicht schon wissen, durch die Züge 1. e4 e5 2. ♘f3 f5 charakterisiert wird, anwendeten. Für viele Spieler bietet diese Eröffnung einen riesigen Vorteil: sie stellt eine mehr oder weniger komplette Verteidigung gegen 1. e4 dar. Wenn Sie eine Variante im Spanier spielen, dann müssen Sie sich über verschiedene weiße Systeme im Spanier, wie die Abtauschvariante und Varianten mit frühem d3, sowie Schottisch und 3. ♗c4 Gedanken machen – ziemlich viel Theorie, die studiert werden muß. Die Anwendung des Lettischen Gambits kürzt all dies ab; abgesehen vom Königsgambit und einigen anderen Eröffnungen müssen Sie nichts anderes lernen, um 1. e4 zu begegnen. Die Frage lautet: Kann Lettisch als spielbar angesehen werden?

Der Zug 2. ... f5 sieht zweifelhaft aus; er entwickelt keine Figur und er schwächt die Diagonalen h5-e8 und c4-g8, die letztere wird wichtig sein, wenn Schwarz später die Absicht hat, zum Königsflügel zu rochieren. Ich betrachtete 3. ♘xe5 immer als die logischste Antwort – Schwarz sollte dafür bestraft werden, seinen e-Bauern nicht durch 2. ... ♘c6 gedeckt zu haben. Ich hatte mit dieser Antwort in meiner Jugend gut gepunktet, so daß ich beschloß, mich auf sie zu konzentrieren.

Meine erste Überraschung erlebte ich, als ich das Inhaltsverzeichnis untersuchte. Kapitel 6 behandelte (nach 3. ♘xe5) „3. ... ♘c6 und andere Alternativen für Schwarz im dritten Zug". Ich war erstaunt – ich hatte nicht erkannt, daß 3. ... ♘c6 auch nur annähernd möglich sei. Tatsächlich verwirft Tony gerechtfertigterweise „die anderen Alternativen im dritten Zug", aber er widmet 3. ... ♘c6 *(D)* mehr als neun Seiten. Wenn ich in einem Buch einen mir unbekannten Zug sehe, besteht meine erste Reaktion darin, nicht der Analyse des Autors zu folgen, sondern die Stellung auf einem Brett aufzubauen, um zu bestimmen, was die natürlichste Antwort wäre.

Ich bemerkte, daß Weiß durch 4. ♕h5+ g6 5. ♘xg6 ♘f6 6. ♕h4 hxg6 (6. ... ♖g8!?) 7. ♕xh8 ♕e7 die Qualität gewinnen konnte. Dafür besitzt Schwarz einen großen Entwicklungsvorsprung. Eine Einschätzung dieser ziemlich komplizierten Stellung würde einige Zeit benötigen, weshalb ich mich, DAUT berücksichtigend, dafür entschied, nach etwas einfacherem Ausschau zu halten.

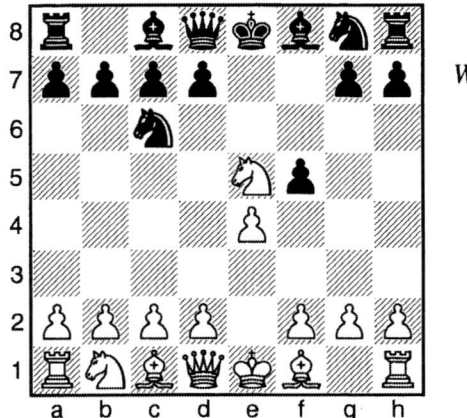

4. ♘xc6 ist ein weiterer offensichtlicher Zug, aber nach 4. ... dxc6 scheint dies eher Schwarz in die Hände zu spielen. Alle schwarzen Leichtfiguren können sofort ins Spiel eingreifen, während Weiß noch mit seinem d-Bauern ziehen muß, um den Läufer c1 zu entwickeln. Weiterhin hat Weiß keine Leichtfiguren am Königsflügel, und wenn Weiß beabsichtigt, zum Königsflügel zu rochieren, könnte diese Abwesenheit Schwarz den Aufbau eines Angriffs erlauben. Keine dieser Varianten ist besonders klar, aber der Sinn dieser ersten Bewertung ist nicht, jede Möglichkeit rigoros einzuschätzen, sondern lediglich zu entscheiden, welcher Zug nach allgemeinen Prinzipien am besten aussieht. Wenn ich nicht eine Möglichkeit gefunden hätte, die mir am erfolgversprechendsten schien, dann hätte ich mir 4. ♕h5+ und 4. ♘xc6 noch ein zweites Mal angeschaut.

Allerdings entdeckte ich in diesem Moment einen sehr vielversprechenden Zug: 4. d4!. Dies schien mir am besten dem Prinzip der schnellen Figurenentwicklung in der Eröffnung zu entsprechen. Weiß bildet ein Zweibauernzentrum und erlaubt die Entwicklung des Läufers c1 ohne Zugeständnisse. Die offensichtlichste Antwort ist 4. ... fxe4, aber dies verliert einfach wegen 5. ♘xc6 dxc6 6. ♕h5+, und 6. ... g6 kostet einen Turm, so daß Schwarz mit dem König ziehen muß. Auch 4. ... ♘f6 ist nicht möglich, weil 5. ♘xc6, gefolgt von 6. e5, Weiß einen Mehrbauern bei guter Stellung überläßt. Schwarz kann natürlich 4. ... ♘xe5 spielen, aber nach 5. dxe5 verhindert der Bauer auf e5 ... ♘f6, und die schwarze Entwicklung ist entsprechend erschwert. Wenn er versucht, den Bauern durch 5. ... ♕e7 zurückzugewinnen, dann sieht 6. ♕d4 mit der Drohung ♘c3-d5 sehr unerfreulich aus. Nach fünf Minuten konnte ich immer noch keine spielbare Variante gegen 4. d4 entdecken, so daß ich beschloß, nachzusehen, was Kosten angab. Kostens Hauptvarianten sind 4. ♘xc6 und 4. ♕h5+, wobei auf 4. d4 nur in einer kurzen Anmerkung hingewiesen wird und zwar mit der Fortsetzung „4. ... ♕h4! 5. ♗d3 fxe4 6. g3 ♕h3 7. ♗xe4 ♘f6" und der Einschätzung „gut" für Schwarz. Nun, 4. ... ♕h4 war sicherlich eine Überraschung! Trotzdem war ich noch nicht überzeugt. Schwarz hat praktisch jedes Eröffnungsprinzip verletzt, indem er schwächende Bauernzüge machte, einen Bauern hergab und jetzt seine Dame vor allen anderen Figuren entwickelte – es mußte sicherlich zumindest einen Weg zum klaren Vorteil geben. Plötzlich hatte ich eine Idee. Wie sieht es mit 5. ♘f3 ♕xe4+ 6. ♗e2 *(D)* aus?

Je länger ich mir die Stellung anschaute, desto mehr gefiel sie mir. Weiß droht einfach 0-0 und ♖e1. Schwarz hat nicht genügend Zeit, seine Leichtfiguren auf dem Königsflügel zu entwickeln und zu rochieren, zum Beispiel 6. ... ♘f6 7. 0-0 ♗e7 8. ♖e1 und 8. ... 0-0 verliert wegen der Antwort 9. ♗c4+. Zumindest wird Schwarz einige weitere Züge mit seiner Dame machen müssen und hoffnungslos in der Entwicklung zurückbleiben. Zusätzlich muß man berücksichtigen:

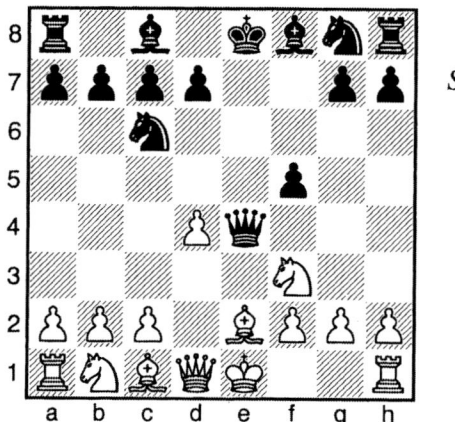

a) die fürchterliche Stellung des Bauern f5, der keinerlei positive Eigenschaften besitzt und lediglich die schwarze Stellung schwächt;

b) die Möglichkeit d5, die den Springer c6 zum Rückzug zwingt; und

c) der Plan, c7 durch ♘c3-d5 (oder b5) anzugreifen, möglicherweise gepaart mit ♗f4.

Zusammengefaßt ist die schwarze Stellung wahrscheinlich einfach verloren. Es verblieb lediglich ein weiterer Punkt, der überprüft werden mußte, nämlich die Möglichkeit, daß Schwarz die augenblicklich aktive Stellung seiner Dame durch 6. ... ♘b4 ausnutzen könnte. Allerdings wäre es ein Wunder, wenn Schwarz mit dem Brechen der einzigen bisher ungebrochenen Eröffnungsregel, nämlich dem wiederholten Ziehen einer bereits entwickelten Figur, während der Rest der Armee zu Hause bleibt, davonkommen würde.

Die Analyse ist allerdings ziemlich einfach: 6. ... ♘b4 7. 0-0 ♕xc2 8. ♕e1 ♗e7 (8. ... ♕e4 9. ♘c3 ♕e7 10. ♕d1 ♘f6 11. ♖e1 ♘e4 12. a3 ♘c6 13. ♗d3 gewinnt) 9. ♘c3 ♘f6 10. ♘e5 (droht 11. ♗d1) 10. ... f4 11. a3 ♘c6 (11. ... d6 12. axb4 dxe5 13. dxe5 ♘g4 14. ♘d5 ♗d8 15. e6 ♘f6 16. ♘xf4 0-0 17. ♗d3 gewinnt) 12. ♗d3 ♕b3 13. ♘b5 ♘xe5 14. dxe5, und die schwarze Stellung bricht zusammen. Selbst dies wird eher unnötig detailliert präsentiert; die schwarze Entwicklung ist so furchtbar, daß es nicht unvernünftig wäre, die schwarze Stellung ohne konkrete Analyse zu verwerfen.

Nachdem ich 3. ... ♘c6 abgehakt hatte, richtete ich meine Aufmerksamkeit auf die Hauptvariante, 3. ... ♕f6, wobei ich mich wiederum auf die Variante konzentrierte, die ich Jahrzehnte früher gespielt hatte, nämlich 4. ♘c4 fxe4 5. ♘c3. Damals war die Hauptfortsetzung 5. ... ♕g6, worauf ich durch 6. d3 ♗b4 7. dxe4 ♕xe4+ 8. ♘e3 einige Siege landen konnte. Kosten betrachtet dies als sehr gut für Weiß, und seine Hauptvariante ist 5. ... ♕f7, ein Zug, der 1970 praktisch unbekannt war. Ich kannte diesen Zug, und tatsächlich wurde ich vor kurzem sogar mit ihm konfrontiert und zwar gegen *Fritz* in einem Mensch gegen Computer Turnier. Ich gewann diese Partie, aber meine Eröffnungsbehandlung war aufgrund meines nicht vorhandenen Wissens eher vorsichtig.

Kostens Hauptvariante ist 6. ♘e3 c6! *(D)* (sein Ausrufezeichen).

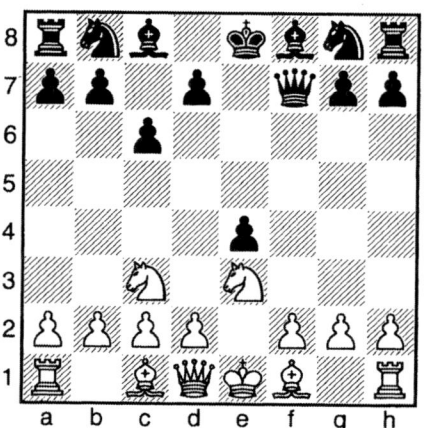

Seine Hauptvariante geht weiter mit 7. d3 exd3 8. ♗xd3 d5. Natürlich hat Weiß erheblichen Entwicklungsvorsprung, aber Schwarz besitzt einige strategische Aktiva. Er hat einen Mehrbauern im Zentrum, und die Damenstellung wird sich nach der kurzen Rochade als ziemlich nützlich herausstellen, da er sofort Druck auf der f-Linie ausüben kann. In der Tat wird schnell offensichtlich, daß Schwarz gutes Spiel haben wird, wenn er ausreichend Zeit zur Vollendung der Entwicklung bekommt. Nach ... ♗d6, ... ♘e7 und ... 0-0 ist sein König sicher, und die weißen Springer sind nicht gut plaziert. Die schwarzen Zentralbauern verhindern den Vormarsch der Springer, und mit einem Springer auf e3 ist der Läufer c1 eingesperrt. Ein kurzer Blick auf Kostens Analyse bestätigt dies; in den meisten Varianten fühlt sich Weiß verpflichtet, durch ♘exd5 oder ♘c4 eine Figur zu opfern, um Schwarz vor der Rochade zu beunruhigen. All diese Varianten sind sehr kompliziert, so daß ich, wiederum DAUT berücksichtigend, beschloß, zur Diagrammstellung zurückzukehren. Ich fragte mich sofort, warum Weiß nicht den Bauern auf e4 nehmen sollte. Nach 7. ♘xe4 d5 8. ♘g5 ♕f6 9. ♘f3 war ich wiederum zuversichtlich, was die weiße Stellung betrifft. Natürlich hat Weiß einige Male mit dem Springer gezogen, aber Schwarz kann nicht wirklich damit prahlen, da die einzige Figur, die er bis jetzt bewegt hat, seine Dame ist. Entwicklungsmäßig stehen beide Seiten etwa gleich, und die weiße Stellung ist ohne Schwächen – tatsächlich ist die schwarze Kompensation für den Bauern einfach nicht sichtbar. Kosten gibt zwei Varianten an: 9. ... ♗e6, mit der Idee, zum Damenflügel zu rochieren und 9. ... ♗d6. Betrachten wir zunächst 9. ... ♗e6. Kostens Fortsetzung ist „10. d4 ♘d7 11. ♗d3 0-0-0 (D) 12. c3 g5 13. 0-0 h5, ohne Angst vor 14. ♘xd5?! ♗xd5 15. ♗xg5 ♕g7."

Diese Variante zeigt eine typische Masche, die von denjenigen benutzt wird, die versuchen,

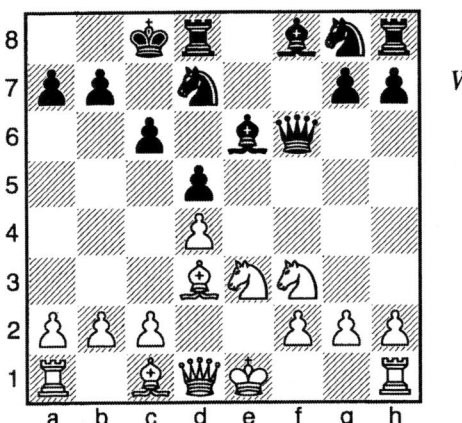

eine zweifelhafte Variante spielbar zu machen: den völlig irrelevanten Zug. Niemand könnte die natürlichen Entwicklungszüge 10. d4 und 11. ♗d3 kritisieren, aber wofür in aller Welt ist 12. c3? Der Bauer d4 ist nicht angegriffen, wird wahrscheinlich nicht angegriffen werden, und Weiß befreit seinen Springer f3 nicht für irgendwelche anderen Aufgaben. Wenn Weiß nichts macht, dann wird Schwarz natürlich irgendwann einen gefährlichen Königsangriff erlangen, aber bei entgegengesetzten Rochaden ist Schnelligkeit Trumpf. Der korrekte Plan für Weiß besteht in c2-c4, um Gegenspiel im Zentrum und am Damenflügel zu erlangen.

Nehmen Sie an, Weiß beginnt mit dem offensichtlichen Zug 12. 0-0, und Schwarz spielt wie in Kostens Variante 12. ... g5. Weiß erwidert 13. c4 (D), und Schwarz steht bereits sehr schlecht:

1) 13. ... ♗d6 14. ♕a4 ♔b8 15. c5 ♗c7 16. b4 mit einem Mehrbauern und einem sehr starken Angriff. Wenn Schwarz 16. ... a6 spielt, kann Weiß entweder sofort auf a6 opfern oder es mit 17. ♖b1 vorbereiten.

2) 13. ... g4 14. cxd5 cxd5 15. ♘e5.

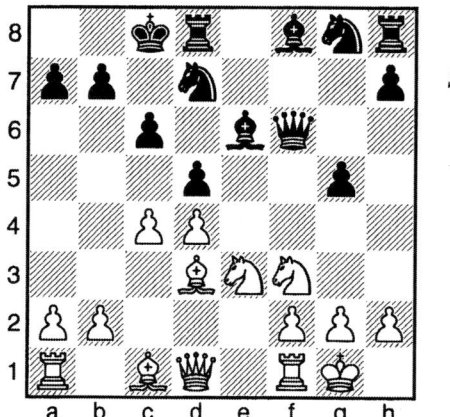
S

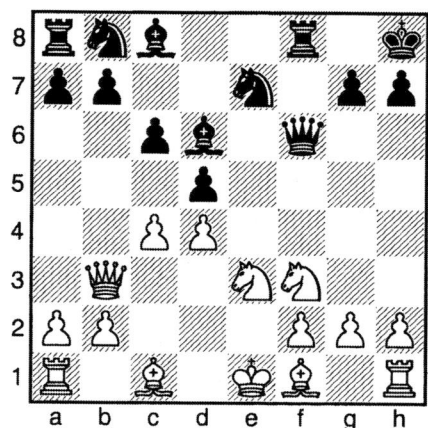
W

3) 13. ... dxc4 (relativ am besten) 14. ♘xc4 h6 (14. ... g4 15. ♘fe5 ♗xc4 16. ♘xd7 ♖xd7 17. ♗xc4 ist auch sehr schlecht, zum Beispiel 17. ... ♖xd4 18. ♕b3 ♘e7 19. ♗e3) 15. ♗e3, gefolgt von irgendeiner Kombination von ♕a4, ♖c1 und ♘fe5. Schwarz hat einen Bauern für nichts weniger.

Wenn Schwarz im 12. Zug irgend etwas anderes spielt, zum Beispiel 12. ... ♗d6, antwortet Weiß wiederum 13. c4, und in diesem Fall liegen die Dinge sogar noch schlechter, da ♘xc4 mit Tempogewinn geschieht.

Kostens andere Variante ist ... ♗d6, und hier gibt er 10. d4 ♘e7 11. c4! an, was in der Tat die beste weiße Variante ist. Die Fortsetzung ist 11. ... 0-0 12. ♕b3 ♔h8!? *(D)* 13. ♗d2!? dxc4 14. ♗xc4 ♘d7 15. 0-0, was er als für Weiß vorteilhaft einschätzt (und deshalb 9. ... ♗e6, wie oben angegeben, empfiehlt).

Der Sinn von 13. ♗d2 besteht in der Verhinderung eines Schachs auf b4, und die dadurch eingetretene Drohung, auf d5 einen Bauern zu gewinnen. Es ist ebenfalls möglich, 13. ♗e2 gefolgt von 0-0 zu spielen, wonach Weiß ebenfalls den Bauern d5 bedrohen würde und dieses Ziel allein durch natürliche Entwicklungszüge erreicht hätte. Deshalb könnte diese Variante etwas genauer sein. Wiederum kann man keine schwarze Kompensation entdecken. Die Stellung erinnert an eine normale Eröffnung wie Russisch, außer daß der schwarze f-Bauer aus unerklärlichen Gründen vom Brett gefallen ist.

Beim Durchforsten von Analysen von „zweifelhaften Eröffnungen" sollten Sie auf Folgendes achten:

1) „Nullzüge" des Gegners (derjenige, der der zweifelhaften Eröffnung gegenüber sitzt), die nur Zeit verschwenden.

2) Varianten, in denen der Gegner vorgibt, sich im 19. Jahrhundert zu befinden und kooperativ das ganze angebotene Material einsammelt und ein brillantes Ende erlaubt.

3) Varianten, die ohne Einschätzung angegeben werden.

4) Geheime Codewörter.

Der vierte Punkt verlangt vielleicht eine Erklärung. Ein Autor, der sowohl ehrlich als auch

ein starker Spieler ist, wird an den Varianten, die er angibt, seine Zweifel haben, und dies drückt sich oft in Sätzen aus, die das schachliche Äquivalent für eine Verzichtleistung in einem Vertrag darstellen.

Nach „6. ... c6!" in der obigen Variante schreibt Kosten „Überläßt den Bauern e4 ruhig seinem Schicksal; was genau erhält Schwarz als Gegenwert? Objektiv gesehen sehr wenig: lediglich einen leichten Entwicklungsvorsprung und sehr viel Spaß." Das stärkt nicht gerade das schwarze Selbstbewußtsein, aber natürlich kann er, nachdem er sich des Buches angenommen hat, nicht zugeben, daß die ganze Eröffnung inkorrekt ist. Der Verleger wäre sicherlich nicht erfreut über ein Manuskript, das aus einer zehnseitigen Widerlegung besteht. Ähnliche Schlüsselsätze sind „könnte einen taktisch orientierten Spieler ansprechen", „bietet praktische Chancen" und „die schwarze Stellung ist nicht schlechter als in Haupteröffnungen wie zum Beispiel Spanisch". Ich schätze, das hängt von der Variante ab!

Weniger ehrliche Autoren sind absolut schamlos in solchen Dingen. Sie empfehlen die ungeheuerlichsten inkorrekten Varianten, ohne auch nur ein bißchen zu erröten. Sie würden natürlich niemals selbst solche Varianten spielen.

Mein zweites Beispiel ist auch ein relativ hochwertiges Produkt eines zuverlässigen GM Autors, *Winning With the Giuoco Piano and the Max Lange Attack* von Andrew Soltis (Chess Digest, 1992).

Bücher mit „Gewinnen mit" im Titel übertragen dem Autor eine besondere Verantwortung, indem das Ergebnis der Forschungen des Autors vorbestimmt ist. Wenn der Autor Seite 100 erreicht und feststellt, daß die Eröffnung, die er empfiehlt, inkorrekt ist, dann wird er kaum das gesamte Projekt über Bord werfen. Natürlich wird dies wahrscheinlich nicht geschehen, wenn die gewählte Eröffnung ein populäres Hauptsystem ist. „Gewinnen mit Spanisch" ist ein unstrittiger Titel; viele führende Großmeister spielen regelmäßig Spanisch, in der Hoffnung damit zu gewinnen. Die Probleme beginnen, wenn „Gewinnen mit ... " mit einer ausgefallenen und unpopulären Eröffnung, wie zum Beispiel Italienisch, kombiniert wird. Sie können sicher sein, daß, falls die etablierte Theorie von Italienisch Weiß bevorteilen würde, viele Großmeister diese Eröffnung in ihrem Repertoire hätten; aber das ist nicht der Fall. Der Autor versucht deshalb, etwas Neues zu entdecken, das die vorherrschende Meinung über den Haufen wirft. Dann ist die entscheidende Frage, wie überzeugend diese neuen Ideen sind.

Die im oben genannten Buch empfohlene Variante in der Italienischen Partie verläuft wie folgt: 1. e4 e5 2. ♘f3 ♘c6 3. ♗c4 ♗c5 4. c3 ♘f6 5. d4 exd4 6. cxd4 ♗b4+ 7. ♘c3 ♘xe4 8. 0-0 ♗xc3 9. d5 (dies ist der sogenannte Möller-Angriff) 9. ... ♗f6 10. ♖e1 ♘e7 11. ♖xe4 d6 12. ♗g5 ♗xg5 13. ♘xg5 und nun gibt es im Grunde zwei Variationen. Die alte Fortsetzung ist 13. ... 0-0, wonach Weiß mit 14. ♘xh7 antwortet. Die modernere Option und diejenige, die die Leute eigentlich vom Möller Angriff abgeschreckt hat, ist 13. ... h6!, was durch die Partie Barczay-Portisch, Ungarische Meisterschaft 1968/9 populär wurde. Lassen Sie uns diese beiden Varianten nacheinander anschauen.

Nach 13. ... 0-0 14. ♘xh7 *(D)* kann Schwarz das Opfer natürlich annehmen.

Die traditionelle Theorie besagt, daß dies ein forciertes Remis ist. Soltis bietet in den entstehenden, extrem komplexen Stellungen einige neue Ideen an, aber, DAUT berücksichtigend, werden wir sie nicht betrachten. In jedem Fall

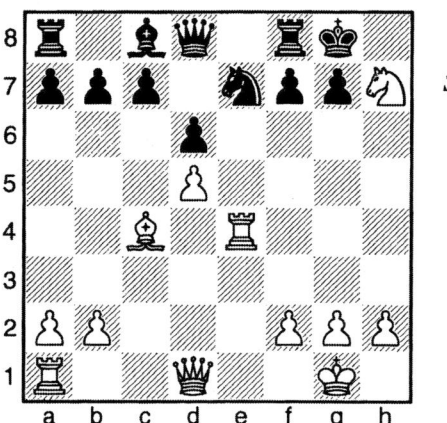

denke ich, daß viele Spieler es vorziehen würden, 14. ... ♔xh7 falls möglich zu vermeiden; sein Mangel besteht darin, daß Weiß praktisch jederzeit Dauerschach erzwingen kann, und natürlich ist eine schwierige Verteidigung, in der der kleinste Fehler fatal sein kann, nicht nach jedermanns Geschmack. Die vernünftige Alternative zum Schlagen des Springers ist 14. ... ♗f5, wonach die folgenden Züge praktisch forciert sind: 15. ♖h4 (15. ♖xe7 ♕xe7 16. ♘xf8 ♖xf8 ist vollkommen zufriedenstellend für Schwarz) 15. ... ♖e8 16. ♕h5 ♘g6 17. ♖d4 *(D)*.

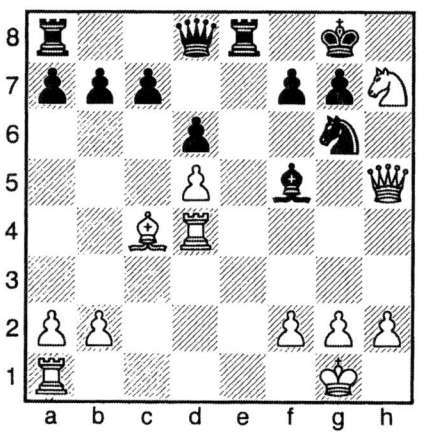

Nun gibt Soltis 17. ... ♖e5 18. f4 ♘xf4! 19. ♖xf4 ♗g6 20. ♕f3 ♔xh7 21. ♗d3 an, „was von Harding und Botterill als unklar beschrieben wird – ein Urteil, das natürlich noch überprüft werden muß. Trotzdem ist es für Schwarz nicht einfach, sich gegen die drohende Verdopplung auf der h-Linie zu verteidigen, zum Beispiel 21. ... ♗xd3 22. ♕h3+! ♔g8 23. ♖h4 oder 21. ... ♕e7 22. ♕h3+ (nicht 22. ♖xf7? ♖e1+ 23. ♔f2 ♕h4+). Das Beste für Schwarz scheint 21. ... ♔g8 22. ♗xg6 fxg6 zu sein, aber 23. ♖f1 hält den Vorteil aufrecht."

Das zitierte Harding und Botterill Buch ist *The Italian Game* (B.T. Batsford, 1977). Allerdings gibt Botteril in dem späteren Buch *Open Gambits* (B.T. Batsford, 1986) an „20. ♕f3 ♔xh7 21. ♗d3 ♗xd3 22. ♕xd3+ ♔g8 ... es ist fraglich, ob Weiß genug für den Bauern hat. Trotzdem kann Weiß die Balance halten durch 20. ♕h3 ♕c8 (Vukovic) 21. ♘f6+ gxf6 und nun:

„a) 22. ♕h4 f5 (plant ... ♕d8) hält die Spannung aufrecht, obwohl ich glaube, daß Schwarz besser steht."

„b) Einfach 22. ♕xc8+ ♖xc8 23. ♖xf6 ist ausgeglichen."

Was soll der arme Leser von all dem halten? Soltis und Botterill geben völlig verschiedene Varianten an und bieten unterschiedliche Bewertungen. Ich werde versuchen, die Situation zu klären. Der erste Punkt ist, daß Soltis im Gegensatz zu Botterill bemerkt, daß 21. ... ♗xd3 die schwarze Dame verliert nach 22. ♕h3+ ♔g8 23. ♖h4. Allerdings fügt Soltis nicht hinzu, daß die Stellung nach 23. ... ♕xh4 24. ♕xh4 ♖xd5 Weiß praktisch keine Gewinnchancen bietet. Soltis erwähnt tatsächlich den besten schwarzen Zug, 21. ... ♕e7, aber dann gibt er 22. ♕h3+ an und stoppt (siehe Punkt 3 weiter oben).

Nach 22. ... ♔g8 *(D)* ist es vollkommen unmöglich, zu erkennen, wie Weiß überhaupt ausgleichen kann.

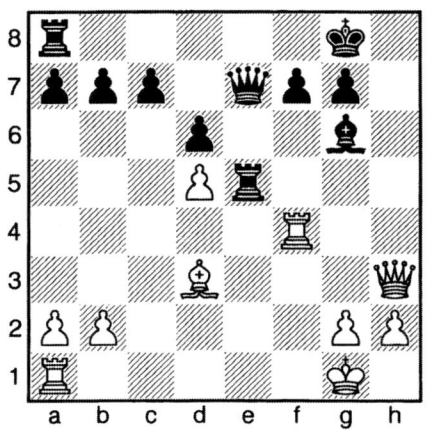

23. ♖h4 wird mit der einfachen taktischen Pointe 23. ... ♖h5! 24. ♖xh5 ♗xh5 25. ♕xh5 ♕e3+ beantwortet, während Schwarz nach 23. ♗xg6 fxg6 Abtäusche erzwingen wird, entweder durch ... ♖e1+ oder ... ♖f8, was Weiß mit einem Minusbauern zurückläßt. Dies führt uns zu einer weiteren Warnung:

5) „Gewinnen mit" Autoren zeigen großen Einfallsreichtum beim Auffinden von Ressourcen für „ihre" Seite, aber übersehen oft relativ einfache taktische Verteidigungen für die „andere" Seite.

Botterills andere Variante für Weiß, 20. ♕h3, kann mit 20. ... ♕c8 beantwortet werden, obwohl ich mich ein bißchen unwohl fühlen würde, die Zersplitterung meiner Königsflügelbauern durch ♘f6+ und die nachfolgende Einsperrung meines Läufers durch ... f5 zu erlauben. Ich würde 20. ... ♖h5! vorziehen, was wiederum von einer kleinen taktischen Pointe abhängt: 21. ♘f6+ ♕xf6! (vermeidet jede Beschädigung der Königsflügelbauern) 22. ♖xf6 ♖xh3 23. ♖xg6 ♖h4! und Schwarz erreicht ein Doppelturmendspiel mit einem klaren Mehrbauern. Weiß sollte 21. ♕b3 ♔xh7 22. ♕xb7 vorziehen, wonach 22. ... ♕b8 ein mehr oder weniger ausgeglichenes Endspiel herbeiführt, während 22. ... ♖b8 23. ♕xa7 ♖xb2 unklar ist, die aktiveren schwarzen Figuren gleichen die langfristige Gefahr, die von dem freien a-Bauern ausgeht aus.

Die obige Analyse zeigt, daß Weiß nach 17. ... ♖e5 18. f4 höchstens Remis hat, aber ich werde fair sein und auf eine Verstärkung für Weiß hinweisen: mit 18. ♘g5! ♕f6 19. ♕h7+ ♔f8 20. ♕h5 kann er Schwarz mehr oder weniger zwingen, einer Zugwiederholung mit 20. ... ♔g8 zuzustimmen. Wenn man allerdings einen Zug zurückgeht, dann gibt es für Schwarz eine interessante Möglichkeit, um Vorteil zu kämpfen: 17. ... ♗c2! *(D)*.

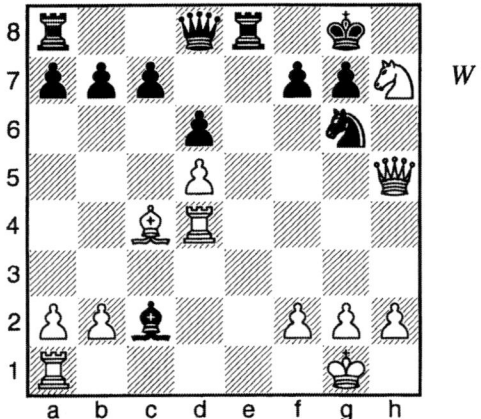

Die Idee dahinter ist ziemlich einfach. Schwarz macht die fünfte Reihe für seinen Turm frei und droht (unter anderem) 18. ... ♖e5 19. ♕h3 ♕e7, gefolgt von ... ♖e8, mit Gewinnstellung, da Weiß aufgrund des gefangenen Springers auf h7 völlig gelähmt ist und kaum eine Figur ziehen kann.

Die Alternativen sind:

1) 18. ♖d2 verliert wegen 18. ... ♘f4 19. ♕g4 ♗xh7 20. ♕xf4 ♖e4.

2) 18. ♖g4 ♘e5 19. ♖h4 f6 20. ♗b5 ♗g6 gewinnt Material.

3) 18. ♖c1 ♖e5 19. ♕h3 ♗f5 20. g4 ♕h4! und wieder verliert Weiß Material.

4) 18. f4 ♕e7 mit einem nachfolgenden gemeinen Schach auf e3.

5) 18. ♘g5 (relativ am besten) 18. ... ♕f6 19. ♕h7+ ♔f8 20. ♘f3 ♗e4 mit Vorteil für Schwarz.

Nun kehren wir zu dem Zug 13. ... h6! zurück, den die meisten Spieler als Grund für die Zurückweisung des Möller Angriffs bezeichnen.

Soltis erkennt die Bedeutung dieser Variante an, indem er der Stellung nach 13. ... h6 16 Seiten Analyse widmet. Die kritische Stellung entsteht nach 14. ♕e2 hxg5 15. ♖e1 ♗e6 16. dxe6 f6 17. ♖e3 *(D)*.

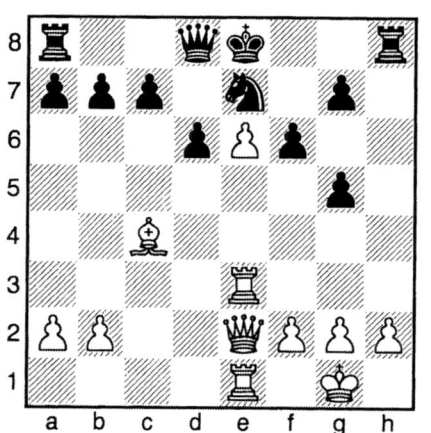

Soltis behauptet mutig, daß „Dieser Zug, der dem finnischen Fernschachspieler Juhani Sorri zugeschrieben wird, den neuen Möller rehabilitiert." Wir werden zwei Varianten für Schwarz betrachten, 17. ... c6 und 17. ... ♔f8.

Nach 17. ... c6 geht das Spiel mit 18. ♖h3 ♖xh3 19. gxh3 g6 weiter. Soltis gibt einen Überblick über die Züge, die in der Praxis ausprobiert wurden und kommt zu dem Ergebnis, daß sie Schwarz Vorteil geben. Sein Vorschlag ist 20. ♕d2 *(D)*.

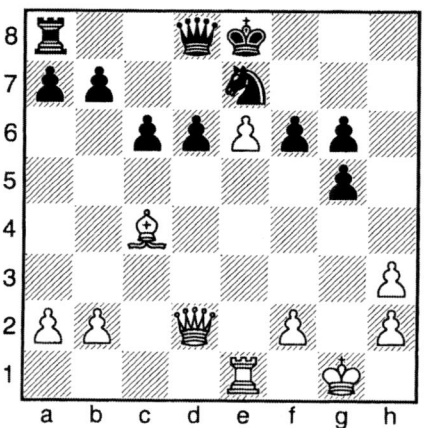

Weiß verhindert ... ♕a5 und droht 21. ♕c3. Soltis analysiert 20. ... d5, aber er berücksichtigt nicht die Antwort 20. ... ♔f8, die ... ♗g7 plant, nebst allmählicher Konsolidierung durch ... d5 und ... ♕d6, wonach Weiß in schlechter Stellung einen Bauern weniger hat. Der einzige aktive weiße Zug ist 21. h4, aber nach 21. ... gxh4 22. ♕h6+ ♔g8 23. ♕xh4 (23. ♖e4 scheitert an 23. ... ♕f8 24. ♕xh4 d5, während 23. ♕xg6+ ♘xg6 24. e7+ d5 25. exd8♕+ ♖xd8 26. ♗f1 ♔f7 für Schwarz gewinnt) 23. ... ♔g7 kann Schwarz nicht daran gehindert werden, sich durch ... ♕a5, gefolgt von ... ♖h8, oder ... d5 nebst ... ♕d6 und ... ♖h8 zu konsolidieren (beachten Sie, daß 24. ♖e3 wegen 24. ... ♘f5 verliert). Es scheint mir, als ob Schwarz praktisch auf Gewinn steht.

Nach 17. ... ♔f8, verläuft Soltis' Hauptvariante wie folgt: 18. ♗d3 ♔g8 19. ♕c2 ♖h6 20. ♖g3,

und sie endet mit dem schwachen Kommentar, daß „Weiß nun entweder mit ♖ee3 und ♖h3 fortsetzen oder f2-f4 vorbereiten wird". Allerdings ist es nach 20. ... d5 schwer zu sehen, wie irgendeiner dieser Pläne ausgeführt werden soll, zum Beispiel 21. ♖ee3 ♕d6 22. ♖h3 ♖xh3 23. gxh3 (23. ♖xh3 ♕xe6 24. ♕xc7 ♖c8) 23. ... ♖e8 oder 21. ♖f1 ♕d6 verhindert den Zug f4 von Weiß. Wieder gibt es keine praktischen Beispiele.

Dies führt uns zu unseren nächsten Warnung:

6) Trauen Sie keinen Varianten, die nicht auf praktischen Beispielen beruhen. Je mehr Beispiele es gibt und je höher der Standard der Spieler ist, desto eher können Sie einer Variante vertrauen.

Die obige Analyse entlarvt die Schwäche des „Gewinnen mit" Ansatzes bei ausgefallenen Eröffnungen. Die Theorie in Italienisch bevorzugt eindeutig Schwarz; ein Autor behauptet, etwas Neues entdeckt zu haben, das die Variante rehabilitiert. Ihr gesamtes Repertoire beruht auf dieser Behauptung. Bei dem Buch von Soltis bedeutet dies, daß Sie sowohl etwas gegen das Zweispringerspiel als auch gegen die verschiedenen anderen Systeme, die Schwarz in Italienisch anwenden könnte, einstudieren müssen. Tatsächlich gründet sich Ihr gesamtes Repertoire auf einen einzigen Zug, 20. ♕d2, der niemals vorher in der Praxis getestet worden ist und der nur auf einer halben Seite analysiert wird. Dann stellt sich plötzlich heraus, daß irgend etwas mit 20. ♕d2 nicht stimmt. Was können Sie tun? Es hilft nichts, zu anderen Varianten in Italienisch zu wechseln, da diese von der Theorie längst verworfen wurden und Weiß nichts einbringen. Eigentlich könnten Sie genauso gut Ihre Bücher über die Spanische Eröffnung abstauben.

3 Das Mittelspiel

Dies ist der Teil der Partie, für den es am schwersten ist, Regeln aufzustellen und gute Ratschläge zu geben. Für jede Regel, die man aufstellt, wird es so viele Ausnahmen geben, daß die Regel eher irreführend sein könnte als hilfreich. Dem angemessen, werden wir uns mehr mit der psychologischen Seite des Mittelspiels beschäftigen als mit den technischen Dingen.

Gute Stellungen

Gratulation, Sie haben eine vorteilhafte Stellung! Aber was sollten Sie als nächstes tun? Die erste Stufe besteht darin, zu entscheiden, ob Ihr Vorteil kurz- oder langfristiger Natur ist. Wenn er auf besserer Entwicklung oder Angriffschancen beruht, dann ist er wahrscheinlich kurzfristig; wenn er auf der besseren Bauernstruktur oder den überlegenen Leichtfiguren basiert, dann ist er wahrscheinlich langfristig. Viele Vorteile, wie etwa die Kontrolle über eine offene Linie, können entweder kurz- oder langfristig sein, abhängig davon, ob der Gegner Mittel zur Verfügung hat, den Vorteil auszugleichen. Diese Stufe wird Ihnen eine Idee vermitteln, ob Sie über schnelle Aktionen zur Ausnutzung Ihres Vorteils nachdenken sollten, bevor er verschwindet, oder ob Sie es sich erlauben können, langsam zu manövrieren, um Ihre Stellung für weitere Aktionen herzurichten.

Es ist ebenfalls wichtig, die gegnerischen Chancen auf Gegenspiel in Betracht zu ziehen. Es wäre nicht gut, einige gemächliche Manöver zu beginnen, wenn Ihr Gegner einen Freibauern besitzt, der das Brett hinunterstürmt. Nur wenn beide Bedingungen erfüllt sind – ein langfristiger Vorteil und ein Mangel an Gegenspiel – können Sie sich den Luxus erlauben, wie zum Beispiel die Verbesserung der Königsstellung. Allerdings können Sie sich in einem solchen Fall nicht nur die Zeit nehmen, Sie sollten es sogar tun. Sie mögen nicht in der Lage sein, einen konkreten Grund zu entdecken, warum ein bestimmter Zug, der die Stellung „aufräumt", nützlich sein sollte, aber Sie verlieren nichts, wenn Sie ihn machen.

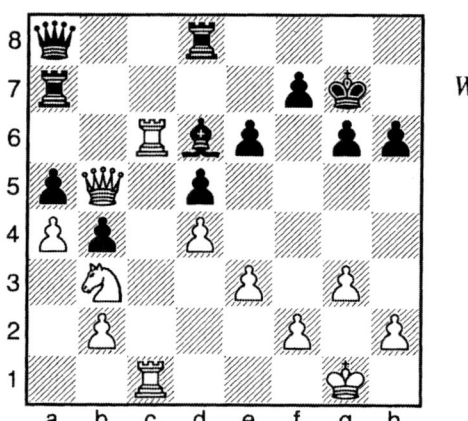

T. Petrosjan – W. Unzicker
UdSSR-Bundesrepublik Deutschland, Hamburg 1960

Die absolute weiße Beherrschung der c-Linie, und der Druck gegen den Bauern a5 gibt Weiß einen langfristigen Vorteil, und Schwarz ist so gebunden, daß er keine realistischen Aussichten auf Gegenspiel besitzt. Trotzdem muß Weiß erst noch mit einem Plan zur Verstärkung seiner Stellung aufwarten. Er rechnet damit, daß ein Vormarsch seiner Königsflügelbauern der beste Weg sei, voranzukommen, aber im Moment würde dies seinen eigenen König entblößen. Petrosjan beschloß deshalb, seinen König zum sicheren Zufluchtsort a2 zu überführen, bevor er mit seinen Königsflügelbauern voranschreitet. Lediglich ein völliger Mangel an Gegenspiel könnte ein solch extravagantes Manöver rechtfertigen, aber in dieser besonderen Stellung hat Weiß absolut keinen Grund zur Eile.

29. ♔f1 ♚g8

Nach 29. ... ♖b8 würde Weiß durch 30. ♖b6 ♖d8 31. ♖cc6 ♗c7 32. ♖a6 Fortschritte machen.

30. h4 h5

Eine sehr unangenehme Entscheidung. Dies gibt Weiß schließlich die Chance, den Königsflügel mittels g4 zu öffnen, aber h4-h5 mit ... g5 zu beantworten hätte einen ähnlichen Effekt, da Weiß später f4 spielen könnte.

31. ♖1c2 ♚h7 32. ♔e1 ♚g8 33. ♔d1 ♚h7 34. ♔c1 ♚g8 35. ♔b1 ♚h7 36. ♕e2 ♕b7 37. ♖c1 ♚g7 38. ♕b5!

Petrosjan erkennt, daß 38. g4 hxg4 39. ♕xg4 ♖a6 40. ♖xa6 ♕xa6 41. h5 ♕d3+ Schwarz erlauben würde, einige Aktivität zu entwickeln, also bereitet er zunächst f4 vor, bevor er mit g4 ein Spiel am Königsflügel beginnt.

38. ... ♕a8

Oder 38. ... ♕xb5 39. axb5 a4 40. b6 ♖ad7 41. ♘a5 ♖a8 42. ♖xd6! ♖xd6 43. b7 ♖b8 44. ♖c8 ♖d8 45. ♖xd8 ♖xd8 46. ♘c6 und Weiß gewinnt

39. f4 ♚h7 40. ♕e2 ♕b7 41. g4! hxg4 42. ♕xg4 ♕e7 *(D)*

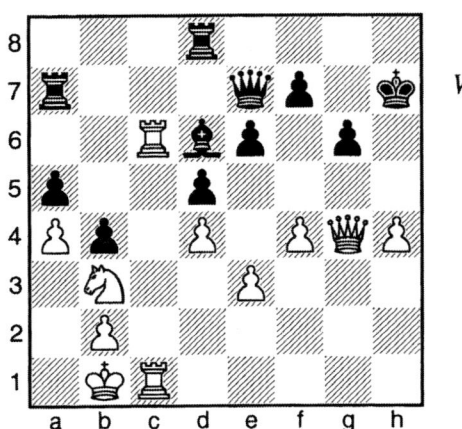

Nun könnte 42. ... ♖a6 mit 43. ♖6c2! beantwortet werden und, dank f4, kann Weiß beide Türme zum Königsflügel überführen, was ihm einen entscheidenden Angriff verschafft.

43. h5 ♕f6 44. ♔a2 ♚g7 45. hxg6 ♕xg6 46. ♕h4

Die offenen Linien am Königsflügel, verbunden mit allen anderen schwarzen Problemen, erweisen sich als entscheidend.

46. ... ♗e7 47. ♕f2 ♚f8 48. ♘d2 ♖b7 49. ♘b3 ♖a7 50. ♕h2 ♗f6

Nach 50. ... ♗d6 gewinnt Weiß durch 51. ♖xd6! ♖xd6 52. f5 exf5 53. ♖c8+ ♚e7 54. ♕h8.

51. ♖c8 ♖ad7 52. ♘c5! b3+ 53. ♔xb3 ♖d6 54. f5! ♖b6+ 55. ♔a2 1-0

Ein häufiger Fehler in der Verwertung eines Vorteils besteht darin, daß man sich auf Verwicklungen einläßt und dies nur der Verwicklungen zuliebe. Es besteht der allgemeine Glauben, daß eine ideale Partie diejenige ist, in der man den Gegner positionell überspielt und dann mit einem Ausbruch von taktischen Geistesblitzen abschließt. Tatsächlich ist die ideale Partie eine, die Sie gewinnen, ohne unnötige Gegenchancen zu erlauben. Wenn Sie durch eine klare Kombination gewinnen können, dann ist dies der beste Weg, Gegenspiel auszuschalten, da dann die Partie vorbei ist! Allerdings sollten Sie wirklich sicher sein, daß Ihre Kombination funktioniert; es ist ziemlich einfach, komplexe taktische Verwicklungen falsch zu berechnen, und falls es einen leichten Zweifel gibt, dann ist ein rein strategischer Ansatz wahrscheinlich besser. Selbst wenn Ihre Kombination „funktioniert" (d.h., taktisch nicht inkorrekt ist), dann sollten Sie auch sicher sein, daß Ihr Vorteil in der entstehenden Stellung größer ist als in der Ausgangsstellung. Ein häufiger Fehler ist das Spielen einer langen taktischen Variante, die, zum Beispiel, die Qualität für einen Bauern gewinnt, nur um dann herauszufinden, daß es nach der Kombination weniger Gewinnchancen gibt als vorher.

Im folgenden Beispiel sah der Weiße in einer strategischen Gewinnstellung eine verführerisch schöne Kombination:

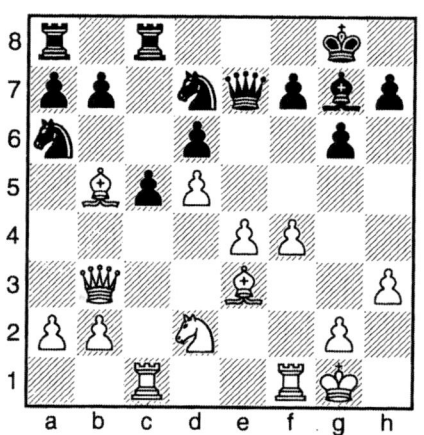

J. Bellon – J. Nunn
Zürich 1984

Dies ist eine fürchterlich danebengegangene Benonistellung. Alle weißen Figuren haben aktive Stellungen bezogen, und er besitzt das Läuferpaar, während der schwarze Turm a8 nutzlos ist und die Springer armselig plaziert sind.

19. e5!

Dies ist der thematische Benonidurchbruch, so daß er nicht überraschend kam.

19. ... dxe5 20. d6

Aber dies kam unerwartet. Ich hatte das natürliche 20. f5 erwartet, wonach Schwarz wahrscheinlich einfach auf Verlust steht. Weiß droht, seine Blockade durch ♘e4 zu vollenden, wonach eine Auflistung von Drohungen zeigt, wie schlimm die schwarze Stellung wirklich ist: d6, fxg6, ♗g5, ♗c4, ♘g5. Konsequenterweise müßte Schwarz 20. ... ♘f6 (20. ... e4 21. fxg6 hxg6 22. d6 und 23. ♗c4 gewinnt) versuchen, aber 21. fxg6 hxg6 22. ♗g5 e4 23. ♖ce1 ist vernichtend. Eine mögliche Fortsetzung wäre 23. ... c4 24. ♗xc4 ♘c5 25. ♕g3 ♘h5 26. ♕e3 ♗f6 27. ♗xf6 ♘xf6 28. ♕d4 ♘cd7 29. ♘xe4 ♘xe4 30. d6!, und die schwarze Stellung wird zerpflückt.

Bellons Zug brachte mir einen Funken Hoffnung, aber dann erkannte ich seine Absicht 20. ... ♕xd6 21. ♘e4 ♕e7 22. f5 mit der gleichen Art von Stellung wie nach 20. f5. Es ist wahr, daß Weiß einen zweiten Bauern gegeben hat, aber sein Springer hat e4 unter Tempogewinn erreicht. Ein kurzer Blick überzeugte mich, daß es keine wirkliche Antwort gegen die Drohungen gegen f7, die nach fxg6, ♗c4 und, falls notwendig, ♘g5 entstehen, gab. Allerdings gab es offensichtlich nichts Besseres, als den Bauern zu nehmen.

20. ... ♕xd6 21. ♕xf7+? *(D)*

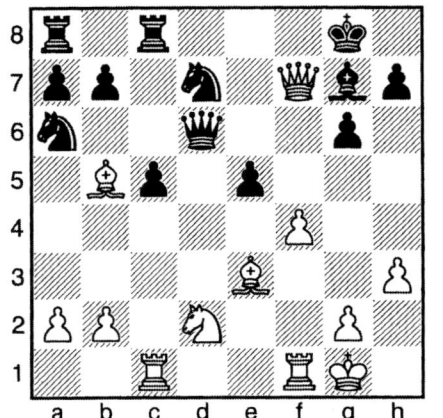
S

Ich hatte dieses Damenopfer überhaupt nicht gesehen, und als er seine Dame berührte, konnte ich mir nicht vorstellen, wo sie hingehen würde. Eine Sekunde später fand ich es heraus! Es ist natürlich wünschenswert, zu vermeiden, daß Ihr Gegner erkennt, daß Sie etwas übersehen haben, aber in diesem Fall muß meine Körpersprache die Botschaft weit hinausgetragen haben.

Das Fragezeichen hinter diesem Zug ist vielleicht etwas streng, da Weiß auch danach eine Gewinnstellung behält. Vom praktischen Gesichtspunkt aus betrachtet ist er aber unbestreitbar ein Fehler. 21. ♘e4 hätte zu einer Stellung geführt, in der der weiße Gewinn lediglich geradlinige, offensichtliche Züge erfordert hätte – er muß sich nur gegen f7 richten, und Schwarz wird schnell zusammenbrechen. Der Textzug verändert den Charakter der Stellung völlig und konfrontiert beide Spieler mit neuen Problemen, die gelöst werden müssen.

Weiß hatte eine attraktive Kombination ohne taktische Mängel bemerkt, die zu einer Gewinnstellung führt. Dann machte er den Fehler, nicht die Frage zu stellen „Ist mein Vorteil nach der Kombination größer oder kleiner als mein bestehender Vorteil?"

21. ... ♔xf7 22. fxe5+ ♔g8

Ich hätte es vorgezogen, mich dem freien d-Bauern, der entstehen wird, zu nähern, aber nach 22. ... ♔e6 23. exd6 ♗xb2 (23. ... ♔xd6 24. ♘c4+ ♔e6 25. ♗xd7+ ♔xd7 26. ♖f7+) 24. ♖cd1 sind die Drohungen gegen den entblößten schwarzen König zu stark, zum Beispiel 24. ... ♗d4 25. ♗xd4 cxd4 26. ♘f3 ♘e5 27. ♖fe1 ♖c5 28. ♗xa6 bxa6 29. ♖xd4, und Schwarz kann nicht gleichzeitig den gefesselten Springer retten und den d-Bauern stoppen.

23. exd6 ♘e5 24. ♘e4

Das aktive weiße Läuferpaar, seine bessere Entwicklung und sein gefährlicher d-Bauer sind zweifellos ausreichend zum Gewinn, aber obwohl es viele vielversprechende Fortsetzungen gibt, ist doch kein Weg zum sofortigen Gewinn erkennbar. Nach 24. ♗xa6 bxa6 25. ♖xc5 (25. ♗xc5 ♘d3) 25. ... ♖xc5 26. ♗xc5 ♘d3, zum Beispiel, gewinnt Schwarz den Bauern b2 zurück (Weiß sollte 27. b4? ♘xc5 28. bxc5 ♗d4+ vermeiden). In Anbetracht des Doppelbauern auf der a-Linie hätte Weiß praktisch einen Mehrbauern, aber der Gewinn wäre nicht garantiert.

24. ... c4

Behält den Bauern für den Moment.

25. ♗g5 *(D)*

25. ♗f4 ist auch sehr stark.

25. ... ♘b8

Wenn Sie verzweifelt sind, ist es manchmal notwendig, häßliche Züge zu machen. Die Drohung 26. d7 kann nur durch das Ziehen des Springers a6 gekontert werden, aber 25. ... ♘c5

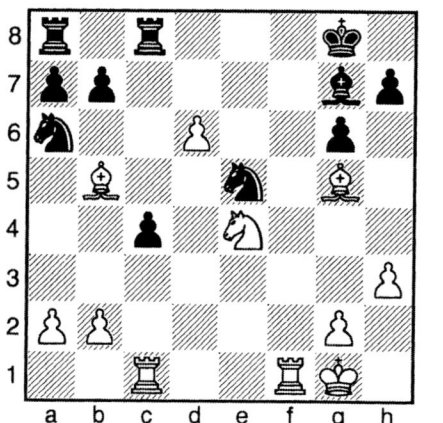

verliert wegen 26. ♗xc4+ ♘xc4 27. ♖xc4 ♗xb2 28. ♘xc5 ♖xc5 29. ♖xc5 ♗d4+ 30. ♔h1 ♗xc5 31. d7 ♗b6 32. ♖c1 und 32. ♖c8, so daß der Textzug das Ergebnis eines Ausscheidungsprozesses war.

Wenn Ihre Stellung objektiv verloren ist, dann ist die wichtigste Regel, „Das Spiel am Laufen zu halten". Dies bedeutet nicht, daß Sie in aufgabereifer Stellung längere Zeit weiter spielen sollen: es bedeutet „erlauben Sie Ihrem Gegner keinen einfachen forcierten Gewinn". Je länger Sie Ihren Gegner zwingen können zu arbeiten, desto größer stehen die Chancen, daß er schließlich fehlgreift. In der Diagrammstellung würde Weiß nach einem k.o.-Schlag Ausschau halten und würde wahrscheinlich Varianten ablehnen, in denen er „nur" einen Mehrbauern hat. Ihm einen schnellen Gewinn zu verwehren, wird schließlich Frust auslösen, Objektivitätsverlust und einen möglichen Fehler.

26. ♘f6+?!

Wieder einmal wirft dies nicht den Gewinn weg, aber ein pragmatischer Spieler hätte sich mit dem Gewinn eines Bauern durch 26. b3 zufrieden gegeben. Nach 26. ... ♘bd7 27. bxc4 a6 28. ♗xd7 ♘xd7 29. c5! ♗d4+ 30. ♔h1 ♗xc5 31. ♘xc5 ♖xc5 (31. ... ♘xc5 32. ♖fd1) 32. ♖xc5 ♘xc5 kann Schwarz den Bauern zurückgewinnen, aber Weiß gewinnt mit 33. ♖c1 ♘d7 (33. ... b6 34. ♖xc5) 34. ♖c7.

Aus dieser Variante wird klar, daß das weiße Damenopfer den Gewinn erheblich erschwert hat; statt eines klaren und geradlinigen positionellen Gewinns, muß Weiß nun ziemlich lange Varianten berechnen.

26. ... ♗xf6 27. ♗xf6 a6! *(D)*

Wiederum wird Weiß vor maximale Probleme gestellt. Nach 27. ... ♘bd7 28. ♖ce1 a6 29. ♗xd7 ♘xd7 30. ♖e7 ♘xf6 31. ♖xf6 würden der Freibauer und die Drohung, die Türme auf der siebten Reihe zu verdoppeln, Schwarz keine Chance lassen.

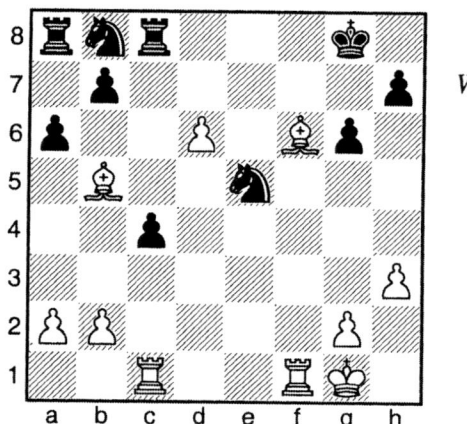

28. ♗a4 ♘bd7

Schließlich hat Schwarz eine Art von Blockade des d-Bauern errichtet, aber diese ist nicht dauerhaft, da es den Springern an Bauernunterstützung mangelt.

29. ♖ce1 ♘c6

Möglich, dank der Einschaltung von ... a6 und ♗a4.

30. ♗c3

Weiß beschließt, sein Läuferpaar zu behalten. Wieder gab es eine verlockende Alternative in der Fortsetzung 30. ♗xc6 ♖xc6 31. ♖e7 ♘xf6 32. ♖xf6 ♖d8 33. ♖ff7 ♖cxd6 34. ♖g7+ ♔f8 35. ♖xb7 (35. ♖ef7+ ♔e8 36. ♖xb7 ♖8d7 bietet Schwarz annehmbare Remischancen), aber nach 35. ... h5 ist es schwer zu sagen, ob der weiße Vorteil notwendigerweise zum Gewinn führen wird.

30. ... b5

Die Damenflügelmajorität ist die einzige schwarze Hoffnung auf Gegenspiel.

31. ♗d1!

Der korrekte Plan; wenn der Läufer die Diagonale b3-g8 erreichen kann (via f3 oder g4), dann wird Schwarz mattgesetzt werden.

31. ... b4 32. ♗g4

Das einfache 32. ♗d2 wäre auch sehr unbequem gewesen. Die schwarzen Damenflügelbauern können nicht vorrücken, da sie ansonsten die zum schwarzen König führenden Diagonalen öffnen würden. Also hat Weiß Zeit, ♗f3-d5 oder ♗a4 zu spielen, um seine größere Figurenaktivität auszunutzen.

32. ... bxc3 33. ♗xd7 cxb2 *(D)*

Der erste wirkliche schwarze Funken Gegenspiel und der entscheidende Moment der Partie.

34. ♗e6+?

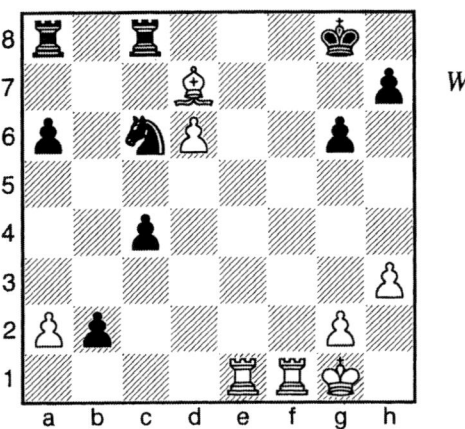

Die früheren Komplikationen und die erfolglose Suche von Weiß nach einem k.o.-Schlag ließen seine Zeit knapp werden. Gerade in dem Moment, in dem er wirklich ein paar zusätzliche Minuten benötigt hätte, mußte er schnell ziehen und warf den Gewinn weg. Die Stellung ist dermaßen komplex, daß ich in meinen Originalanmerkungen (veröffentlicht, zum Beispiel, im *Informator*) zwei Gewinnmöglichkeiten für Weiß angab, von denen aber nur eine funktioniert. Ich nehme an, ich sollte dankbar sein, wenigstens zu 50% richtig gelegen zu haben!

Der erste „Gewinn" war 34. ♗xc6 ♖xc6 35. d7 und nun 35. ... ♖cc8 36. dxc8♕+ ♖xc8 37. ♖f2 c3 38. ♖c2, gefolgt von ♖b1. Allerdings remisiert 35. ... ♔g7! nach 36. ♖e8 (36. ♖e7+ ♔h6 37. ♖e8 macht keinen Unterschied – Schwarz kann immer noch 37. ... ♖f6 spielen) 36. ... ♖f6 37. ♖b1 c3 38. ♖c8! (Weiß kann sich sogar ein bißchen glücklich schätzen, überhaupt zu remisieren!) 38. ... ♖d6 39. ♖xc3 ♖d8 40. ♖xb2 ♖8d7 und Remis.

Meine zweite Variante führt tatsächlich zum Gewinn: 34. ♗xc8! ♖xc8 35. d7 ♖d8 (35. ... ♖c7 36. ♖e8+ ♔g7 37. ♖e7+ ♔h6 38. d8♕

♘xd8 39. ♖xc7) 36. ♖e6! (dies ist der trickreiche Zug, den man sehen muß), und es gibt keine Verteidigung gegen die Drohung ♖xc6.

34. ... ♔g7 35. ♗xc4

Nun ist es für das Schlagen auf c8 zu spät: 35. ♗xc8 ♖xc8 36. d7 ♖b8 37. ♖e8 b1♕ 38. ♖xb1 ♖xb1+ 39. ♔f2 ♖b2+ 40. ♔g3 ♖xa2 41. ♖c8 ♖d2 42. ♖xc6 ♖xd7 43. ♖xc4 a5, gefolgt von ... ♖a7, überläßt Schwarz ein Turmendspiel mit exzellenten Gewinnchancen. Nachdem Weiß einen Zug zuvor nicht auf c8 schlagen wollte, wäre es außerdem überraschend gewesen, wenn Weiß nun seine Meinung geändert hätte.

35. ... ♘d4

Plötzlich beginnt alles für Weiß schiefzugehen. Der Läufer muß auf der Diagonalen a6-f1 ausweichen, da 36. ♗d5 (36. ♗b3 verliert wegen 36. ... ♖c1 sofort) 36. ... ♖ab8, mit der Drohung 37. ... ♖c1, sehr schlecht für Weiß ist.

36. ♗d3 ♖c3 37. ♗b1 ♖d8

Schwarz kann Remis forcieren mit 37. ... ♖c1 (plant 38. ... ♖d8) 38. ♗d3 (deckt e2 und droht so 39. ♖xc1) 38. ... ♖c3, aber nun, da sich die Dinge zu seinen Gunsten entwickelt haben, beschließt er, auf Gewinn zu spielen. Wenn es Schwarz gelingt, den d-Bauern zu erobern, dann wird sein eigener freier b-Bauer die Partie entscheiden.

38. ♖e7+?

Es gibt nur sehr wenige Spieler, die sich gut verteidigen, nachdem sie aus einer Gewinnstellung in eine unterlegene Stellung geraten sind. Es verlangt außerordentliche Selbstkontrolle, das Vergangene zu vergessen und sich einfach auf die vorhandene Stellung zu konzentrieren.

Weiß hätte die Partie immer noch halten können, mittels 38. ♖f2! ♖c1 39. ♖ef1 und einer toten Remisstellung nach Abtausch der b- und d-Bauern. Der Textzug ist eine Reflexhandlung zur Erhaltung des d-Bauern, aber Weiß hätte niemals die erste Reihe verlassen sollen, außer um den Bauern b2 anzugreifen.

38. ... ♔h6 39. d7

In meinen Anmerkungen im *Informator* gab ich 39. ♖b7 als zum Remis führend an, aber tatsächlich gewinnt Schwarz durch 39. ... ♘b5! 40. a4 ♖c1! 41. axb5 ♖f8 und der Turm f1 wird in die Zange genommen.

39. ... ♖c1 40. ♗d3

Weiß hat fast keinen vernünftigen Zug, zum Beispiel 40. h4 ♖f8 (dies ist die schwarze Hauptdrohung) 41. ♖ee1 (41. ♖fe1 ♘c6 42. ♖e8 ♖f7 gewinnt den d-Bauern) 41. ... ♘e2+ 42. ♔h2 ♖d8 43. ♗d3 ♖xd7 44. ♗xe2 ♖xe1 45. ♖xe1 ♖e7, gefolgt von ... ♖xe2, mit einem gewonnenen Turm- und Bauernendspiel.

40. ... ♘c2 41. ♗xc2 0-1

Nach 41. ... ♖xc2 42. ♖b1 ♖c1+ 43. ♖e1 ♖xe1+ 44. ♖xe1 ♖xd7, gefolgt von ... ♖b7, wird der weiße Turm auf b1 festgenagelt, und Schwarz gewinnt leicht.

Schlechte Stellungen

Der erste Ratschlag ist einfach: Geben Sie nicht die Hoffnung auf. Die Schachgeschichte ist übersät mit weggeworfenen Gewinnstellungen. Sogar Weltmeister sind dafür bekannt, und auf weniger hohem Niveau kommt dies noch sehr viel häufiger vor. Allerdings sollten Sie nicht einfach nur hoffen, daß Ihr Gegner einen Fehler

machen wird – Sie müssen ihm schon dabei helfen. Die Entschlossenheit, den Gewinn so schwer wie möglich zu machen, ist der erste Schritt in die richtige Richtung. Ein hartnäckiger Widerstand ist für den Spieler mit dem Vorteil fast immer zermürbend – er mag eventuell die Stärke seiner eigenen Stellung überschätzen und ein schnelles Ende der Partie erwartet haben.

Es gibt zwei Grundstrategien, wenn man mit einer schlechten Stellung konfrontiert wird. Die erste ist, einen Weg zu finden, um im Spiel zu bleiben, oft durch eine Abwicklung ins Endspiel. Der Angreifer wird sich eventuell nicht damit abfinden wollen, ein langes Endspiel mit einem Mehrbauern zu gewinnen, und so könnte er unvernünftigerweise fortfahren, den Gewinn im Mittelspiel zu suchen. Selbst wenn er sich auf das Endspiel einläßt, kann der plötzliche Wechsel vom taktischen Mittelspiel zum technischen Endspiel oft zu einer Fehlorientierung führen. Wir sprechen von der „erbitterten Verteidigung".

Die zweite Strategie ist der Versuch, die Initiative zu ergreifen, auch unter materieller Aufopferung, in der Hoffnung, Komplikationen anzuzetteln und den Gegner dazu zu bringen, fehlzugreifen. Wir nennen dies die „schaffe Verwicklungen" Erwiderung.

Die Wahl zwischen diesen beiden Alternativen hängt hauptsächlich von der Stellung auf dem Brett ab, aber andere Faktoren können auch eine Rolle spielen. Wenn Ihr Gegner beispielsweise in Zeitnot ist, wird er Vereinfachungen, die zum Endspiel führen, begrüßen, so daß in diesem Fall der „schaffe Verwicklungen" Ansatz wahrscheinlich besser wäre. Wenn Sie sich des gegnerischen Spielstils bewußt sind, dann könnte auch dies Ihre Entscheidung beeinflussen. Ein wichtiger Punkt ist, daß Sie Ihre Pläne nicht auf halber Strecke wechseln sollten. Wenn Sie sich für die „erbitterte Verteidigung" entschieden haben, dann sollten Sie nicht die Geduld verlieren und Ihren Plan ändern, es sei denn, Ihr Gegner erlaubt Ihnen auf unachtsame Weise, auszubrechen. „Erbitterte Vereidigungen" scheitern meistens, weil der Verteidiger unnötigerweise weitere Schwächen schafft, was den gegnerischen Figuren die Türen öffnet. Die Pointe einer „erbitterten Verteidigung" besteht darin, eine Stellung zu errichten, bei der es dem Gegner schwerfällt, sie aufzubrechen; solche Stellungen eignen sich nicht zur Schaffung von aktivem Gegenspiel.

Wenn Sie beschließen, Verwicklungen zu schaffen, dann sollten Sie den Panikknopf früh genug drücken, um sich selbst eine vernünftige Erfolgschance zu gewährleisten. Allerdings sollten Sie sicher sein, daß Ihre Stellung schlecht genug ist, um solch drastische Maßnahmen zu rechtfertigen. Meiner Erfahrung nach gerät man eher zu früh in Panik als zu spät.

Hier ist je ein Beispiel für beide Arten von Strategien, in beiden Fällen als Erwiderung auf eine verblüffende Eröffnungsneuerung.

J. Nunn – W. Browne
Gjøvik 1983
Sizilianisch, Najdorf-System

1. e4 c5 2. ♘f3 d6 3. d4 cxd4 4. ♘xd4 ♘f6 5. ♘c3 a6 6. ♗g5 e6 7. f4 ♗e7 8. ♕f3 ♕c7 9. 0-0-0 ♘bd7 10. g4 b5 11. ♗xf6 ♘xf6 12. g5 ♘d7 13. f5 ♘c5 14. h4 b4 15. ♘ce2

Zurückblickend kann man sagen, daß Weiß ungefähr hier etwas anderes wählen sollte, zum Beispiel 15. fxe6!?.

15. ... e5 16. ♘b3 *(D)*

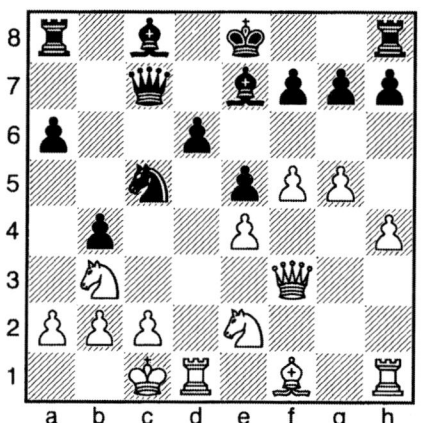

Ich war ziemlich zufrieden mit der Eröffnung. In vorangegangenen Partien hatte Schwarz ausnahmslos mit 16. ... ♗b7 fortgesetzt, und ich hatte die entstehenden Stellungen analysiert und kam zu dem Ergebnis, daß sie Weiß bevorteilen.

16. ... ♘xe4!!

Ich war sprachlos, als dieser Zug auf dem Brett erschien, und einige Minuten lang konnte ich die Pointe einfach nicht entdecken. Nach 17. ♕xe4 ♗b7 18. ♖d5, gefolgt von ♗g2, falls nötig, schien für Weiß alles in Ordnung zu sein. Früher oder später wird Schwarz auf d5 schlagen müssen, wonach Weiß auf den weißen Feldern völlig dominieren würde. Dann sah ich plötzlich die Idee (die in der Partiefortsetzung ersichtlich werden wird) und bemerkte, daß ich in Schwierigkeiten steckte. Obwohl Browne die Partie nicht gewinnen konnte, wurde seine Neuerung zur wichtigsten des zweiten Halbjahres 1983 gekürt. Da die ähnliche Abstimmung im ersten Halbjahr 1983 dem Gewinner ein geringeres Ergebnis einbrachte, wäre es fair zu behaupten, daß die verblüffendste Neuerung, die 1983 irgendwo auf der Welt gespielt worden ist, gerade auf meinem Brett gelandet war.

Nachdem ich mich von dem Schock erholt hatte, mußte ich mich für die beste Antwort entscheiden. Ich sah, daß ich den Springer nehmen könnte, was schließlich zu einem besseren Endspiel für Schwarz führt, oder ich könnte 17. ♗g2 versuchen, was einen Bauern für nicht gerade sehr beeindruckende Kompensation opfert. Meine Wahl wurde hauptsächlich durch praktische Faktoren bestimmt. Es war mir klar, daß Browne wohl beide Varianten sorgfältig zu Hause analysiert hatte, so daß dies sicherlich eine bedeutende Entscheidung darstellte. Ich hatte beim Berechnen dieser beiden Alternativen sehr viel Zeit verbraucht, so daß ich, eher ungewöhnlich wenn man gegen Browne spielt, auf der Uhr im Hintertreffen war. Die Zeitsituation berücksichtigend, zweifelte ich an der Fähigkeit, mich durch die anstehenden Komplikationen hindurch zu finden, die Browne wohl schon zu Hause analysiert hatte. Deshalb entschied ich mich für die Option „erbitterte Verteidigung", wonach die vielen Möglichkeiten für beide Seiten unvermeidlich bedeuten, daß wir Brownes Analysen kurz nach Eintritt ins Endspiel verlassen würden. Weiterhin wäre mein Zeitmangel ein weniger relevanter Faktor, da die Komplikationen weniger intensiv wären.

Nebenbei gesagt gibt es wenig, das Sie tun könnten, um gelegentliche schockende Eröffnungsneuerungen zu verhindern – wenn Sie scharfe Eröffnungen spielen, gehört das zum Berufsrisiko.

17. ♕xe4

In einer späteren Partie Wedberg-de Firmian, Oslo 1984, versuchte Weiß tatsächlich 17. ♗g2 ♗b7 18. ♕e3 d5 19. ♗xe4 dxe4 20. ♘g3 a5, verlor aber nach großen Komplikationen.

17. ... ♗b7 18. ♖d5 ♖c8 19. c3! *(D)*

Der einzige Zug. 19. ♔b1 ♗xd5 20. ♕xd5 ♕xc2+ 21. ♔a1 0-0! würde Weiß völlig gelähmt zurücklassen. Er könnte 22. f6 gxf6 23. gxf6 ♗xf6 24. ♖g1+ ♔h8 25. ♕xd6 versuchen, aber nach dem einfachen 25. ... ♗g7 hat Weiß keines seiner Probleme gelöst.

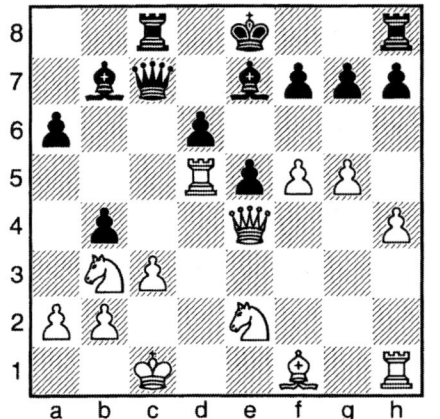

19. ... ♕c4 20. ♕xc4

Nicht 20. ♗g2 ♗xd5 21. ♕xd5 ♕xe2 und Schwarz gewinnt.

20. ... ♖xc4 21. ♗g2 ♗xd5!

Schwarz muß sofort schlagen, da 21. ... ♖xh4? 22. ♖xh4 ♗xd5 (22. ... ♗xg5+ 23. ♖d2!) 23. ♖g4 Weiß eine Mehrfigur überläßt.

22. ♗xd5 ♖xh4! *(D)*

Dieser Zug ist die Pointe, für deren Erkennen im 16. Zug ich mehrere Minuten benötigte. Das Ergebnis ist, daß Schwarz einen Turm und zwei Bauern für zwei Springer gewinnt. In einem Endspiel sind in mindestens 90% aller Fälle ein Turm und zwei Bauern stärker als zwei Leichtfiguren. Zwei Läufer können manchmal das Gleichgewicht halten, aber zwei Springer haben fast keine Chance.

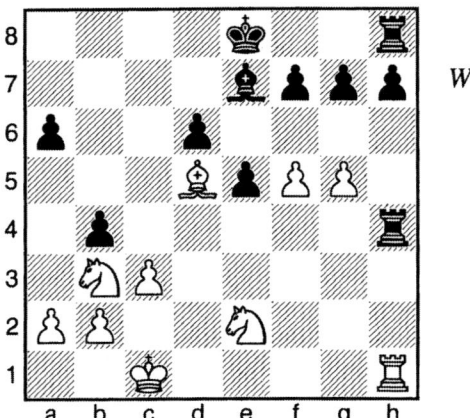

23. ♖g1!

Weiß muß versuchen, den schwarzen Läufer passiv zu halten. Die materielle Situation wäre die gleiche nach 23. ♖xh4 ♗xg5+ 24. ♔c2 ♗xh4 25. cxb4, aber für Schwarz wäre es viel leichter. Sein Läufer kann via f2 ins Spiel finden, er hat bereits einen freien h-Bauern, und sein König kann die weißen Damenflügelbauern mit ... ♔d7-c7 aufhalten.

23. ... bxc3

Nach 23. ... ♖h2? 24. ♗c4! gewinnt Weiß durch den Angriff auf den a-Bauern ein Tempo.

24. ♘xc3 ♖f4!

Schwarz stürzt sich auf die schwachen Königsflügelbauern.

25. ♗c6+!

Eine wichtige Feinheit. Nach 25. ♗e4 ♔d7 kann Schwarz seinen Turm h8 leicht entwickeln, während Schwarz nach 25. g6 fxg6! 26. fxg6 h5 seinen Turm gar nicht entwickeln muß

– er ist bereits hinter seinem freien h-Bauern ideal plaziert.

25. ... ♔f8

Nach 25. ... ♔d8? 26. ♘a5! wird der schwarze König entblößt, zum Beispiel 26. ... ♖xf5 27. ♘b7+ ♔c8 28. ♘d5 ♗xg5+ 29. ♔b1 und Schwarz muß 29. ... ♖d8 spielen, um Schlimmeres zu verhindern. Deshalb muß Schwarz seinen König in die andere Richtung bewegen, aber dies sperrt den Turm auf h8 ein.

26. ♗e4 h5! *(D)*

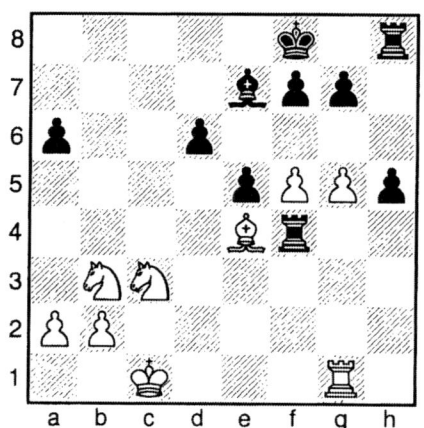

Nach 26. ... d5 27. ♗d3! sind ziemlich viele schwarze Bauern angegriffen. Der Textzug ist der beste; Weiß kann es sich nicht erlauben, den Bauern das Brett hinunterrennen zu lassen, so daß er auf h6 tauschen muß, aber danach hat Schwarz seinen Turm h8 aktiviert.

27. gxh6 ♖xh6 28. ♘d2! ♖h2 29. ♘d5!

Nutzt eine taktische Feinheit zur Besetzung von d5. Falls nun 29. ... ♖xd2, dann 30. ♖h1! (30. ♘xf4? ♖d4 31. ♖h1 ♗g5 gewinnt für Schwarz) 30. ... g6 (30. ... ♔e8? 31. ♘xf4 ♖d4 32. ♗c6+ und Weiß gewinnt) 31. ♘xf4 ♖d4 32.

♘d5 ♖xe4 33. f6 ♗xf6 und Schwarz hat nur leichten Vorteil. „Erbitterte Verteidigung" bedeutet nicht notwendigerweise, daß Sie die Taktik vollkommen außer Acht lassen sollten; taktische Feinheiten können in der Verteidigung genauso hilfreich sein wie im Spiel auf Gewinn.

29. ... ♖ff2 30. ♘f3! ♖h3 31. ♘d2 ♖hh2 *(D)*

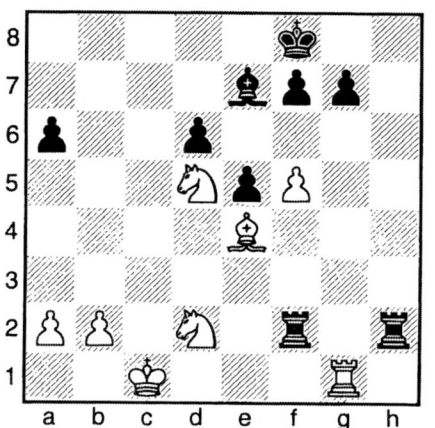

Weiß hat seit dem letzten Diagramm beachtenswerte Fortschritte beim Aufbau einer weißfeldrigen Blockade erzielt. Natürlich wäre er über eine Zugwiederholung sehr glücklich. Sein größtes Problem ist die unsichere Stellung des Läufers e4.

32. ♘f3 ♖h3 33. ♘d2 ♖h4!

Schwarz findet einen Weg, weiter zu spielen. Er verhindert einerseits 34. ♘f3 und droht andererseits 34. ... ♖xd2.

34. ♘c3! *(D)*

Dies erlaubt dem schwarzen Läufer nur scheinbar, via d8 und b6 ins Spiel zu finden. Tatsächlich könnte 34. ... ♗d8 mit 35. ♘c4 beantwortet werden.

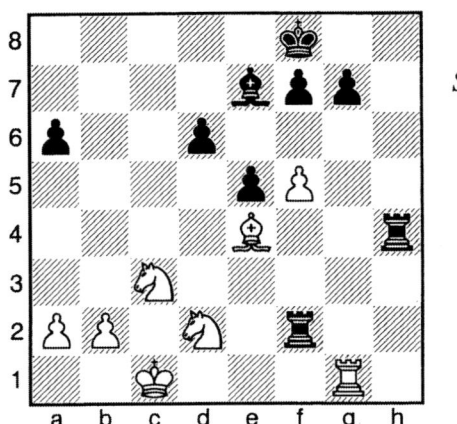

34. ... d5!

Eine Kombination, die zu einem für Schwarz vorteilhaften Turmendspiel vereinfacht. Allerdings gibt es die Redensart, daß „alle Turmendspiele remis sind". Obwohl dies natürlich nicht wörtlich gemeint ist, so ist doch viel Wahres daran. Turmendspiele sind oft sehr schwer einzuschätzen, da in der einen Stellung ein Mehrbauer nicht zum Gewinn ausreichend sein könnte, während in einer anderen ein Spieler trotz Materialgleichheit entscheidenden Vorteil besitzt. Der Grund hierfür ist die Tatsache, daß Figurenaktivität in Turmendspielen sehr wichtig ist und oft die Ausnutzung eines materiellen Vorteils verhindert. Genauso kann die größere Figurenaktivität bei Materialgleichheit die Partie entscheiden.

35. ♘xd5 ♖xd2 36. ♔xd2 ♖xe4 37. ♘xe7 ♔xe7 38. ♖xg7 ♖f4?

Dies gewinnt einen Bauern, aber erlaubt dem Weißen seinen König und seinen Turm zu aktivieren. Mittlerweile war auch Brownes Zeit knapp geworden, und so verpaßte er die stärkere Fortsetzung 38. ... ♔f6 39. ♖h7 a5, mit der Idee, den Bauern bis nach a4 laufen zu lassen und sich erst dann mit ... ♖f4 um den f-Bauern zu kümmern. In diesem Fall hätte Schwarz gute Gewinnchancen behalten.

39. ♖g8!

Die erste Chance von Weiß aktiv zu werden nach der Eröffnung!

39. ... ♖xf5 40. ♖a8 ♖f2+ 41. ♔c3 ♖f6

Die einzige Möglichkeit, den Mehrbauern zu behalten, aber nun wird der schwarze König zurückgetrieben.

42. ♖a7+ ♔f8 43. ♔d3 ♖e6 44. ♔e4 ♔g7 45. ♔f5 *(D)*

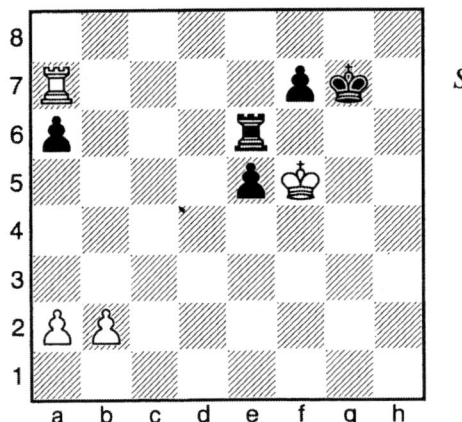

Begegnet der Drohung ... ♔f6, ... ♖d6, ... ♔e6 und schließlich ... f5+.

45. ... e4

Die einzige Chance besteht darin, den e-Bauern vorzustoßen, aber Weiß kann ihn einkreisen, nachdem er sich vom Rest der schwarzen Kräfte entfernt hat.

46. ♖c7 e3 47. ♖c1 ♖d6

Der einzige Versuch, da Weiß nach 47. ... e2 48. ♖e1, gefolgt von ♔f4-f3, leicht remis macht.

48. ♖g1+!

Ein Gegenstück zu dem Schach im 25. Zug. Weiß nutzt seine Chance, den schwarzen König in eine passive Position zu zwingen.

48. ... ♔f8 49. ♖e1 ♖d2 50. ♖xe3 ♖f2+ 51. ♔e5 ♖xb2 52. ♖a3 ♖b6 53. ♔f5 *(D)*

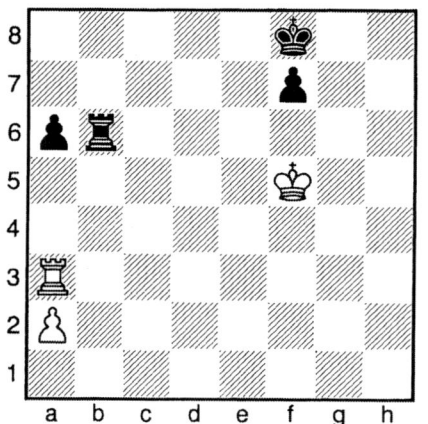

Der Abtausch eines weiteren Bauernpaares läßt das Remis näher rücken. König und Turm von Weiß haben aktive Positionen eingenommen. Darum sind die schwarzen Gewinnaussichten minimal, und nun bedarf es lediglich ein wenig Sorgfalt, um die Partie sicher in den Remishafen zu steuern.

53. ... ♔g7 54. ♖g3+ ♖g6 55. ♖a3 ♖f6+ 56. ♔e5 ♖b6 57. ♖g3+ ♖g6 58. ♖a3 ♖e6+ 59. ♔f5 ♖f6+ 60. ♔e5 ♖h6 61. ♔f5 ♖c6 62. ♖g3+ ♔f8 63. ♖b3 ♖c2 64. ♖a3 ♖c5+ 65. ♔f6 ♖c6+ 66. ♔f5 ♔e7 67. ♖e3+ ♔d7 68. ♖d3+ ♔c7 69. ♖f3 ♔d7 70. ♖d3+ ♔e7 71. ♖e3+ ♖e6 72. ♖b3 ♔d6 73. ♖b7 ♖e5+ 74. ♔f4 ♖a5 75. ♖xf7 ♖xa2 76. ♔e4 ♔c5 ½-½

Dies war ein gutes Beispiel für „erbitterte Verteidigung". Bei der Wahl zwischen zwei Übeln entschied sich Weiß für das schlechtere Endspiel. Nachdem er Schwarz so viele Schwierigkeiten wie möglich gemacht hat, wurde er schließlich nach einem kleinen Fehler mit einem halben Punkt belohnt.

Die nächste Partie stellt das genaue Gegenteil dar.

J. Plaskett – J. Nunn
Lambeth Open 1979
Sizilianisch, Najdorf-System

1. e4 c5 2. ♘f3 d6 3. d4 ♘f6 4. ♘c3 cxd4 5. ♘xd4 a6 6. ♗e2 ♘bd7 7. ♗e3 ♘c5

Nach dieser Partie gab ich diese Variante auf. Die Idee der Überführung des Springers nach c5 liegt darin, Druck auf den Bauern e4 auszuüben, aber sobald Weiß f3 gespielt hat, ist dieser Druck irrelevant, und dann ist es schwer zu sehen, was der Springer auf c5 eigentlich soll.

8. f3 e6 9. ♕d2 ♕c7 10. 0-0 ♗e7 11. a4 0-0 12. a5 d5 *(D)*

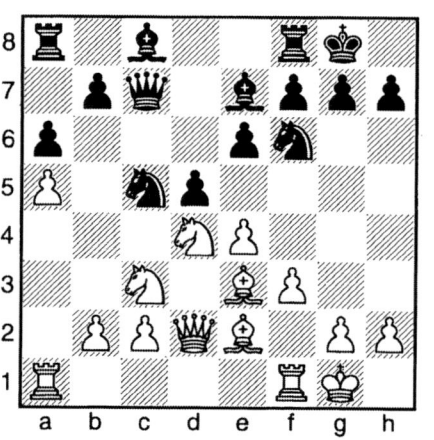

In dieser Phase war ich ziemlich zuversichtlich, da Weiß in einer früheren Partie Jansa-Nunn, Budapest 1978, mit 13. exd5 exd5 14. ♗f4 ♕d8 15. ♘a4 fortgesetzt hatte und hier Remis vereinbart wurde. Nach 15. ... ♘xa4 16. ♖xa4 ♖e8 sind die schwarzen Figuren ziemlich aktiv, und der Turm auf a4 steht nicht besonders gut, Faktoren, die die leichte Schwäche des isolierten d-Bauern ausgleichen.

13. e5!!

Dieser Zug erschütterte mich gründlich. Objektiv gesehen widerlegt dieser Zug einfach die schwarze Eröffnungsstrategie. Ich sah sofort, daß meine Dame nach 13. ... ♕xe5 14. ♗f4 in Schwierigkeiten wäre, so daß ich mich nach einem Rückzug für meinen Springer umschaute. Unglücklicherweise verliert der natürliche Rückzug 13. ... ♘fd7 nach 14. b4 eine Figur, so daß Schwarz 13. ... ♘e8 spielen müßte. Allerdings gibt dann 14. f4 f5 15. exf6 (am besten; wenn Weiß versucht, durch h3 und g4 ein Spiel am Königsflügel aufzuziehen, dann erweist sich der Springer auf e8 doch noch als nützlich nach ... g6 und ... ♘g7) 15. ... ♘xf6 16. ♗f3 Weiß einen klaren positionellen Vorteil – der Bauer e6 ist schwach, und es ist schwer für Schwarz, seinen Läufer c8 ins Spiel zu bringen. Schwarz ist natürlich nicht verloren, und dies wäre ein vernünftiger Versuch, eine Strategie der „erbitterten Verteidigung" zu verfolgen.

In den späten 70er Jahren neigte Plaskett dazu, in Zeitnot zu geraten, und er hatte bereits vor 13. e5 lange nachgedacht. Bei der Wahl zwischen einer unübersichtlichen, komplizierten Stellung und einer, in der mein Gegner den positionellen Druck mit geradlinigen Zügen verstärken könnte, würde ich sicherlich die erstere vorziehen. Deshalb beschloß ich, mir das Nehmen auf e5 noch einmal anzuschauen, und am Ende fand ich die in der Partie gespielte Fortsetzung.

13. ... ♕xe5 14. ♗f4 ♕h5 15. g4 ♕g6

Ich verbrauchte nicht viel Zeit für die Züge 15. ... ♕h4 und 15. ... ♕h3. Es ist ziemlich leicht, den ersten zu widerlegen: 15. ... ♕h4 16. ♗g3 ♕h3 17. ♖fe1 ♘e8 (17. ... ♕h6 18. g5) 18. ♗f1 ♕h6 19. ♕xh6 gxh6 20. ♘xd5 und die schwarze Stellung ist abscheulich. Auch wenn es ziemlich schwer ist, eine klare Widerlegung von 15. ... ♕h3 zu finden, macht es wenig Sinn, über solche Züge nachzudenken. Weiß kann seinen Bauern sofort zurückgewinnen, und für Schwarz gibt es praktisch keine Chance, zu überleben, wenn seine Dame auf h3 feststeckt und keine seiner anderen Figuren mit ihr zusammenspielt. Die Heimanalyse zeigt, daß 15. ... ♕h3 16. ♖f2 ♘e8 17. b4 ♘d7 18. ♘xd5 ♗d8 19. ♘e3! sehr stark ist; z.B. verliert 19. ... ♗f6 wegen 20. ♗f1 ♕h4 21. ♗g3 ♕g5 22. f4.

16. b4

Dies war die Idee des weißen Bauernopfers. Der Springer muß ziehen, und dann fängt ♗d3 die Dame.

16. ... ♘ce4!

Außer natürlich, er zieht nach e4! Schwarz kann sofortigen Materialverlust durch 16. ... e5 17. ♗xe5 ♘e6 verhindern, aber nach 18. ♗d3 ♕g5 19. ♕xg5 ♘xg5 20. h4 ♘e6 21. ♘f5 hat er ein sehr schlechtes Endspiel, z.B. 21. ... ♗xb4 22. ♗xf6 gxf6 23. ♘xd5 ♗c5+ 24. ♔h1. Dies kann man noch nicht mal als „erbitterte Verteidigung" bezeichnen – es ist einfach nur schlecht, ohne irgendwelche ausgleichenden Momente.

17. fxe4 dxe4 (D)

Diese Fortsetzung ist die beste praktische Chance für Schwarz, nachdem er sich für die „Verwicklungen schaffen" Methode entschieden hat.

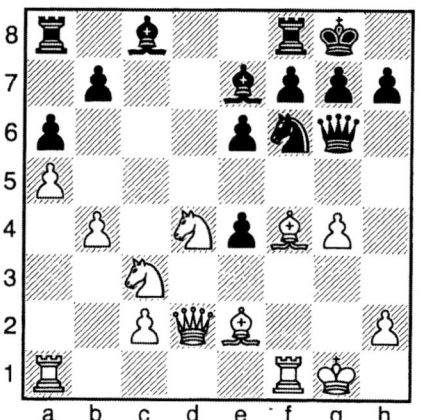

W

19. ♗e5! *(D)*

Ein exzellenter Zug. Der Läufer erfüllt auf e5 einige nützliche Funktionen; er unterstützt die Springer auf d4 und c3, droht ♗xf6 in einigen Varianten und schließt jede schwarze Möglichkeit aus, den Läufer c8 durch ... e5 zu aktivieren. Auf den ersten Blick kann Schwarz mit 19. ... e3 20. ♕xe3 ♗xc3 21. ♕xc3 ♕e4+ antworten, was die Figur zurückgewinnt, aber Weiß setzt mit 22. ♘f3 ♕xe2 23. ♖fe1 ♕b5 (23. ... ♕f2 24. ♗d4 verliert die Dame) 24. ♗xf6 gxf6 25. ♕xf6 ♕c6 26. ♖e5 h6 27. g5 fort und hat entscheidenden Angriff.

Er hat zwei Bauern für die Figur, und dank der Angriffe auf b4 und g4 wird er mit Sicherheit noch einen dritten Bauern gewinnen. Dies ist kein Zufall, sondern das Ergebnis der Tatsache, daß die weiße taktische Operation von den schwächenden Bauernzügen b4 und g4 abhängig war. Bedenkt man, daß Schwarz ein materielles Äquivalent für die Figur erhalten hat, könnte man sich fragen, warum er schlechter steht. Die Antwort ist einfach Entwicklung. Alle weißen Figuren nehmen aktiv am Spiel teil, während der schwarze Damenflügel immer noch zu Hause weilt.

18. ♔h1

Weiß beschließt, den b-Bauern aufzugeben, weil er es vorzieht, den Bauern g4 zu behalten, der dem König als Schutzschild dient. Nach 18. ♗g5 ♖d8 (18. ... ♗xb4 ist auch spielbar) hat Schwarz ausreichend Spiel.

18. ... ♗xb4

Nicht 18. ... ♘xg4 19. ♗xg4 ♕xg4 20. ♖g1 ♕h4 21. ♘xe4 b5 (die einzige Hoffnung ist, den Läufer auf die lange Diagonale zu bringen) 22. ♕g2 g6 23. ♘c6 und Weiß gewinnt.

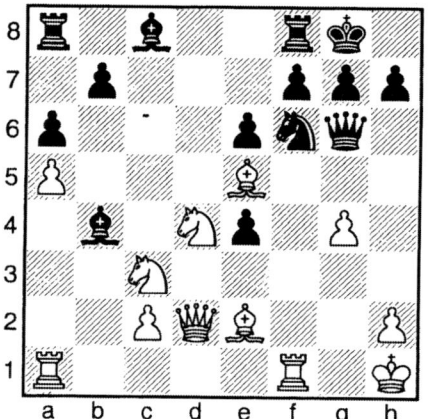

S

Bis jetzt hat Weiß die Partie gut behandelt. Er hat sich nicht einfach nur damit zufrieden gegeben, sein Material zu behalten, was Schwarz vielleicht erlaubt hätte, die Entwicklung zu beenden und starkes Gegenspiel zu inszenieren. Statt dessen hat er seine Figuren in aktiven Stellungen behalten, und er hatte keine Angst davor, taktische Varianten zu berechnen.

19. ... b6!?

Folgt weiter der Konfusionsmethode. Der letzte weiße Zug vernichtete die letzten schwarzen Hoffnungen, den weißfeldrigen Läufer auf der

Diagonalen c8-g4 zu aktivieren, so daß nun die Idee darin besteht, ihn auf die lange Diagonale zu entwickeln. Die Wahl fiel aus zwei Gründen auf ... b6 statt auf ... b5: erstens kann Schwarz in einigen Varianten ... ♗c5 spielen, und dann wäre es nützlich, wenn der Läufer gedeckt wäre (siehe die Partie); zweitens zwingen die Möglichkeiten axb6 und ... bxa5 Weiß zu vermehrtem Nachdenken.

20. ♕e3

Entfesselt zum einen den Springer und verhindert zum anderen den Vormarsch des e-Bauern.

20. ... ♗b7 21. ♘f5?

Eine unglaublich einfallsreiche Idee, die einmal mehr beabsichtigt, die schlechte Stellung der schwarzen Dame auszunutzen. Allerdings führen die entstehenden Komplikationen nicht zu weißem Vorteil.

Dies war der richtige Moment, um von der Taktik zu ruhigerem Spiel überzugehen. Nach 21. ♗xf6 gxf6 22. axb6 ♖ac8 23. ♘a4 ♗d2 24. ♕g3 ♖fd8 25. c3 erscheinen die weißen Figuren zerstreut und unkoordiniert, aber Schwarz scheint nicht in der Lage zu sein, dies auszunutzen. Eine mögliche Variante ist 25. ... ♗xc3 (25. ... e3+ 26. ♗f3) 26. ♘xc3 ♖xd4 27. ♗xa6 und nun scheitert 27. ... ♗xa6 28. ♖xa6 ♖d3 an 29. b7.

Ein häufiger Fehler in wilden Partien ist das Übersehen einer positionellen Fortsetzung. Mit erhöhtem Adrenalinausstoß und verschiedenen Matts auf dem ganzen Brett passiert es leicht, eine „Tunnelblickrichtung" zu entwickeln, die lediglich taktische Möglichkeiten erkennt; dann kann eine ruhige Vereinfachungsvariante leicht übersehen werden.

21. ... exf5 22. gxf5 ♗c5! *(D)*

Schwarz nutzt die Deckung von c5 aus. Nach 22. ... ♘g4 23. ♗xg4 ♕xg4 24. ♖g1 ♕f3+ 25. ♕xf3 exf3 forciert Weiß das Matt durch 26. ♖xg7+ ♔h8 27. ♖g8+ ♔xg8 28. ♖g1#.

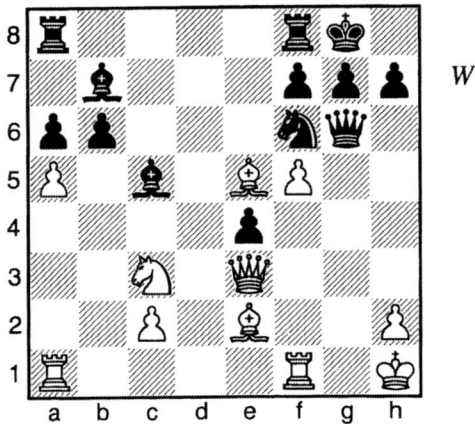

23. ♕xc5

Forciert, da Schwarz nach 23. fxg6 ♗xe3 Materialvorteil hat.

23. ... e3+! 24. ♗f3 *(D)*

Schwarz gewinnt nach 24. ♖f3 ♗xf3+ 25. ♗xf3 ♕xf5 26. ♕xe3 ♖ae8.

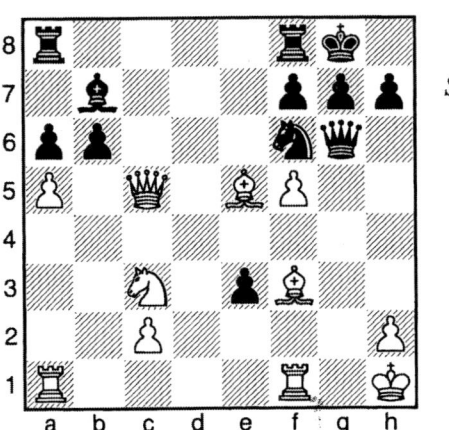

24. ... ♗xf3+ 25. ♖xf3 ♕h5 26. ♕xe3

Nach 26. ♕c6 ♖ac8 27. ♕b7 ♘g4 28. ♗c7 hat Schwarz die angenehme Wahl zwischen 28. ... ♘xh2 29. ♗xh2 ♖xc3 30. ♖g3 ♖xc2 31. ♖g2 ♖xg2 32. ♕xg2 bxa5 und 28. ... ♖xc7 29. ♕xc7 ♘xh2 30. ♕xh2 ♕xf3+ 31. ♔g2 ♕xf5 32. axb6 ♕f6. In beiden Fällen besitzt Schwarz vier Bauern für die Figur.

26. ... ♘g4 *(D)*

Die unerwartete Pointe des schwarzen Spiels. Wenn die Dame zieht, nimmt Schwarz auf e5, was die Figur zurückgewinnt.

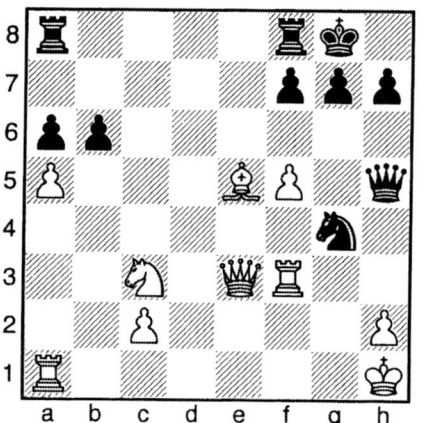

27. ♘d5??

Ein fürchterlicher Fehler in extremer Zeitnot – Weiß spielt auf ein Matt, das nicht existiert. Obwohl sich das Blatt gewendet hat, hätte Weiß mit einem klaren Kopf die Partie wahrscheinlich retten können. Die korrekte Fortsetzung bestand in 27. ♖g1! ♘xe5 (27. ... ♘xe3 erlaubt Matt in fünf) 28. ♖fg3 (28. ♖f4 f6 29. axb6 ist unklar; der freie b-Bauer stellt eine Gefahr dar, aber der weiße König ist entblößt, und der Springer e5 kann unmöglich vertrieben werden) 28. ... ♕xf5! 29. ♖xg7+ ♔h8 30. ♕h6 (30. axb6 ♘g6 31. ♕h6 ♕f3+ 32. ♖g2 ist auch Remis) 30. ... ♕f3+ mit Dauerschach.

27. ... ♘xe3 28. ♘f6+ gxf6 29. ♖g3+ ♘g4 0-1

Gute Verteidigung nach einem Übersehen verlangt besonders starke Nerven. Wir haben bereits die möglichen Gründe für Übersehen und die Warnsignale, die nahende Gefahren anzeigen können, diskutiert. Nehmen Sie an, daß Sie trotz dieser Ratschläge einen überraschenden und starken Zug Ihres Gegners übersehen. Der erste Rat ist, ruhig zu bleiben. Es passiert sehr schnell, instinktiv eine Antwort aufs Brett zu zaubern, entweder aufgrund einer unkontrollierbaren nervösen Unruhe, oder, weil Sie versuchen, Ihren Gegner zu überzeugen, daß Sie den Zug vorausgesehen haben und eine Antwort parat hatten. Dies ist ein Fehler. Der korrekte Ansatz besteht darin, sich ein paar Minuten zur Beruhigung Ihrer Nerven zu gönnen. Verwickeln Sie sich nicht in geistige Selbstbeschuldigungen – dafür haben Sie keine Zeit, während Sie am Brett sitzen. Versuchen Sie, die Vorgeschichte der Stellung zu vergessen, und berücksichtigen Sie lediglich die momentane Situation auf dem Brett. Ein ruhiger Blick wird sehr oft zeigen, daß der gegnerische Zug nicht annähernd so stark ist, wie Sie zunächst befürchtet hatten und daß es immer noch Möglichkeiten gibt zu kämpfen. Dann können Sie eine der oben ausgeführten Verteidigungstechniken wählen und den Kampf fortsetzen.

Angriff

„Jeden zur Party einladen"

Die meisten Bücher, die sich mit Königsangriffen beschäftigen, diskutieren die verschiedenen typischen Methoden des Durchbruchs; Opfer auf h7, Opfer auf g7, doppeltes Läuferopfer und so weiter. Damit werde ich mich nicht beschäftigen, teilweise, weil sie bereits woanders ausreichend diskutiert wurden, aber auch, weil sie nur die letzte Stufe des Angriffs darstellen. Die meisten Spieler können das doppelte Läuferopfer ausführen, vorausgesetzt, daß sie eine Stellung erreichen, in der dies möglich ist.

Der Hauptfaktor, der den Erfolg eines Königsangriffs bestimmt, besteht darin, ob Sie mehr Angriffsfiguren gegen die feindliche Königsstellung führen können, als der Gegner Verteidigungsfiguren zur Verfügung hat. Wenn Sie ein großes lokales Figurenübergewicht besitzen, dann wird ein mögliches Durchbruchsopfer nur eine Frage der Zeit sein. Sie müssen natürlich immer noch berechnen, ob das Opfer funktioniert, aber die Wahrscheinlichkeit wird sehr groß sein, wenn Sie genug Holz in der Nähe haben.

Der Titel dieses Abschnitts ist ein von Yasser Seirawan stammender, sehr eingängiger Satz für ein wichtiges Angriffsprinzip. Die Einbeziehung jeder verfügbaren Figur in den Angriff erhöht seine Erfolgschancen immens. Wenn Sie alles auf Ihren Angriff gesetzt haben, dann macht es keinen Sinn, Figuren als Reserve zurückzuhalten, da die Partie entschieden sein wird, bevor die Reservefiguren von irgendwelchem Nutzen sein werden.

Hier ist ein klassisches Beispiel:

Schwarz hat bereits eine lokale Überlegenheit am Königsflügel, da Weiß dort keine Verteidigungsfiguren besitzt. Allerdings wäre 18. ... ♕h4 wegen 19. ♘f3 unwirksam, und der Königsflügel ist gesichert. Tarraschs nächster Zug bezieht auch den Läufer auf c6 in den Angriff ein.

18. ... d4!

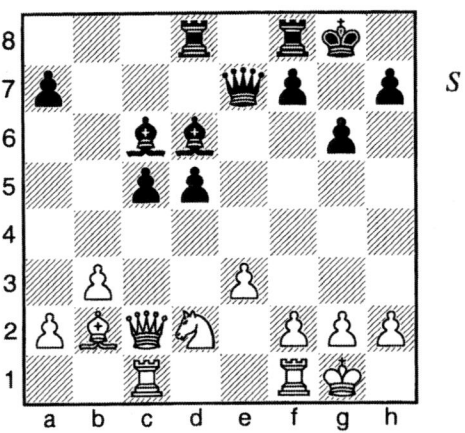

A. Nimzowitsch – S. Tarrasch
St. Petersburg 1914

Demaskiert nicht nur den Läufer, sondern verhindert auch sowohl das verteidigende ♘f3 als auch das Gegenspiel mit ♕c3.

19. exd4

Es gibt nichts Besseres, da Weiß nicht in der Lage ist, irgendwelche Figuren zur Verteidigung zu überführen. Nun führt 19. ... ♕h4 20. g3 ♕h3 nach 21. ♘e4 zu nichts.

19. ... ♗xh2+!

Die Zeit ist reif für das spektakuläre doppelte Läuferopfer.

20. ♔xh2 ♕h4+ 21. ♔g1 ♗xg2 22. f3

Dies ist erzwungen. Nach der Fortsetzung 22. ♔xg2 ♕g4+ 23. ♔h2 ♖d5 24. ♕xc5 ♖h5+ 25. ♕xh5 ♕xh5+ 26. ♔g2 ♕g5+ gewinnt Schwarz den Springer d2, während 22. f4 ♕g3 tödlich ist.

22. ... ♖fe8

Mit dem Bauern auf f3 kann 22. ... ♕g3 mit 23. ♘e4 beantwortet werden.

23. ♘e4

Weiß ringt verzweifelt um Gegenspiel, basierend auf der langen Diagonalen und der Schwäche f6. Nach 23. ♖fe1 ♖xe1+ 24. ♖xe1 ♕xe1+ 25. ♔xg2 ♕e2+ 26. ♔g3 ♖d5 gewinnt Schwarz leicht, zum Beispiel 27. f4 ♖h5 (droht 28. ... ♖h2) 28. ♕c1 ♕h2+ 29. ♔f3 ♖h3+ 30. ♔e4 ♕g2+ 31. ♔e5 ♖e3+ 32. ♔d6 ♖e6+ 33. ♔xc5 ♖c6+ gewinnt die Dame.

23. ... ♕h1+ 24. ♔f2 ♗xf1 25. d5

Nach 25. ♖xf1 ♕h2+ gewinnt Schwarz die Dame.

25. ... f5 26. ♕c3 ♕g2+ 27. ♔e3 ♖xe4+ 28. fxe4 f4+

Verpaßt ein schnelleres Matt durch 28. ... ♕g3+ 29. ♔d2 ♕f2+ 30. ♔d1 ♕e2#.

29. ♔xf4 ♖f8+ 30. ♔e5 ♕h2+ 31. ♔e6 ♖e8+ 32. ♔d7 ♗b5# (0-1)

Viele bekannte Angriffsmanöver haben das Ziel, eine lokale Überlegenheit zu erreichen, was gewöhnlich notwendig ist für einen erfolgreichen Angriff. Wenn Sie ♖e1-e3-g3 oder ♕d1-e1-h4 spielen, schaffen Sie die Voraussetzungen für einen durchschlagenden Angriff. Der Gegner muß diesen Manövern entweder defensiv begegnen oder durch Gegenspiel auf einem anderen Teil des Brettes.

Zusätzlich zur Überführung eigener Figuren zum gegnerischen König ist es wichtig, die Zufahrtswege der gegnerischen Figuren zum bedrohten Schauplatz zu blockieren. Manchmal ist dafür ein Opfer notwendig.

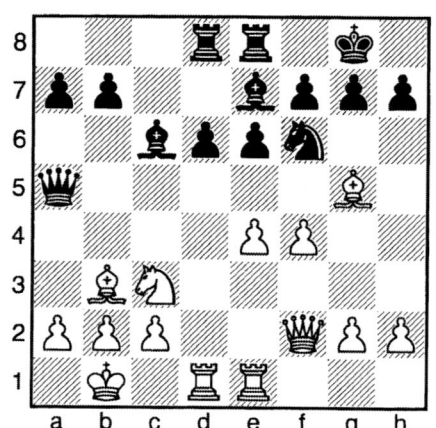

S. Dwoiris – A. Chalifman
Russische Meisterschaft, Elista 1997

15. ... h6 16. h4!?

Eine mutige Entscheidung, aber sie wurde wahrscheinlich durch die Tatsache erleichtert, daß 16. ♗h4 ♕h5 ziemlich schlecht für Weiß ist, da er nicht 17. ♗g3 spielen kann, wegen 17. ... ♘xe4 und der Turm d1 hängt.

16. ... ♕c5

Schwarz kann das Opfer in den nächsten Zügen praktisch jederzeit annehmen; in jedem Fall wäre das Urteil unklar.

17. ♕g3 ♘h5

Swidler schlägt 17. ... ♔f8!? vor, mit der Absicht, auf g5 zu schlagen und den Springer nach g8 zurückzuziehen.

18. ♕h2 hxg5?!

Chalifman entscheidet sich schließlich dafür, den Läufer zu schlagen, aber es stellt sich heraus, daß dies der falsche Moment ist. Es wäre allerdings große Weitsicht erforderlich gewesen, um den weißen 21. Zug vorauszusehen. Die sicherste Fortsetzung wäre 18. ... ♕f2 19. ♗xe7 ♖xe7 20. ♖f1 ♕g3 gewesen, mit der Absicht, die Damen zu tauschen, wonach eine ungefähr ausgeglichene Stellung entsteht.

19. hxg5 g6 20. g4 ♘xf4 *(D)*

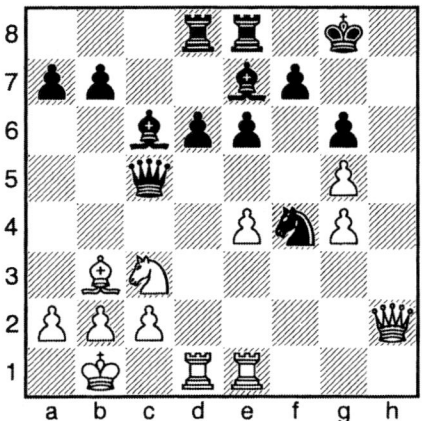

Nun scheint Schwarz alles unter Kontrolle zu haben. Nach 21. ♖h1 kann Schwarz 21. ... ♕e5 spielen, wobei er die Dame wie einen Drachenläufer verwendet. 21. ♕xf4 ist auch schlecht nach 21. ... ♗xg5, gefolgt von ... ♕e5, wonach Schwarz einen Mehrbauern und großen positionellen Vorteil besitzt.

21. ♘d5!!

Ein verblüffender Zug. Die schwarze Verteidigung basiert fast ausschließlich auf der Überführung der Dame zum Königsflügel. Weiß ist bereit, eine weitere Figur zu opfern, um dies zu verhindern. Das Ergebnis ist, daß Weiß in der Lage ist, mit seiner Dame und den zwei Türmen am Königsflügel zu operieren, wo Schwarz mit sehr geringem Material verteidigen muß.

21. ... exd5

Andere Züge sind hoffnungslos für Schwarz, zum Beispiel 21. ... ♘xd5 22. ♖h1 ♘c3+ 23. bxc3 ♕xc3 24. ♕h7+ ♔f8 25. ♖df1 ♕g7 26. ♖xf7+ ♔xf7 27. ♕h8+ ♔g8 28. ♖f1+ ♗f6 29. ♕xf6+ und Matt, oder 21. ... ♗xg5 22. ♖h1 ♘h5 23. gxh5 ♔g7 24. hxg6 ♖h8 25. ♕g3 exd5 26. ♕xg5 dxe4 27. ♕g4 ♗d7 28. ♕xe4 ♗f5 29. ♕xb7 ♗xg6 30. ♖hg1, gefolgt von ♖df1. Bei ausgeglichenem Material hat Weiß einen gewaltigen Angriff.

22. ♖h1 ♘h5

Wieder forciert; 22. ... f6 erlaubt 23. ♕h7+ ♔f8 24. exd5 ♗xd5 25. ♖xd5 ♘xd5 26. ♕xg6, während nach 22. ... f5 23. ♕h7+ ♔f8 24. exf5 die Bauernmasse am Königsflügel sofort entscheidet.

23. gxh5 ♔g7 24. exd5

Das Hauptmerkmal für den Rest der Partie ist die Art, wie die weiße Blockade auf d5 die schwarze Dame daran hindert, sich an der Verteidigung zu beteiligen.

24. ... ♗d7

24. ... ♖h8 verliert wegen 25. dxc6 ♖xh5 26. ♕f4, aber vielleicht hätte Schwarz mit 24. ... ♗b5 etwas mehr Widerstand leisten können. Allerdings denke ich, daß Weiß auch in diesem Fall gewinnen sollte, durch 25. hxg6 ♖h8 26. ♕f4 fxg6 (26. ... f6 27. ♕e4 ♘c7 28. ♕e6 gewinnt) 27. ♖he1 ♕c7 28. ♖e6 (plant ♕e4) 28. ... ♖h7 (28. ... ♖h5 29. ♕e4 ♔f8 30. c4 erlangt Zugang nach f1, während nach 28. ... ♖dg8 29. ♖de1 ♗d8 30. ♕d4+ ♔f8 31. ♗a4! ein Turm entweder auf e8 oder f1 landen wird) 29. ♖de1 und nun:

1) 29. ... ♔g8 30. ♖xg6+ ♖g7 31. ♖xg7+ ♔xg7 32. ♕d4+ ♔f7 (32. ... ♔g8 33. ♖h1) 33.

g6+ ♔xg6 34. ♖g1+ ♗g5 35. ♕e4+ und Weiß gewinnt.

2) 29. ... ♖e8 30. c4 ♗a6 31. ♕d4+ gewinnt.

3) 29. ... ♗f8 30. c4 ♗a6 (30. ... ♗d7 31. ♖xg6+ ♔h8 32. ♗c2 ♗g7 33. ♖h6! ♗xh6 34. gxh6 ist verloren für Schwarz) 31. ♗c2 ♔g8 (31. ... ♗xc4 32. ♗xg6 ♖h3 33. ♗f5 ♖h5 34. ♖h6 ♗xa2+ 35. ♔a1! gewinnt, und 32. ... ♔g8 bedeutet nur Zugumstellung) 32. ♗xg6 ♖h3 (32. ... ♗xc4 33. ♗xh7+ ♕xh7+ 34. g6 ♗d3+ 35. ♔a1 ♕d7 36. ♖e7) 33. b3 b5 (Schwarz hat nichts anderes) 34. ♖e7! ♖xe7 35. ♕f7+ ♔h8 36. ♖xe7 ♖h1+ 37. ♔b2 ♖h2+ 38. ♗c2 und gewinnt.

25. hxg6 ♖h8 26. ♕f4 f5

26. ... fxg6 27. ♖he1 ist total verloren.

27. ♖h6!

Ein netter kollinearer Zug (siehe Seite 57). Die Drohung ist einfach ♕h2 und ♖h1, und dank der schwarzen Unfähigkeit, dem bedrohten Sektor neue Figuren zuzuführen, kann er wenig tun, um sie zu stoppen.

27. ... ♖de8

Oder 27. ... ♖xh6 28. gxh6+ ♔h8 (28. ... ♔xg6 29. ♕g3+ ♗g5 30. ♖g1) 29. c3 ♗f6 (29. ... ♖g8 30. g7+ ♔h7 31. ♗c2 ♕c8 32. ♖e1 ♗f6 33. ♖e6! gewinnt auf hübsche Art) 30. ♗c2 ♕b6 31. g7+ ♔g8 32. ♕g3! (droht 33. h7+ ♔xh7 34. g8♕+) 32. ... ♔f7 33. ♖g1 ♗xc3 34. g8♕+ ♖xg8 35. ♕xg8+ ♔e7 36. ♖g7+ ♗xg7 37. ♕xg7+ ♔d8 38. h7.

28. ♕h2

Entscheidend.

28. ... ♗xg5 29. ♖h7+ ♖xh7 30. ♕xh7+ ♔f6 31. ♕f7+ ♔e5 32. ♕xd7 ♖e7 33. ♖e1+ ♔f4 34. ♖f1+ ♔g3 35. ♕xf5 ♕e3 36. a3 ♖e5 37. ♕f8 1-0

Eine häufig vorkommende Methode, die Verteidigungsfiguren vom kritischen Sektor fernzuhalten, ist der Bauernkeil. Eine Bauernkette, die sich bis tief ins feindliche Lager erstreckt, hat den Effekt, das Brett in zwei Hälften zu teilen und könnte sich als ausreichend erweisen, die anderen Figuren daran zu hindern, dem belagerten König zu Hilfe zu kommen. Dann geht es nur noch darum, die Verteidigungsfiguren auf der Seite des Keils, auf der sich der König befindet, zu beseitigen, falls nötig mit Hilfe von Opfern. Es ist wichtig, auf ein Gegenopfer zu achten, das den Keil aufbricht, aber ansonsten sind solche Angriffe gewöhnlich eine klare Sache.

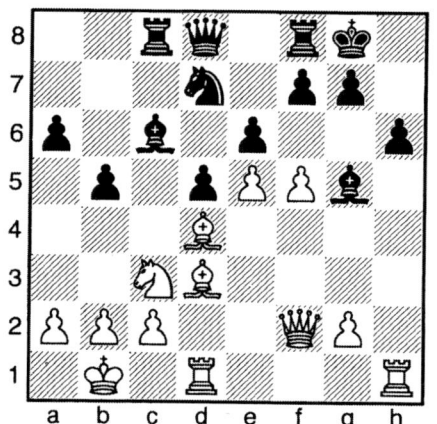

J. Nunn – A. Vydeslaver
Leeuwarden Open 1995

Ich hatte früher bereits meinen h-Bauern geopfert, um Zeit für meinen Angriff zu gewinnen. Dies hatte den positiven Effekt, die h-Linie zu öffnen und erlaubte den Vormarsch des f-Bauern, aber auf der anderen Seite hat der schwarze

Läufer auf g5 einen unverwundbaren Posten besetzt.

20. f6!

Weiß etabliert seinen Bauernkeil.

20. ... b4

Die taktische Rechtfertigung für den letzten weißen Zug liegt in der Variante 20. ... gxf6 21. exf6 e5 (21. ... ♘xf6 22. ♖xh6 ♗xh6 23. ♗xf6 ♕c7 24. ♖h1 gewinnt) 22. ♖xh6!! ♗xh6 23. ♕g3+ ♔h8 24. ♕h4 ♕xf6 25. ♗xe5 und gewinnt.

Da Schwarz den eingedrungenen Bauern nicht beseitigen kann, beschließt er am Damenflügel fortzusetzen. Nun besteht die weiße Aufgabe darin, den einzigen Verteidiger des schwarzen Königsflügels, den Läufer g5, zu beseitigen.

21. ♖h5! *(D)*

Wird den Läufer auf die direkteste Art und Weise los. Der Materialverlust ist dabei irrelevant. Nicht 21. ♘e2? ♗b5!, wonach der Abtausch des Läufers d3 den weißen Angriff deutlich schwächt.

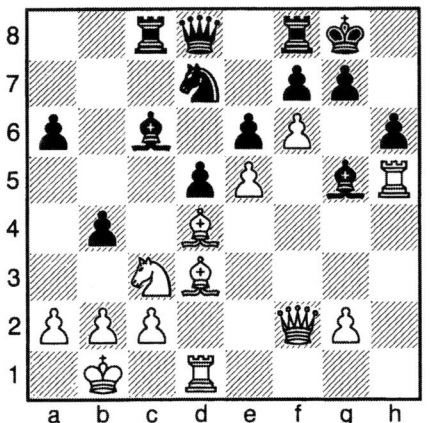

21. ... ♘xf6

Nach 21. ... bxc3 22. ♖xg5 hxg5 23. ♕g3 ist Matt in wenigen Zügen unvermeidlich und wird durch 23. ... ♖b8 24. b3 nur um einen Zug verzögert. Die Fortsetzungen 21. ... gxf6 22. exf6 bxc3 23. ♖xg5+ hxg5 24. ♕g3 und 21. ... ♗xf6 22. exf6 ♘xf6 23. ♖xh6 bxc3 24. ♗xf6 sind auch nicht besser, so daß Schwarz beschließt, den tödlichen Bauernkeil durch ein Figurenopfer aufzubrechen.

22. exf6 ♗xf6 23. ♖xh6!

Weiß sollte schließlich gewinnen nach 23. ♗xf6 ♕xf6 24. ♕xf6 gxf6 25. ♘e2 ♔g7 26. ♗xa6, aber ich beschloß, einen taktischen k.o. bis zum Ende zu berechnen. Die nächsten paar Züge sind forciert.

23. ... ♗xd4 24. ♗h7+ ♔h8 25. ♕xd4 e5

Oder 25. ... bxc3 (25. ... f6 26. ♖h3) 26. ♗f5+ ♔g8 27. ♖dh1 gxh6 28. ♖xh6 f6 29. ♕g4+ ♔f7 30. ♖h7+ und Matt.

26. ♕xe5 f6 27. ♕h2 gxh6 28. ♕xh6

Schwarz ist gegen die vielen Drohungen hilflos.

28. ... ♕e7 29. ♗f5+ ♔g8 30. ♗e6+! ♖f7 31. ♖h1 1-0

Im folgenden Beispiel kommen alle drei oben genannten Elemente (jeden zur Partie einladen, Verteidigungsfiguren ausschließen und der Bauernkeil) zusammen.

In dieser Stellung hat Weiß sicher einen starken Angriff, aber Schwarz ist nicht ohne Gegenchancen, basierend auf der geschwächten weißen Grundreihe und der Möglichkeit ... ♘f2+.

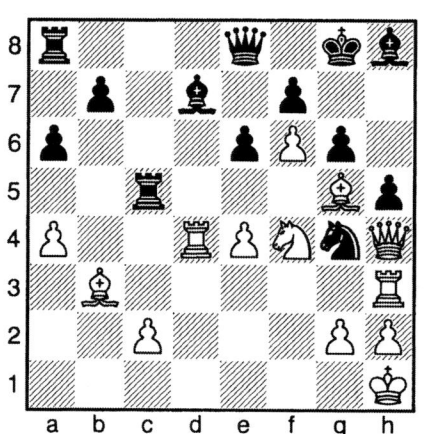

N. Short – A. Tschernin
Europäische Mannschaftsmeisterschaft, Pula 1997

Tschernin hatte geglaubt, daß das Opfer auf h5 verhindert ist, aber ...

29. ♘xh5!

... Short spielte es trotzdem. Die Pointe ist, daß Weiß nach 29. ... gxh5 nicht 30. ♕xh5 spielt, was 30. ... ♘f2+ erlaubt, sondern 30. e5!. Dies bezieht den Turm d4 in den Angriff ein, schließt den Turm c5 von der Verteidigung aus und zementiert den Bauernkeil e5-f6. Weiß würde dann das vernichtende 31. ♖xg4 drohen, und Schwarz kann nicht viel dagegen tun: 30. ... ♖d5 (30. ... ♖xe5 31. ♖xg4 ♖e1+ 32. ♕xe1 hxg4 33. ♖xh8+ ♔xh8 34. ♕h4+ ♔g8 35. ♗h6 führt zum Matt) 31. ♗e3! (am einfachsten, deckt f2 und droht so das Nehmen auf h5; nach 31. ♗xd5? exd5 würde Schwarz g4 decken, und der Angriff wäre gestoppt) 31. ... ♘xe5 (31. ... ♘xe3 32. ♕g5+ ♔f8 33. ♖xh5 führt zum Matt) 32. ♕xh5 ♗xf6 33. ♖xd5 exd5 34. ♕h7+ ♔f8 35. ♗c5+ gewinnt die schwarze Dame.

29. ... ♖xg5

Nun spielte Short **30. ♕xg5 ♘f2+ 31. ♔g1 ♘xh3+ 32. gxh3** mit klarem Vorteil. Schwarz brach nach ein paar Zügen zusammen: **32. ... ♗c6?** (schwächt e6) **33. ♘f4 ♔h7 34. e5 ♗f3 35. ♔f2 ♕c6 36. ♖c4 1-0.**

Allerdings hätte Weiß sofort gewinnen können mit 30. ♘g7! ♖h5 (30. ... ♘f2+ 31. ♕xf2 ♗xg7 32. fxg7 ♔xg7 33. ♕d2 gewinnt eine Figur) 31. ♘xh5 gxh5 32. ♕g5+ ♔f8 33. e5 ♘f2+ 34. ♔g1 ♘xh3+ 35. gxh3 und Schwarz hat keine Verteidigung gegen die Drohungen 36. ♕xh5 und 36. ♖h4 gefolgt von ♖xh5.

Veropfern

Die meisten Schachspieler lieben den Angriff. Einen Anschlag auf den gegnerischen König auszuführen, ein paar Figuren zu opfern und schließlich mattzusetzen sorgt für große Aufregung ... vorausgesetzt es funktioniert.

Eine der großen Gefahren, sogar bei einem korrekten Opferangriff, besteht darin, sich zu veropfern. Es geschieht sehr oft, daß das erste Opfer korrekt ist, der Spieler dann aber von dem Verlangen überwältigt wird, „brillant" abzuschließen und anstatt einfach alle Figuren heranzuführen, um den Gegner mattzusetzen, läßt er sich auf eine völlig unnötige Opferorgie ein, die den Gewinn gefährdet. Da sich das Materialdefizit vergrößert, erhält der Gegner mehr und mehr Chancen, den Angriff durch Materialrückgabe abzuschlagen. Manchmal werden einige ziemlich unwahrscheinlich aussehende Züge möglich, wenn genug Holz übrig ist, das man über Bord werfen kann.

Im nächsten Diagramm sind die weißen Leichtfiguren für einen Angriff auf den schwarzen König bis auf den Springer h3 ideal plaziert. Der häßliche schwarze Figurenklumpen am Damenflügel tut nicht sehr viel und ist sicherlich

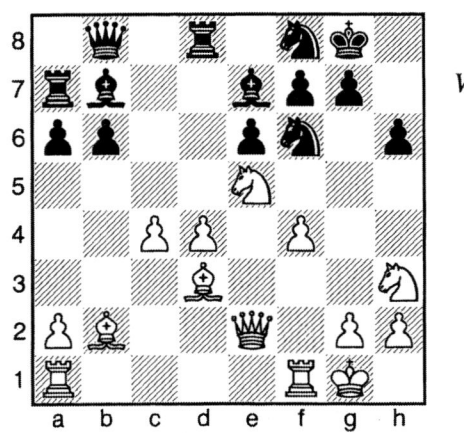

M. Botwinnik – V. Tschechower
Moskau 1935

keine große Hilfe bei der Verteidigung des Königsflügels. Deshalb beschließt Weiß völlig richtig, seine einzige schlecht plazierte Figur zu opfern, um die schwarze Königsstellung zu öffnen.

22. ♘g5! hxg5

Schwarz muß das Opfer annehmen, da er den Punkt f7 nicht decken kann.

23. fxg5 ♘8d7 *(D)*

Nach 23. ... ♘6d7 24. ♘xf7, gefolgt von ♕h5, hat Weiß einen vernichtenden Angriff, so daß Schwarz die Rückgabe der Figur anbietet.

24. ♘xf7?

Das ist nicht nur unnötig, es gefährdet sogar den Gewinn. Nach 24. ♘xd7 ♖xd7 (oder 24. ... ♘xd7 25. ♖xf7 ♔xf7 26. ♕h5+ und Weiß forciert das Matt) 25. gxf6 ♗xf6 26. ♖xf6 gxf6 27. ♕g4+ ♔f8 28. ♗a3+ ♖d6 29. ♕g3 ♔e7 30. c5! schlägt der Angriff ohne Schwierigkeit

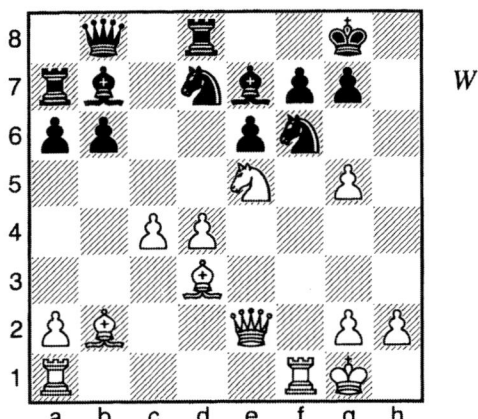

durch. Diese Variante ist prosaisch, aber effizient.

24. ... ♔xf7 25. g6+ ♔g8??

Danach wird Schwarz mattgesetzt. Er hätte 25. ... ♔f8 26. ♕xe6 ♘e5! (die beiden schwarzen Mehrfiguren rechtfertigen diesen seltsam aussehenden Zug) 27. ♖xf6+ gxf6 28. ♕h3 (so weit von Botwinnik angegeben) spielen sollen und nun entweder 28. ... ♗c5! oder 28. ... ♗b4 29. ♖e1 ♗xg2! 30. ♔xg2 ♗xe1 31. dxe5 fxe5. Die Stellung ist immer noch sehr kompliziert, aber Schwarz, einen Turm und eine Figur voraus, hat viele Möglichkeiten, ein wenig von seinem Material zurückzugeben. Meiner Einschätzung nach hat Weiß in diesen Varianten Schwierigkeiten, Remis zu erreichen.

Nach dem Textzug gewinnt Weiß sehr hübsch:

26. ♕xe6+ ♔h8 27. ♕h3+ ♔g8 28. ♗f5 ♘f8 29. ♗e6+ ♘xe6 30. ♕xe6+ ♔h8 31. ♕h3+ ♔g8 32. ♖xf6 ♗xf6 33. ♕h7+ ♔f8 34. ♖e1 ♗e5 35. ♕h8+ ♔e7 36. ♕xg7+ ♔d6 37. ♕xe5+ ♔d7 38. ♕f5+ ♔c6 39. d5+ ♔c5 40. ♗a3+ ♔xc4 41. ♕e4+ ♔c3 42. ♗b4+ ♔b2 43. ♕b1#.

Verteidigung

Die Prinzipien für die Verteidigung eines Angriffs auf den Königs sind zu einem gewissen Grad das Gegenteil von denen, die im vorhergehenden Abschnitt Angriff angegeben wurden. Der Verteidiger sollte versuchen, seine eigenen Figuren zum gefährdeten König zu überführen, während er, falls möglich, den gegnerischen Figuren den freien Zugang zum kritischen Sektor verwehrt.

Ein bestimmtes Motiv, das in der Praxis oft vorkommt, ist das des Verteidigungsopfers. Die Idee, daß der Angreifer Material opfert, ist bekannt, aber es kommt fast genauso oft vor, daß der Verteidiger Material hergibt. Ich rede hier nicht über die Situation, in der der Angreifer geopfert hat und der Verteidiger Material zurückgibt, sondern über Fälle, in denen der Verteidiger bereit ist, ein wirkliches Materialdefizit hinzunehmen.

Solche Opfer beruhen sehr oft auf den positionellen Zugeständnissen, die der Angreifer gemacht hat. In einem Sizilianer könnte es für die Angriffsaussichten sehr nützlich sein, wenn Weiß seine Königsflügelbauern bis nach g5 und f6 treibt, aber wenn der Angriff zusammenbricht, könnte es sein, daß der weiße König nicht erbaut ist, seine Verteidigungsbauern in der anderen Bretthälfte zu sehen. Die Ausführung eines Angriffs beinhaltet in der Regel irgendeine Art von Zugeständnis; es könnte die Schaffung einer Schwäche sein, wie im Fall des Bauernvormarsches oder Figuren könnten ins Abseits geraten sein. Wenn Weiß seinen Turm nach h3 und seine Dame nach h4 stellt, dann wird ein Matt auf h7 die Partie beenden, aber falls es kein Matt gibt, dann müssen sich Dame und Turm unter großem Zeitverlust vielleicht ins Zentrum zurückbequemen.

Der Verteidiger kann die negativen Seiten eines Angriffs oft durch ein geeignetes Opfer ausnutzen, um dem Angriff die Spitze zu nehmen.

G. Sax – M. Stean
*Europäische Mannschaftsmeisterschaft
Finale, Moskau 1977*
Sizilianisch, Scheveninger Variante

1. e4 c5 2. ♘f3 e6 3. d4 cxd4 4. ♘xd4 ♘f6 5. ♘c3 d6 6. ♗e2 a6 7. 0-0 ♗e7 8. ♗e3 ♕c7 9. f4 0-0 10. g4 ♘c6 11. g5 ♘d7 12. f5 ♘de5 13. f6 ♗d8 *(D)*

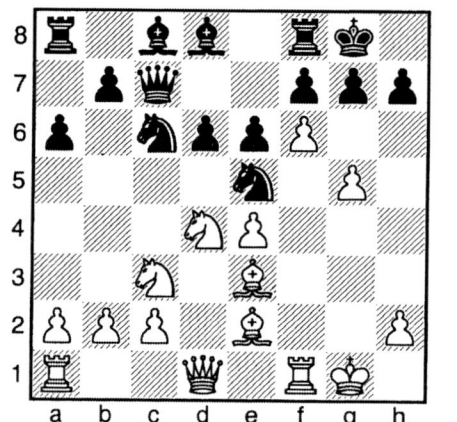

Ein typischer Sizilianer. Die weißen Königsflügelbauern sind nach vorne getrieben, aber als Gegenwert hat Schwarz uneingeschränkte Kontrolle über das Feld e5.

14. fxg7?!

Dies sieht aus wie ein Fehler, da es für Weiß keinen Grund gab, sich zu diesem frühen Tausch zu verpflichten. Vor kurzem wurde dieses intuitive Gefühl durch einen praktischen Test bestätigt; Sutovsky-J.Polgar, Tilburg 1996 ging weiter mit 14. ♗d3 (erlaubt der weißen Dame nach h5 zu gehen) 14. ... ♘xd4 15. ♗xd4 ♕a5?! 16. fxg7 ♔xg7 17. ♔h1 ♗b6?! 18. ♗xe5+ ♕xe5

19. ♕h5 ♗e3 20. ♖f3 ♗xg5 21. ♖g1 f6 22. h4 1-0. Die nachfolgende Analyse dieser Partie legt nahe, daß Schwarz nicht so schnell hätte verlieren müssen, aber Weiß in jedem Fall einigen Vorteil behält.

14. ... ♔xg7!

Eliminiert mutig einen der weißen Bauern. Nach 14. ... ♖e8?! 15. ♕d2 b5 16. ♗h5 ♘e7 17. b3! ♘7g6 18. a4! bxa4 19. ♖xa4 ♗b7 20. ♘f3 hatte Weiß einen leichten Vorteil in Kholmow-Spasski, Moskauer Zonenturnier 1964.

Steans Zug mag selbstmörderisch erscheinen, aber es stellt sich heraus, daß Weiß Probleme hat, seinen Angriff fortzusetzen, da er nur schwach entwickelt ist (all diese Bauernzüge am Königsflügel). Er benötigt unbedingt seine Dame am Königsflügel, um echte Drohungen aufzustellen, aber sowohl 15. ♗d3 (mit der Absicht ♕h5) als auch 15. ♕e1 verlieren einen Bauern, wegen ... ♘xd4 und ... ♗xg5. Beachten Sie, daß Schwarz im letzteren Fall sein Spiel mit einer taktischen Pointe rechtfertigt: 15. ♕e1 ♘xd4 16. ♗xd4 ♗xg5 17. ♕g3 ♔h8! und der Läufer ist unverwundbar.

Also muß Weiß mit seinem Angriff viel langsamer fortfahren, aber Schwarz muß nur ... b5 und ... ♗b7 spielen, um weitere unangenehme Drohungen gegen den Bauern e4 aufzustellen.

15. ♕d2 b5! 16. g6?!

Weiß beschließt, die Qualität zu nehmen, aber Schwarz erhält überwältigende Kompensation. Es wäre besser gewesen, 16. a3 zu versuchen, gefolgt von, zum Beispiel, der Verdopplung der Türme auf der f-Linie. Allerdings denke ich nicht, daß Schwarz irgendwelche Probleme hat, da eine ernstere weiße Drohung noch immer einige Züge entfernt ist.

16. ... hxg6 17. ♗h6+ ♔g8 18. ♗xf8 ♔xf8 19. ♘xc6 ♕xc6 *(D)*

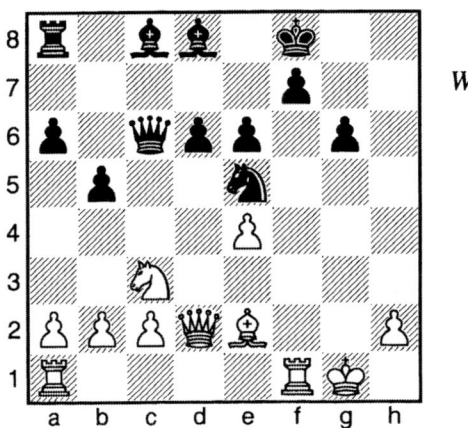

Die Veränderung seit dem letzten Diagramm ist bemerkenswert. Von den vorgerückten weißen Königsflügelbauern ist keine Spur übriggeblieben. Nun braucht Schwarz nur noch ... ♔g7 zu spielen, um seinen Königsflügel vollständig zu sichern. Er besitzt einen Monsterspringer auf e5 und enormen Druck auf den schwarzen Feldern. Schließlich kann er, nachdem er ... ♔g7 und ... ♗b7 gespielt hat, seinen Turm nach h8 überführen, und es wird der weiße König sein, der das Angriffsobjekt darstellt. Alles, was Weiß für diese vielen positionellen Vorteile als Gegenwert zu bieten hat, ist ein sehr kleiner materieller Vorteil eines Turms gegen Läufer und Bauer.

20. ♗d3

Nach 20. ♕h6+ ♔g8 21. ♖xf7 ♔xf7 22. ♖f1+ ♔e8 23. ♕g7 ♗e7 verteidigt Schwarz leicht.

20. ... ♔g7 21. ♘e2 ♗b7 22. ♘f4 ♗b6+ 23. ♔h1 ♖h8 *(D)*

Alle schwarzen Figuren sind in Angriffsstellungen; Weiß ist offensichtlich in Schwierigkeiten.

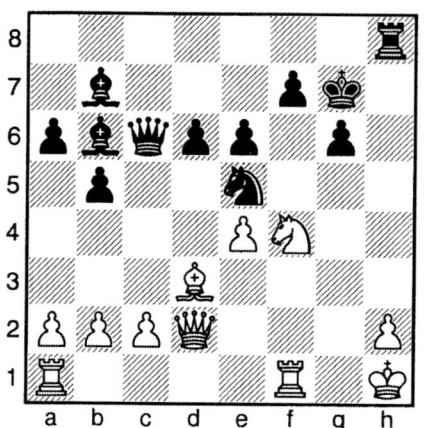

24. ♕g2 ♕d7 25. ♖ae1 ♕e7 26. ♕g3 ♕h4 27. ♔g2

Der Damentausch würde Weiß nicht helfen. Eine Variante ist 27. ♕xh4 ♖xh4 28. ♖e2 ♘g4 29. ♖f3 ♗d4 30. b3 g5 31. ♘h3 f6 32. ♖g3 b4 33. ♖d2 ♔h6, und nun, da Schwarz alles vorbereitet hat, ist er bereit für den tödlichen Durchbruch ... f5.

27. ... g5 28. ♘h3 f6

Weiß hat überhaupt kein aktives Spiel, so daß Schwarz genug Zeit hat, seine Stellung langsam zu verstärken, bevor er weitere Fortschritte macht.

29. ♖e2 ♘g6 30. ♖ee1 ♗d4

Die Wachablösung. Nun erscheint der Läufer zur Besetzung von e5.

31. c3 ♗e5 32. ♕xh4 ♖xh4

Materialverlust ist unvermeidlich.

33. ♖h1 ♖xh3 34. ♔xh3 ♘f4+ 35. ♔g4 ♘xd3 36. ♖e2 f5+ 0-1

Ein Verteidigungsopfer kann sich auch aus psychologischen Gründen als wirksam erweisen. Der Angreifer ist geistig auf einen möglichen Opferangriff auf den feindlichen König eingestellt, und dann muß er sich plötzlich verteidigen und versuchen, seinen Materialvorteil ins Endspiel hinüberzuretten. Dies verlangt ein völliges geistiges Umschalten, was sich als sehr schwierig erweisen kann.

L. Ljubojevic – A. Miles
Europäische Mannschaftsmeisterschaft
Finale, Skara 1980
Sizilianisch, Drachenvariante

1. e4 c5 2. ♘f3 d6 3. d4 cxd4 4. ♘xd4 ♘f6 5. ♘c3 g6 6. f4 ♘bd7 7. ♘f3 ♕c7 8. ♗d3 ♗g7 9. 0-0 0-0 10. ♔h1 a6 11. a4 b6 12. ♕e1 ♗b7 13. ♕h4 e5 14. ♗d2 ♘c5 15. ♖ae1 ♖ae8 16. fxe5 dxe5 (D)

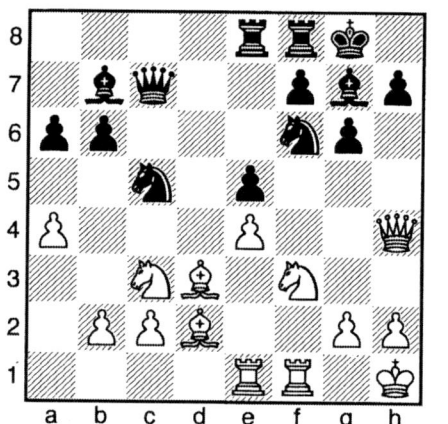

Eine ziemlich typische Stellung für einen 6. f4 Najdorf (die Partie begann als Drachen, ging aber später ins Najdorf-System über). Weiß hat Angriffschancen am Königsflügel, während Schwarz Gegenspiel gegen den isolierten Bauern e4 organisieren kann. Die langfristigen Chancen liegen wegen der überlegenen Bauernstruktur bei Schwarz, so daß Weiß die Beweislast trägt.

Der normale Angriffsplan basiert auf ♗h6 und ♘g5, aber dies ist hier nicht sehr wirksam, da Weiß mit seinem Läufer ein Tempo verlieren würde; also würde Schwarz 17. ♗h6 mit 17. ... ♘h5 beantworten.

17. ♘g5

Dies scheint sehr gefährlich, da 18. ♖xf6 droht, und 17. ... h6 18. ♖xf6! ♗xf6 19. ♕xh6 ♗xg5 20. ♗xg5 ♖e6 21. ♗c4 ♖d6 22. ♘d5 ♗xd5 23. ♗xd5 Weiß einen vernichtenden Angriff gibt.

17. ... ♘cd7 (D)

Deshalb ist dieser Zug erzwungen. Wenn der weiße Läufer statt auf e3 auf h6 stehen würde, dann hätte Weiß hier den Standardangriffsplan g4 (verhindert ... ♘h5), gefolgt von der Verdopplung der Türme auf der f-Linie, aber so wie es ist, muß Weiß immer ... h6 in Betracht ziehen.

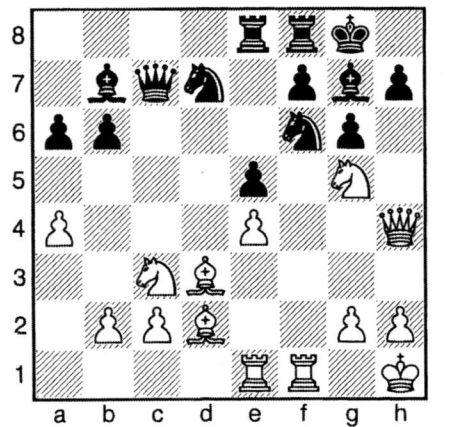

W

18. ♖f3 h6 19. ♘h3 ♘h5!

Nicht 19. ... g5 20. ♘xg5 hxg5 21. ♗xg5 mit überwältigendem Angriff für Weiß. Eine Variante ist 21. ... ♖e6 22. ♘d5 ♕d6 23. ♖ef1 ♘xd5 24. exd5 ♖g6 25. ♖h3 f5 26. ♕h7+ ♔f7 27. ♗xf5 ♖xg5 28. ♗g6+ ♔e7 29. ♕xg7+ ♔d8 30. ♖xf8+ ♘xf8 31. ♖h8, und gewinnt.

Der Textzug schirmt den Bauern h6 ab und bereitet das folgende Bauernopfer vor.

20. g4?!

Weiß hätte den Bauern nicht nehmen sollen. 20. ♖ef1 wäre besser gewesen, wonach 20. ... f5 21. exf5! ♗xf3 22. ♖xf3 ein sehr gefährliches Qualitätsopfer darstellt. Deshalb hätte Schwarz ruhiger fortsetzen müssen, zum Beispiel mit 20. ... ♕c5, aber Weiß wäre im Vorteil.

20. ... ♘f4 21. ♘xf4 exf4 22. ♗xf4 ♘e5 23. ♖h3?!

Weiß wird sowieso gezwungen sein, auf e5 zu nehmen, und es erscheint seltsam, den Turm abseits zu stellen. 23. ♖ff1 war besser.

23. ... g5 24. ♗xe5

Der Turm wäre auf h3 nur nützlich, wenn Weiß hier 24. ♗xg5 spielen könnte, aber dann gewinnt 24. ... ♘g6 25. ♕h5 ♖e5 eine Figur.

24. ... ♖xe5 25. ♕g3 (D)

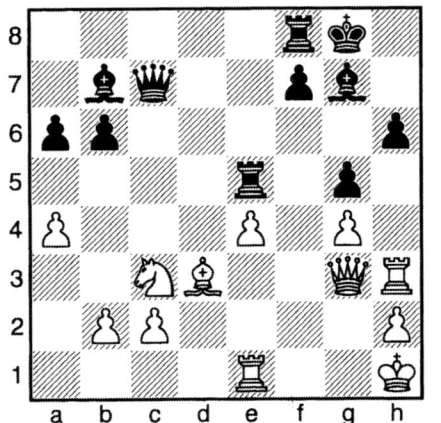

S

Wiederum hat eine bemerkenswerte Transformation der Stellung stattgefunden. Die einzige übriggebliebene Spur des weißen Angriffs ist der deplazierte Turm auf h3. Als Gegenwert für den Bauern dominiert Schwarz vollständig auf den schwarzen Feldern, während die weißen Figuren wenig tun, außer den Bauern e4 zu verteidigen. Weiterhin hat der Zug g4 empfindlich die weiße Königsstellung geschwächt, und wenn es Schwarz gelingt, unter vorteilhaften Umständen ... f5 zu spielen, dann wird Weiß in echten Schwierigkeiten stecken.

Ein zusätzlicher Punkt ist die Tatsache, daß Ljubojevic ein Angriffsspieler ist, der sich nicht gut auf Stellungen einstellen kann, die sorgfältige Verteidigung verlangen; diese Partie stellt einen solchen Fall dar.

25. ... ♛c5 26. ♛g1

Weiß sollte darüber nachdenken, wie er remisieren könnte, und seine Figuren sind so passiv, daß die einzige realistische Chance ein gelegentliches Spielen von ♘d5 wäre, was den Bauern zurückgibt, um den Hafen der ungleichfarbigen Läufer zu erreichen. Allerdings ist das sofortige 26. ♘d5 unmöglich, wegen der Fortsetzung 26. ... ♗xd5 27. exd5 ♛xd5+ 28. ♔g1 ♖xe1+ 29. ♛xe1 ♗d4+ 30. ♔f1 ♛h1+ und Schwarz gewinnt.

26. ... ♛b4 27. ♖b1?

Weiß hat es nicht geschafft, sich an die veränderte Situation anzupassen. Er versucht, seinen Bauern zu behalten, aber die Deplazierung einer weiteren Figur erlaubt Schwarz die entscheidende Verstärkung der Initiative. Nach 27. ♖f3! ♛xb2 28. ♘d5 hätte er immer noch gute Remischancen gehabt.

27. ... f5!

Ein ausgezeichneter Zug. Schwarz wird seinen rückständigen f-Bauern los und aktiviert seinen Turm f8, ohne ihn überhaupt zu bewegen.

28. gxf5 ♖exf5 *(D)*

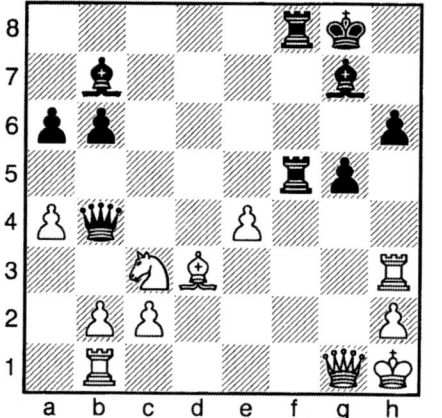

Die zusätzlichen Drohungen, die aus dem Eindringen der schwarzen Türme resultieren, setzen die weiße Stellung unter unerträglichen Druck.

29. ♛e1 ♛c5 30. ♖e3

Das trickreiche 30. ♗xa6 wirkt nur selbstzerstörerisch: 30. ... ♗xa6 31. exf5 ♗b7+ 32. ♘e4 ♛xf5 33. ♖e3 ♗d4.

30. ... ♖f2 31. ♖g3

Oder 31. ♖e2 ♗d4 32. ♖xf2 ♖xf2 33. ♘d1 ♖xc2 34. ♗xc2 ♛xc2 und Schwarz gewinnt.

31. ... ♗d4 32. ♘d5 ♛d6

Droht 33. ... ♖xh2+.

33. ♘e3 ♛g6

Vermeidet die Falle 33. ... ♗e5? 34. ♘c4 ♖xh2+ 35. ♔xh2 ♗xg3+ 36. ♔g2! und Weiß überlebt.

34. ♘g2 ♕h5?

Schade. Schwarz hätte die Partie beenden können mit dem hübschen Schlag 34. ... ♗xe4! 35. ♗xe4 ♕xe4, zum Beispiel 36. h3 ♕xe1+ 37. ♖xe1 ♖f1+ 38. ♔h2 ♖xe1 39. ♘xe1 ♗e5.

35. ♕d1

Nach 35. ♕g1 ♗e5 36. ♖e3 ♖d2, gefolgt von ... ♖ff2, wäre Weiß völlig gelähmt.

35. ... ♕xd1+ 36. ♖xd1 ♗xe4 37. h4?

Verliert sofort. Die einzige Chance bestand in 37. ♗c4+ ♔g7 38. ♖g4 ♗f3 39. ♖gxd4 ♖xg2 40. ♗d5 ♗xd5 41. ♖xd5 ♖xc2 (41. ... ♖ff2 42. ♖d7+ ♔g6 43. ♖1d6+ ♔h5 44. ♖h7 ♖xh2+ 45. ♔g1 würde vielleicht nicht gewinnen), aber selbst hier hat Schwarz ausgezeichnete Gewinnaussichten.

37. ... ♗e5 38. ♗xe4 ♖xg3 39. ♘e3 ♖h2+ 40. ♔g1 ♖xh4 41. ♗d5+ ♔g7 42. ♔g2 ♗f2 0-1

Es muß nicht ausdrücklich betont werden, daß der Angreifer danach streben sollte, solche Verteidigungsopfer zu verhindern, obwohl dies oft große Weitsicht verlangt.

1. e4 c5 2. ♘f3 ♘c6 3. d4 cxd4 4. ♘xd4 ♘f6 5. ♘c3 d6 6. ♗c4 e6 7. ♗e3 ♗e7 8. ♕e2 a6 9. 0-0-0 ♕c7 10. ♗b3 0-0 11. g4 ♘d7 12. ♖hg1 ♘c5 13. g5 b5 14. ♘xc6 ♘xb3+ 15. axb3 ♕xc6 16. ♕h5 b4 17. ♗d4 ♗b7 (D)

Dies ist eine theoretische Stellung im Velimirovic-Angriff im Sizilianer. Weiß plant die Überführung seines Turms auf die h-Linie, um auf h7 mattzusetzen. Allerdings muß Weiß vorsichtig sein, da Schwarz droht, h7 durch ... bxc3 gefolgt von ... ♕xe4 zu verteidigen. Die Lösung scheint einfach: Weiß muß seinen Turm g1

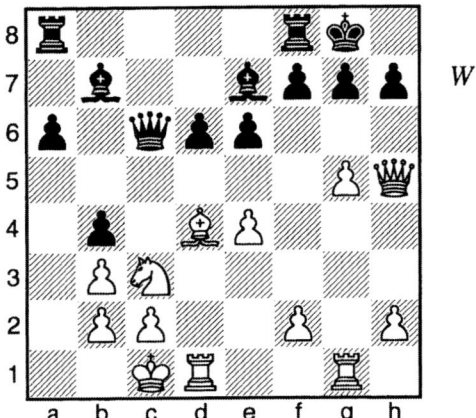

nach h4 überführen, um sowohl h7 anzugreifen als auch e4 zu decken.

Genau dies geschah in einer der ersten Partien, in der diese Stellung erreicht wurde, Chandler-Judasin, Minsk 1982, aber nach **18. ♖g4 bxc3 19. ♖h4 cxb2+ 20. ♔xb2** wurde Weiß durch **20. ... ♕xe4! 21. ♖xe4 ♗xe4** (D) geschockt.

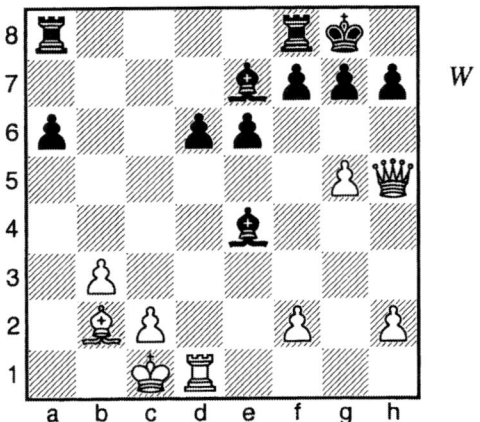

Wenn wir wiederum die Diagramme vergleichen, dann können wir die Veränderungen, die stattgefunden haben, erkennen. Der schwarze weißfeldrige Läufer steht absolut sicher auf der Diagonalen c2-g6, und während er dort steht,

hat Weiß keine Angriffschancen am Königsflügel. In der Tat ist es nun Weiß, der an die Verteidigung denken muß, da c2 sehr schwach ist und Schwarz durch das Vorrücken seines a-Bauern weitere Linien öffnen kann. Die Stellung ist tatsächlich vorteilhaft für Schwarz, und Weiß geriet schnell in Schwierigkeiten: **22. ♗a3 ♖fc8 23. ♖d2 ♖ab8 24. ♔b2 ♖b5 25. h4 ♗f6+ 26. ♔c1 ♗e5 27. ♕g4 ♖xb3 28. ♕xe4 ♖xa3 29. ♔d1**. Wenn Schwarz jetzt **29. ... ♖ac3** gespielt hätte, wäre es zweifelhaft gewesen, daß Weiß hätte überleben können. In der Partie spielte Schwarz das weniger zwingende **29. ... g6** und Weiß entkam schließlich ins Remis.

Allerdings ist dies nicht das Ende der Geschichte. James Howell erkannte, daß das Opfer auf e4 die einzige Methode für Schwarz darstellt, das Matt auf h7 zu verhindern, und so sind drastische Handlungen zu seiner Verhinderung gerechtfertigt. Howell-Wahls, Gausdal 1986 ging weiter mit **18. ♘d5!** (um die Diagonale b7-e4 zu blockieren) **18. ... exd5 19. ♖d3 ♖fc8 20. c3** *(D)*.

Nun hat Schwarz keine vernünftige Antwort gegen die Drohung ♖h3. Das Ende war **20. ... dxe4 21. ♖h3 ♔f8 22. g6! fxg6 23. ♕xh7 ♔e8 24. ♖xg6 bxc3 25. ♕g8+ ♔d7 26. ♕e6+ ♔d8**

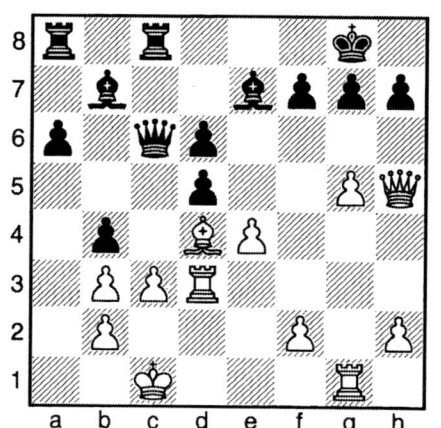

27. bxc3 ♗f8 28. ♕f7 ♗e7 29. ♕xe7+ ♔xe7 30. ♖xg7+ 1-0.

Howells verblüffende Innovation erfuhr eine breite Veröffentlichung, und Schwarz mußte sich nach früheren Alternativen umschauen. Heutzutage können Sie lediglich erwarten, mit einer Hausarbeit einen Punkt zu bekommen, aber viele Jahre später war Howell der glückliche Empfänger eines zweiten Punktes – die Partie Howell-E. Ragozin, Cannes Open 1993 verlief bis zum 24. Zug wie oben und endete mit **24. ... ♔d7 25. ♖xg7 ♖e8 26. ♗f6 ♕b5 27. c4 ♕c6 28. ♖xe7+ ♖xe7 29. ♕xe7+ ♔c8 30. ♖h7 1-0**.

4 Das Endspiel

Viele Partien, besonders zwischen Spielern vergleichbarer Spielstärke, werden im Endspiel entschieden. Die Beherrschung des Endspiels ist genauso wichtig wie das Können in der Eröffnung und im Mittelspiel. Obwohl diese Wahrheit immer und immer wieder wiederholt worden ist, stellt das Endspiel immer noch ein vernachlässigtes Gebiet der Schachstudien dar, besonders bei Klubspielern. In der Vergangenheit hatten sie eine Ausrede, da viele Klubpartien durch Hängepartien entschieden wurden, bevor das Endspiel erreicht worden war, aber die Beendigung durch Schnellschach ist nun eher die Regel als die Ausnahme. Auch in Turnieren ist die Beendigung durch Schnellschach die häufigste Methode, lange Partien zu entscheiden. Der praktische Effekt besteht darin, daß sich Spieler nicht mehr auf eine Einstellung wie „wenn ich ein Endspiel kriege, werde ich es am Brett ausarbeiten können" verlassen. Die kurze Zeitbegrenzung bedeutet, daß Sie die korrekte Methode im voraus kennen müssen. Darüber hinaus ist es sehr wichtig, mit den Feinheiten vertraut zu sein. Wenn Sie Ihr Gedächtnis nach einem halb vergessenen, aber lebenswichtigen Schnipsel Information durchwühlen müssen, besteht eine große Chance, daß Sie die Zeit überschritten haben, bevor Ihre Gehirnzellen die notwendige Information freigeben. Dieses Kapitel dient deshalb als kurze Anleitung für alles, was man unbedingt über das Endspiel wissen muß.

Bauernendspiele

Bauernendspiele stellen sehr oft die letzte Phase einer Partie dar. Natürlich kann es zu Bauernumwandlungen beider Seiten kommen, wonach die Spieler sich auf noch mehr Spaß freuen können, aber die Mehrzahl der Endspiele mit ♔+♙ werden im Bauernendspiel selbst entschieden. Im Gegensatz zu den meisten anderen Stellungstypen ist die Konzeption „Ungenauigkeit" in Bauernendspielen fast unbekannt. Ausreichendes Können und Energie vorausgesetzt, kann man jede Stellung bis zu einem endgültigen Ergebnis analysieren. Dies bedeutet, daß Fehler sich in Sprüngen von halben Punkten ausdrücken. Ebenfalls im Gegensatz zu anderen Stellungen, in denen man sich von einem Fehler erholen und nach und nach in die Partie zurück kämpfen kann, bedeutet ein Nachlassen im Bauernendspiel gewöhnlich den Verlust eines halben Punktes. Genauigkeit stellt in diesem Endspiel einen besonderen Wert dar, so daß es absolut notwendig ist, mit den wichtigsten Prinzipien vertraut zu sein.

In Bauernendspielen gibt es drei Grundbegriffe. Allerdings sind überraschenderweise noch nicht einmal alle Großmeister mit ihrer korrekten Anwendung vertraut.

Opposition

Dies ist das Grundprinzip, und es findet die häufigste Anwendung. Die folgende Stellung ist ein klares Beispiel.

Die beiden Könige stehen sich gegenüber („in Opposition") und dies mit dem geringst möglichen Abstand eines leeren Feldes. Weiß ist im Vorteil, da sein König ein Feld weiter fortgeschritten ist. Dieser Vorteil ist zum Gewinn ausreichend, wenn Schwarz am Zuge ist, da

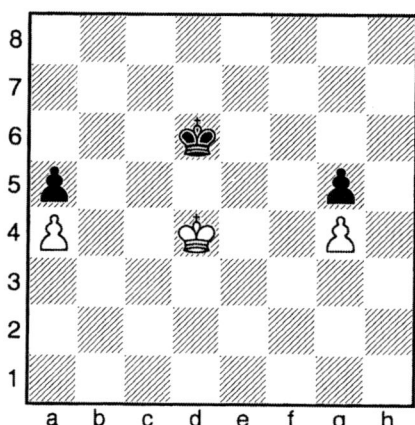

sein König zur einen oder anderen Seite ziehen muß, was dem weißen König den Vormarsch auf die fünfte Reihe erlaubt, um ungehindert einen der gegnerischen Bauern zu erreichen. In dieser Situation sagt man „Weiß hat die Opposition".

Allerdings gibt es in diesem relativ einfachen Fall immer noch eine Feinheit. Nach **1. ... ♔c6** sollte Weiß nicht mit **2. ♔e5** direkt zum g-Bauern laufen, da nach **2. ... ♔c5 3. ♔f5 ♔b4 4. ♔xg5 ♔xa4 5. ♔f5 ♔b4 6. g5 a4** beide Seiten gleichzeitig umwandeln und die Stellung ist remis. Statt dessen ist **2. ♔c4!** korrekt, das die Opposition wieder herstellt, aber unter noch günstigeren Umständen. Wenn Schwarz **2. ... ♔b6 3. ♔d5 ♔b7** spielt, kann Weiß auf zwei Arten ein Tempo gewinnen:

1) Wenn sich Weiß nun dem g-Bauern nähert, dann hat er ein entscheidendes Tempo gewonnen: **4. ♔e5 ♔b6 5. ♔f5 ♔c5 6. ♔xg5 ♔b4 7. ♔f5 ♔xa4 8. g5 ♔b4 9. g6 a4 10. g7 a3 11. g8♕**. Es lohnt sich, einen Moment darüber nachzudenken, warum das Verschieben um eine Linie zum Damenflügel in dieser Variante eigentlich ein Tempo gewinnt. Die Pointe ist, daß der schwarze König nach 3. ♔d5 sich nicht nur nicht dem a-Bauern nähern kann, sondern tatsächlich ein Feld weiter weg gehen muß. Also verliert Weiß ein Tempo, Schwarz aber zwei.

2) **4. ♔c5** (Weiß nimmt den a-Bauern mit, bevor er sich dem Königsflügel zuwendet) **4. ... ♔a6 5. ♔c6 ♔a7 6. ♔b5 ♔b7 7. ♔xa5 ♔c6 8. ♔b4 ♔b6 9. ♔c4** mit einem leichten Gewinn.

Wenn sich der schwarze König mit **2. ... ♔d6** in die andere Richtung bewegt, dann wendet sich Weiß dem a-Bauern zu, wobei er ein Extratempo gewonnen hat, da sein König dem Damenflügel ein Feld näher ist: **3. ♔b5 ♔e5 4. ♔xa5 ♔f4 5. ♔b4 ♔xg4 6. a5 ♔h3 7. a6 g4 8. a7 g3 9. a8♕**. Diese Stellung ist technisch gewonnen; wenn Sie mit der Gewinnmethode nicht vertraut sind, hier ist sie: **9. ... g2 10. ♕f3+ ♔h2 11. ♕f2 ♔h1 12. ♕h4+ ♔g1 13. ♔c3 ♔f1 14. ♕f4+ ♔e2 15. ♕g3 ♔f1 16. ♕f3+ ♔g1 17. ♕f4 ♔h1 18. ♕h4+ ♔g1 19. ♔d2 ♔f1 20. ♕e1#**.

Die Situation nach **1. ... ♔e6** ist praktisch symmetrisch. Wiederum muß Weiß die sofortige Annäherung an den Bauern durch **2. ♔c5?** vermeiden. Die korrekte Methode ist **2. ♔e4 ♔f6** (2. ... ♔d6 3. ♔f5 und Weiß wandelt als Erster um; der schwarze a-Bauer erreicht nicht die siebte Reihe) **3. ♔d5 ♔f7 4. ♔c5** (4. ♔e5 gewinnt auch) **4. ... ♔e6 5. ♔b5 ♔e5 6. ♔xa5 ♔f4 7. ♔b5 ♔xg4 8. a5 ♔h3**, mit Überleitung zu Variante 2 weiter oben.

Obwohl die Details dieser Stellung ein oder zwei subtile Punkte beinhalten, ist das Grundprinzip doch klar genug: wenn Weiß die Opposition hat, muß der schwarze König den Weg freimachen und dem weißen König erlauben, vorzurücken.

Ist Weiß in der Diagrammstellung am Zuge, hat Schwarz die Opposition, aber Weiß kann remis halten, weil sein König eine Reihe weiter vorgerückt ist: **1. ♔c4** (1. ♔e4 hält auch Remis,

aber jeder Rückzug auf die dritte Reihe verliert, da Schwarz in die obige Analyse mit vertauschten Farben überleiten kann) **1. ... ♔c6** (nach 1. ... ♔e5 wandeln beide Seiten gleichzeitig um) **2. ♔d4** und Schwarz hat nichts Besseres, als nach d6 zurückzukehren.

Die Situation wird nur ein bißchen komplizierter, wenn die Könige weiter zurück sind:

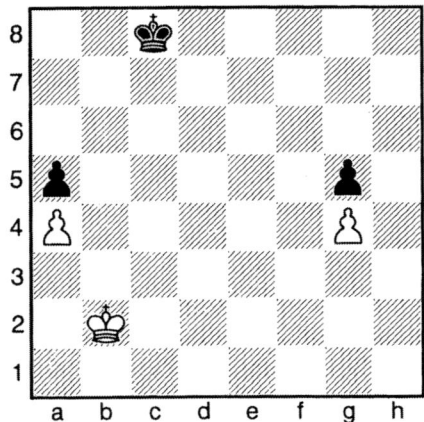

Mit Weiß am Zuge wäre der erste Impuls, mit dem König durch **1. ♔c3?** vorwärts zu marschieren, aber dies ist ein Fehler: Schwarz antwortet **1. ... ♔c7!** und nach 2. ♔c4 ♔c6 oder 2. ♔d4 ♔d6 erlangt Schwarz die Opposition, und Weiß kann keine Fortschritte machen. Das Grundprinzip, das solche Fälle regelt, ist das, was wir als Fernopposition bezeichnen. Diese tritt dann ein, wenn sich die Könige mit einer ungeraden Anzahl von Feldern zwischen ihnen gegenüberstehen, und der Spieler, der ziehen muß, verliert die Opposition. Die Situation, in der zwischen den Königen nur ein Feld liegt (weiter oben diskutiert), stellt dann nur einen speziellen Fall dieser Regel dar.

Daraus folgt, daß in der obigen Stellung **1. ♔c2!** der korrekte Zug ist (1. ♔b3? ist auch schlecht, da Schwarz nach 1. ... ♔d7! 2. ♔c4 mit 2. ... ♔c6 und 2. ♔c3 mit 2. ... ♔c7 beantworten kann). Schwarz antwortet **1. ... ♔d8**. Nun kann 2. ♔b3? mit 2. ... ♔d7 beantwortet werden, und natürlich überläßt 2. ♔c3? ♔c7 und 2. ♔d3? ♔d7 Schwarz die Opposition. Der richtige Zug ist **2. ♔d2!**, wieder in Übereinstimmung mit unserer Regel der „ungeraden Felder". Auf den ersten Blick kommt Weiß nicht weiter, denn wenn Schwarz seinen König nur auf der achten Reihe auf und ab bewegt, mittels **2. ... ♔e8**, dann kann Weiß ihm scheinbar nur auf der zweiten Reihe folgen.

Allerdings kann Weiß durch eine sogenannte „Umgehung" Fortschritte machen. Dies bedeutet, mit dem weißen König in die entgegengesetzte Richtung des schwarzen Königs zu laufen und gleichzeitig vorzurücken. Wenn es funktioniert, wird das Ergebnis die Wiedererlangung der Opposition sein, mit den beiden Königen zwei Felder näher zusammengerückt. Weiß kann dieses Manöver so lange wiederholen, bis nur noch ein Feld zwischen den Königen ist, und dann haben wir die Situation, die wir im vorherigen Diagramm bereits besprochen haben. Hier führt Weiß die Umgehung mit **3. ♔c3!** aus. Nun gibt es die direkte Drohung 4. ♔c4 und 5. ♔b5, so daß Schwarz durch **3. ... ♔d7** das Feld c6 anvisieren muß. Weiß setzt mit **4. ♔d3** fort, und er hat sein Ziel erreicht. Nun ist die Situation einfacher. 4. ... ♔c7 und 4. ... ♔e7 verlieren, da sich Weiß dem g- beziehungsweise a-Bauern zuwendet, so daß der schwarze König auf die sechste Reihe vorrücken muß. Weiß steht dem feindlichen König genau gegenüber und erreicht die „Nahopposition", was wie im vorherigen Diagramm zum Gewinn führt. Hätte Schwarz 2. ... ♔c8 gespielt, dann hätte Weiß mit **3. ♔e3** eine Umgehung über die andere Seite gewählt.

Als ich diese Idee als junger Spieler zum ersten Mal sah, verwirrte mich ein Punkt sehr. Auf

den meisten Linien war Weiß einfach zufrieden, die Opposition zu behalten, aber dann plötzlich, auf einer bestimmten Linie, gibt Weiß die Opposition auf, um eine Umgehung auszuführen. Wie soll man wissen, auf welcher Linie die Umgehung stattfinden muß? Schließlich war ich in der Lage, meine eigene Frage zu beantworten, und dadurch erlangte ich ein besseres Verständnis von Bauernendspielen. In Stellungen, in denen die Opposition bestimmend ist, hat der Angreifer zwei Angriffsziele. In der obigen Stellung sind dies die Bauern a5 und g5. Dies ist völlig natürlich: der Sinn der Opposition besteht darin, daß der weiße König zum Damenflügel durchbricht, wenn der schwarze zum Königsflügel zieht und umgekehrt. Wenn es am Königsflügel kein Angriffsziel gäbe, dann würde Schwarz nichts dabei verlieren, dem weißen König den Zugang in diese Richtung zu erlauben. Genauso muß es ein Angriffsziel am Damenflügel geben, sonst könnte Schwarz seinen König sicher auf die andere Seite des Brettes überführen. Das Umgehungsmanöver wird meistens auf der Linie ausgeführt, die gleich weit von beiden Angriffszielen entfernt liegt. Im obigen Fall ist dies die d-Linie.

In dieser Stellung, die oberflächlich betrachtet der obigen ähnlich erscheint, kann Weiß am Zuge nicht gewinnen, da keine Umgehung existiert. Weiß gewinnt, wenn er mit seinem König die Opposition auf der vierten Reihe erlangt, aber er kann dies ausgehend von der Diagrammstellung nicht erzwingen. Die kritische Stellung entsteht nach **1. ♔d2 ♚d7 2. ♔d3** und nun muß Schwarz aufpassen. 2. ... ♚c6? 3. ♔c4 und 2. ... ♚d6? 3. ♔d4 erlauben Weiß, die „Nahopposition" zu erlangen, aber der schwarze König muß auch bereit sein, den weißen König daran zu hindern, sich auf den a-Bauern zu stürzen. Es folgt, daß **2. ... ♚c7!** der einzige Zug ist, der zum Remis führt. Dies wäre der ideale Zeitpunkt für eine Umgehung, außer der Tatsache, daß das Feld e4, das Weiß für seine Operation benötigt, durch einen schwarzen Bauern kontrolliert wird.

In den obigen Beispielen war die Situation der „zwei Angriffsziele" ziemlich offensichtlich, da die Ziele weit auseinander lagen. Fälle, in denen die Ziele näher zusammen liegen, werden durch die gleichen Prinzipien bestimmt, selbst wenn ihre Natur weniger augenscheinlich ist.

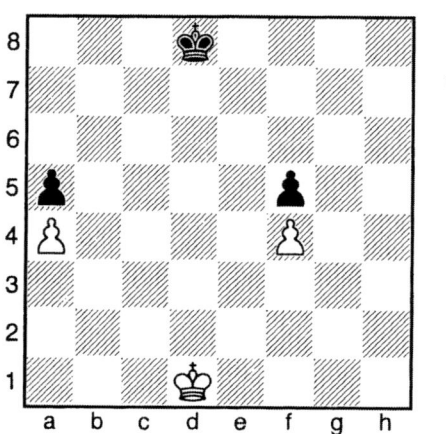

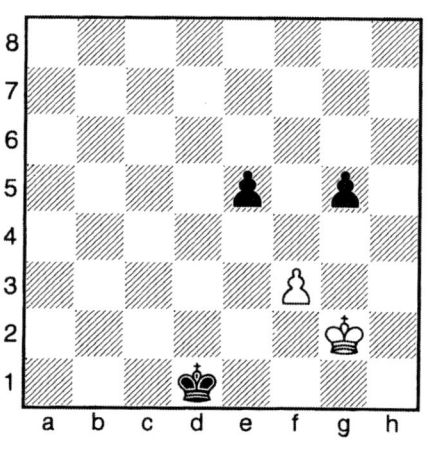

H. Neustadtl, 1890

In dieser Stellung sind die Zielfelder für Schwarz (offensichtlich) f3 und (weniger offensichtlich) f1. Falls der schwarze König f1 erreicht, ist Weiß verloren, ganz gleich wo sein König steht (in vernünftigen Grenzen) und wer am Zuge ist. Wenn der weiße König zum Beispiel auf g3 steht, gewinnt mit Weiß am Zuge 1. ♔h3 ♚f2 2. ♔g4 ♚g2 leicht. Wenn Schwarz am Zuge ist, dann erzwingt 1. ... ♚g1 die gleiche Variante. Es folgt, daß die Oppositionsmanöver auf den Reihen stattfinden (weil die Reihen rechte Winkel zu der Linie bilden, auf der sich die beiden Zielobjekte befinden) und daß jede Umgehung auf der zweiten Reihe stattfinden wird.

Weiß am Zuge kann Remis erreichen, aber nur, wenn er mit dem paradoxen Zug **1. ♔h1!** beginnt. Andere Züge scheitern, z.B. 1. ♔f1? (dies verliert, da Weiß nicht die nahe Opposition beibehalten kann) 1. ... ♚d2 2. ♔f2 ♚d3 (Weiß würde gerne 3. ♔f3 spielen, aber sein Bauer steht im Weg) 3. ♔g3 ♚e3 4. ♔g2 ♚e2 5. ♔g3 ♚f1 und Schwarz erreicht ein Ziel. Andere erste Züge scheitern ähnlich: 1. ♔h2 ♚d2! (bereitet die Umgehung vor) 2. ♔g1 (2. ♔g2 ♚e2) 2. ... ♚e3 (Umgehung ausgeführt) 3. ♔g2 ♚e2 und gewinnt, oder 1. ♔g3 ♚e1 2. ♔g2 ♚e2.

Nach 1. ♔h1! kann Schwarz keine Fortschritte machen, da Weiß immer die Opposition beibehält:

1) 1. ... ♚e2 2. ♔g2 ♚d3 3. ♔h3! ♚e3 4. ♔g3, etc.

2) 1. ... ♚c1 2. ♔g1! (der einzige Zug) 2. ... ♚c2 (2. ... g4 wird mit 3. ♔g2! beantwortet, aber nicht 3. fxg4? e4 4. ♔f2 ♚d2 und Schwarz gewinnt) 3. ♔g2 ♚c3 4. ♔g3 ♚d3 5. ♔h3 und so weiter.

Wir beenden diesen Abschnitt über die Opposition mit der üblichen Warnung: obwohl allgemeine Prinzipien hervorragende Leitfäden sind, kommt es am Ende doch auf die spezielle Stellung auf dem Brett an, und ein forcierter Gewinn hebt alle anderen Betrachtungen auf.

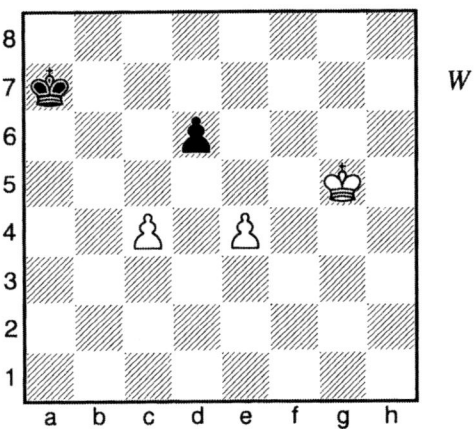

A. Mandler
Prager Presse 1929

Die Ähnlichkeit mit der eben besprochenen Neustadtl-Studie fällt auf. Folglich liegt die Annahme nahe, daß die Stellung remis ist, da Schwarz nach 1. ♔f6 ♚b6 oder 1. ♔g6 ♚a6 die Fernopposition erlangt. Allerdings gibt es einen kleinen Unterschied, da die Könige weiter voneinander entfernt sind als in der Neustadtl Stellung, und dies wirkt sich zugunsten des Weißen aus. Nach 1. ♔f6? ♚b6 verläuft das weitere Spiel genauso wie vorher, aber mit den Königen auf der g- und a-Linie kommt ein zweiter Stellungsfaktor hinzu: die Möglichkeit eines Durchbruchs durch c5. Dies funktioniert nur, wenn sich der schwarze König auf der letzten Reihe befindet, so daß Weiß mit Schach umwandeln wird. Darüber hinaus muß sich der schwarze König auf a8 befinden, da ansonsten c5 mit ... ♚c7 beantwortet werden kann (wir sahen dies in Variante 2 des vorherigen Diagramms). Deshalb gewinnt Weiß mit **1. ♔g6!** ♚a6 (Schwarz muß die Opposition aufrechterhalten;

wenn er abweicht, erlangt Weiß die Opposition und gewinnt, indem er mit seinem König d6 oder d8 erreicht) **2. ♔g7! ♔a7 3. ♔g8!** (3. ♔f8? ♔b8 4. c5 ♔c7!) **3. ... ♔a8** (Schwarz ist seinem Schicksal überlassen; 3. ... ♔b8 4. ♔f8, 3. ... ♔b7 4. ♔f7 und 3. ... ♔b6 4. ♔f8 gewinnen alle für Weiß, die letzte Variante durch eine Umgehung) **4. c5 dxc5 5. e5** und wandelt mit Schach um. In diesem Fall brach die Logik der Opposition an einem bestimmten Punkt zusammen, da ein neuer Faktor in der Gleichung berücksichtigt werden mußte.

Das Réti-Manöver

Es gibt keinen besseren Weg, die Idee zu erklären, als Rétis Originalbeispiel darzustellen, obwohl es eine der bekanntesten Endspielstellungen in der Schachgeschichte ist.

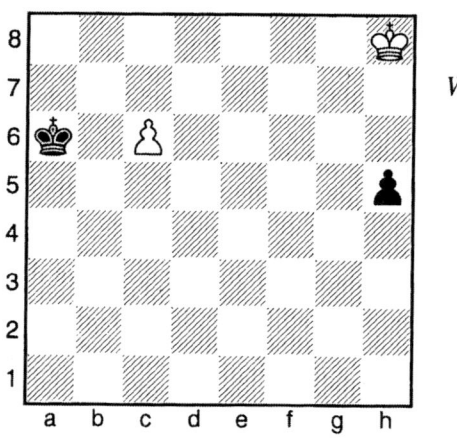

R. Réti
Kagans Neueste Schachnachrichten 1921

Weiß scheinen zwei Tempi zum Fangen des h-Bauern zu fehlen, aber trotzdem schafft er es, ihn einzuholen, indem er gleichzeitig droht, den c-Bauern umzuwandeln. Die Analyse verläuft wie folgt: **1. ♔g7! h4** (1. ... ♔b6 2. ♔f6 h4 3. ♔e5 führt zur Hauptvariante) **2. ♔f6! ♔b6** (2. ... h3 3. ♔e7 ♔b6 4. ♔d6 und beide Seiten wandeln gleichzeitig um) **3. ♔e5! ♔xc6** (3. ... h3 4. ♔d6 und wieder wandeln beide Seiten um) **4. ♔f4** und das Unmögliche wurde geschafft.

Wenn Sie diese Stellung vorher noch nicht gekannt haben, lohnt es sich, die Lösung mehrere Male nachzuspielen, um genau nachvollziehen zu können, warum sie funktioniert. Wiederum ist der Begriff der zwei Drohungen wichtig, aber diesmal ist es nicht eine Frage des Tempospiels, sondern das Ausnutzen der Tatsache, daß ein diagonaler Königszug, falls man es mit einem Lineal nachmessen würde, länger ist als ein horizontaler oder vertikaler. Zum Einholen des h-Bauern sind die Routen ♔h7-h6-h5 und ♔g7-f6-e5 identisch. Der Vorteil der letzteren besteht darin, daß sie eine zweite Drohung aufstellt, nämlich die Umwandlung des c-Bauern. Es kostet Schwarz zwei Tempi, diese Drohung abzuwehren, indem er den c-Bauern mit seinem König schlägt, und dies ist genau die Zeit, die Weiß benötigt, um den h-Bauern einzuholen.

Trotz dieser kalten logischen Erklärung ist es eine bemerkenswerte Idee, und es scheint ein Hauch von Magie über der Stellung zu liegen.

Der Gebrauch einer zweiten Drohung als eine Art von Warp-Antrieb für den weißen König entsteht in ziemlich vielen Stellungen. Hier ist ein zweites Beispiel, in dem der weiße König einen großen Umweg macht, um den gegnerischen Bauern einzuholen.

In diesem Fall fehlt dem weißen König ein Tempo, um den h-Bauern einzuholen, zum Beispiel 1. a6 ♔c6 2. ♔c8 ♔b6 3. ♔b8 ♔xa6 4. ♔c7 h5 und Weiß kommt zu spät. Allerdings kann Weiß durch Ausnutzen der Drohung, den a-Bauern umzuwandeln, Zeit gewinnen: 1.

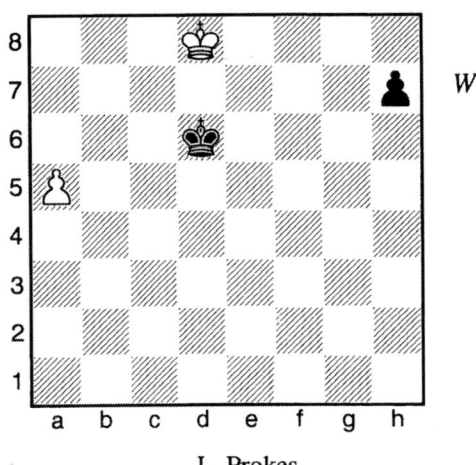

L. Prokes
Sachove Umeni 1947

♔c8! ♚c6 2. ♔b8 ♚b5 3. ♔b7 (dies ist der Schlüsselzug; der weiße König schafft es gerade noch, das Quadrat des Bauern zu erreichen) 3. ... ♚xa5 4. ♔c6 und Weiß kommt rechtzeitig.

Das Dreiecksmanöver

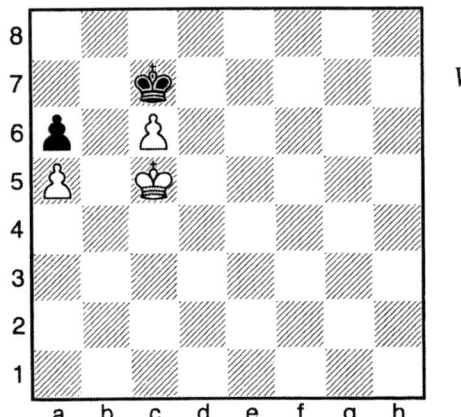

Wenn Schwarz in der Diagrammstellung am Zug wäre, dann würde er sofort verlieren, da Weiß auf b6 eindringt und den a-Bauern gewinnt.

Wenn Weiß am Zug ist, dann ist seine Aufgabe bedeutend schwerer. Der Schlüssel ist ein Königsmanöver, das durch Verlieren eines Tempos die Zugpflicht von Weiß auf Schwarz abwälzt. Allerdings muß Weiß vor Beginn dieses Manövers einen erzwungenen Zug machen: 1. ♔d5. Nun führt 1. ... ♚d8 2. ♔d6 sogar ohne die a-Bauern zum Gewinn, so daß 1. ... ♚c8 erzwungen ist. Weiß kann danach nicht auf direkte Art gewinnen, da 2. ♔d6 ♚d8 3. c7+ ♚c8 4. ♔c6 zum Patt führt – er muß subtiler vorgehen. Solange der weiße König auf einem Feld verbleibt, das an c5 angrenzt, kann der schwarze König nicht c7 besetzen und ist so darauf beschränkt, auf der achten Reihe hin- und herzutreten. Wenn sich der weiße König innerhalb des Dreiecks c4-d4-d5 bewegt, wird der Effekt ein Wechsel der Zugpflicht sein: 2. ♔c4 ♚d8 3. ♔d4 ♚c8 4. ♔d5 und nun haben wir die Stellung nach dem ersten Zug, aber mit Schwarz am Zuge. Weiß gewinnt nach 4. ... ♚d8 5. ♔d6 oder 4. ... ♚c7 5. ♔c5.

Das weiße Dreiecksmanöver funktionierte aufgrund des schwarzen Raummangels; Schwarz konnte den weißen Manövern nicht nacheifern, ohne über den Brettrand hinaus zu treten.

Wenn Sie sich ein fortgeschrittenes Buch über Bauernendspiele angeschaut haben, dann werden Sie wahrscheinlich etwas bemerkt haben, das sich „die Theorie der Gegenfelder" nennt. Dies wird normalerweise durch Diagramme mit vielen kleinen Nummern (oder Buchstaben, oder manchmal beiden) auf den Feldern begleitet. Obwohl dies aus theoretischer Sicht ein interessantes Thema darstellt, hat es ehrlich gesagt in der Praxis fast keinen Wert (ganz abgesehen davon, daß Ihr Gegner etwas dagegen haben könnte, wenn Sie anfangen, das Brett mit mystischen Nummern zu verzieren). Die Opposition, das Dreiecksmanöver und ein bißchen Grips sind völlig ausreichend für die Arten von

Stellungen, die tatsächlich auf dem Brett entstehen. Natürlich gibt es ein paar esoterische Stellungen, die nicht mit Hilfe solcher einfachen Techniken gelöst werden können, aber in meiner ganzen Karriere habe ich nie eine solche Stellung gesehen, die im praktischen Spiel entstanden wäre. Die folgende Stellung repräsentiert ungefähr die äußerste Grenze von Komplexität, die man in der Praxis erwarten kann.

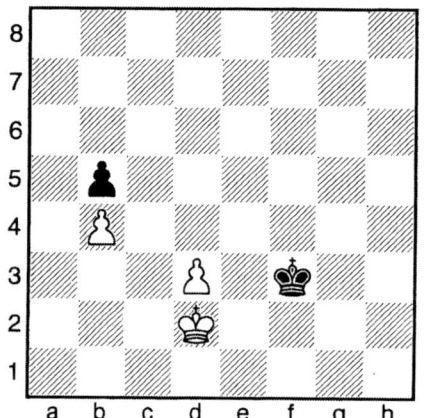

N. Grigorjew
K novoj armii, 1920

Eine Stellung wie diese wäre ein einfacher Gewinn für Weiß, wenn sein König auf, sagen wir, e4 stünde, aber hier ist der Gewinn wegen der aktiven schwarzen Königsstellung schwierig. Der erste Punkt, den man beachten muß, ist, daß Schwarz nach 1. d4? ♔e4 2. ♔c3 nicht 2. ... ♔d5? spielt, wonach 3. ♔d3 den feindlichen König zurückdrängt, sondern 2. ... ♔f5!. Wenn Weiß irgendwo anders hingeht als nach d3, dann kehrt Schwarz einfach nach e4 zurück, aber nach 3. ♔d3 ♔f4 kann Weiß keine Fortschritte machen, zum Beispiel 4. ♔d2 ♔e4 5. ♔c3 ♔f5!, etc.

Es wird deutlich, daß Weiß in der Diagrammstellung viel besser dastehen würde, wenn Schwarz am Zug wäre. Wenn der schwarze König irgendwo anders hingeht als nach f4, dann gewinnt Weiß entweder durch 2. ♔e3 oder 2. d4, während Weiß nach ... ♔f4 ♔e2 spielt und den schwarzen König nach und nach zurückdrängt. Tatsächlich ist der Gewinn immer noch nicht so einfach, aber wir werden zu diesem Punkt später zurückkehren, da die erste Stufe darin besteht, auszuarbeiten, wie man ein Tempo verliert. Wenn Weiß 1. ♔c2 spielt, dann muß Schwarz 1. ... ♔f4 erwidern (weil 1. ... ♔e3 2. ♔c3 sofort verliert und nach anderen Zügen gewinnt Weiß entweder durch ♔c3-d4 oder 2. d4). Leser können nun das Auftauchen eines Musters erkennen: die Situation ist praktisch die gleiche wie im vorherigen Diagramm, nur um 90 Grad gedreht, wobei c3-e3 den Platz von c5-c7 einnimmt und c2-f4 den Platz von d5-c8. Nun sollte die Lösung erkennbar sein. Während der weiße König an c3 angrenzt, muß der schwarze König an e3 angrenzen; mit anderen Worten, Schwarz kann nur zwischen f3 und f4 pendeln (e2 und f2 sind nicht zugänglich, da der d-Bauer marschieren würde). Weiß muß nur das Dreiecksmanöver auf den Feldern c2-b2-b3-c2 ausführen, dabei ständig an c3 angrenzen, und er wird ein Tempo verlieren. Die Lösung verläuft wie folgt: **1. ♔c2 ♔f4 2. ♔b2 ♔f3** (2. ... ♔e5 3. ♔c3 ♔d5 4. ♔c2 ♔e5 5. ♔d1 führt zur Hauptvariante) **3. ♔b3 ♔f4 4. ♔c2** (im Unterschied zum vorherigen Diagramm ist noch ziemlich viel Spiel in der Stellung) **4. ... ♔e5** (die elastischste Verteidigung; 4. ... ♔e3 5. ♔c3 und 4. ... ♔f3 5. ♔d2 verlieren schneller) **5. ♔d1!** (5. ♔d2 ♔d4 zwingt Weiß mit 6. ♔c2 den selben Weg zurückzugehen) **5. ... ♔f5 6. ♔e2 ♔f4 7. ♔f2 ♔e5** (nach 7. ... ♔f5 8. ♔e3 ♔e5 9. d4+ ♔d5 10. ♔d3 gewinnt Weiß, indem er den schwarzen König zurückdrängt) **8. ♔e3 ♔d5** (der kritische Moment; wenn Weiß Fortschritte machen will, muß er den Bauern b4 abgeben) **9. d4! ♔c4 10. ♔e4 ♔xb4 11. d5 ♔c5** (erzwungen, ansonsten

wird Weiß zuerst umwandeln) **12. ♔e5** (Weiß muß ein Tempo aufwenden, um seinen Bauern zu unterstützen, so daß nun beide Seiten gleichzeitig umwandeln; allerdings, ...) **12. ... b4 13. d6 b3** (die Einschaltung von 13. ... ♔c6 14. ♔e6 ändert die Situation nicht) **14. d7 b2 15. d8♕ b1♕ 16. ♕c8+** und **17. ♕b8+** gewinnt die Dame.

Erwarten Sie das Unerwartete

Leser werden einige ungewöhnliche Königsmanöver in den vorangegangenen Stellungen bemerkt haben. Dies ist kein Zufall; paradoxe Königszüge sind in Bauernendspielen ziemlich häufig anzutreffen. Es ist sehr wichtig, die Möglichkeit unnatürlicher Königszüge in Betracht zu ziehen, und zwar sowohl für sich selbst als auch für den Gegner. Es ist unmöglich, Regeln für das Finden solcher Züge aufzustellen, gerade weil sie oft einmalig sind und nur in dieser bestimmten Stellung funktionieren. Allerdings wird mich dies nicht davon abhalten, ein paar unterhaltende Beispiele anzuführen.

Schirow hatte diese Stellung angestrebt, da sie ein offensichtliches Remis versprach, zum Beispiel 1. ♔g5 ♔g2 2. f4 ♔f3 3. f5 ♔e4. Allerdings gab Schirow nach **1. ♔g3!** auf. Die Drohung besteht einfach darin, den Bauern nach f6 zu bringen und dann mit dem König hinterherzurennen, um den Bauern f7 zu gewinnen und *gleichzeitig den eigenen Bauern zu verteidigen.* Schwarz kann nur versuchen, seinen König aus der Ecke zu befreien mittels 1. ... ♔g1 2. f4 ♔f1 3. f5 ♔e2, aber Weiß kann den schwarzen König in Schach halten: 4. ♔f4 f6 (oder 4. ... ♔d3 5. ♔e5 und gewinnt nach 5. ... ♔e3 6. f6 oder 5. ... ♔c4 6. ♔f6) 5. ♔e4! ♔f2 6. ♔d5. Der rückwärts gerichtete Zug des weißen Königs widerspricht so sehr der Intuition, daß sogar ein so starker Spieler wie Schirow ihn übersehen hat.

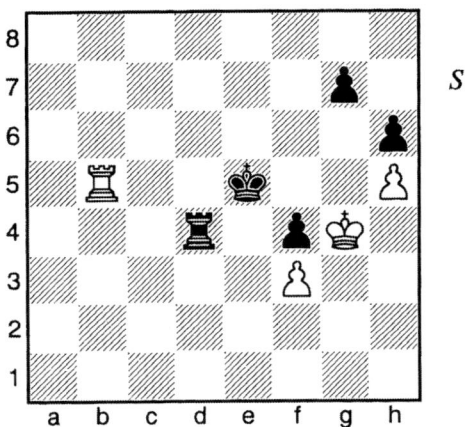

M. Hebden – G. Flear
Britische Meisterschaft, Brighton 1980

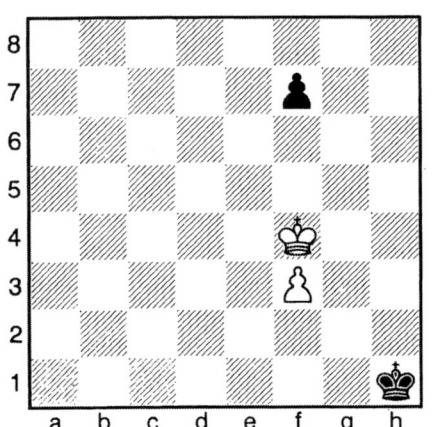

I. Rogers – A. Schirow
Groningen 1990

Schwarz hatte den größten Teil der Partie einen Mehrbauern besessen, aber hier gab er seine Gewinnversuche auf und spielte **1. ... ♖d5**, wonach die Spieler Remis vereinbarten. Tatsächlich gibt es nach 2. ♖xd5+ ♔xd5 3. ♔xf4 ♔e6 offensichtlich keinen Grund, fortzusetzen. Allerdings entdeckten die Spieler sofort, nachdem das Remis vereinbart worden war, daß Weiß 3.

♔f5! *(D)* spielen konnte, an Stelle von 3. ♔xf4?.

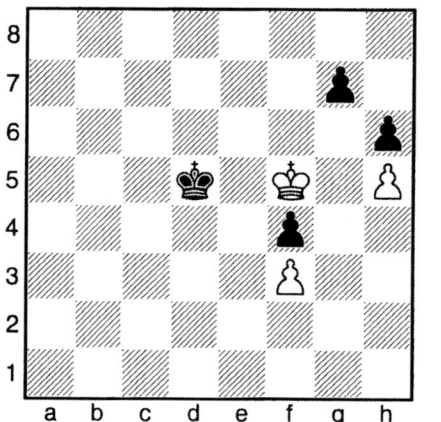

Plötzlich steckt Schwarz in Schwierigkeiten. Nach 3. ... ♔d4 4. ♔xf4 ♔d3 5. ♔f5 ♔e3 6. ♔g6 ♔f4 7. ♔xg7 ♔g5 8. f4+ ♔xh5 9. f5 geht der f-Bauer durch, während 3. ... ♔d6 4. ♔g6 ♔e6 (4. ... ♔e5 5. ♔xg7 ♔d4 6. ♔xh6 ♔e3 7. ♔g5! ♔xf3 8. h6 ♔g3 9. h7 f3 10. h8♕ f2 11. ♕h1; in dieser Variante verlor Schwarz, da er im 8. Zug nicht in der Lage war, seinen König nach g2 zu ziehen) 5. ♔xg7 ♔e7 6. ♔xh6 ♔f6 hoffnungslos ist, da Weiß seinen König befreien kann, indem er das eine verbliebene Tempo mit seinem h-Bauern benutzt: 7. ♔h7 *(D)*

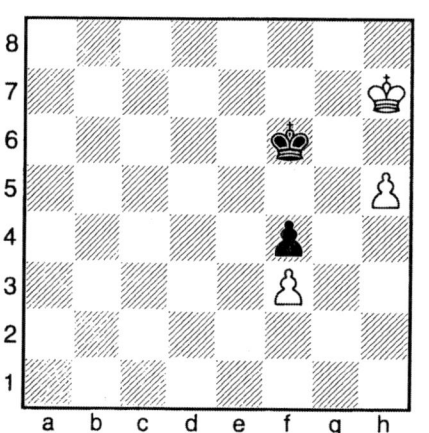

7. ... ♔f7 8. h6 ♔f8 9. ♔g6 ♔g8 10. ♔f5 ♔h7 11. ♔g5 und 12. ♔xf4.

Nachdem sowohl 3. ... ♔d4 als auch 3. ... ♔d6 zum Verlust ausanalysiert worden sind, könnte man versucht sein, die Stellung als gewonnen für Weiß abzuschätzen, aber vergessen Sie nicht: „Erwarten Sie das Unerwartete". Was muß Schwarz erreichen, um zu remisieren? Zunächst einmal muß er in der Lage sein, seinen Bauern g7 zu verteidigen, wenn Weiß ♔xf4 spielt, gefolgt von ♔f5-g6. Dies bedeutet, daß sich sein König nicht weiter als drei Felder entfernt von f8 aufhalten darf. Wenn Weiß seinen Alternativplan anwendet und sich sofort g7 zuwendet, ohne sich um den Bauern f4 zu kümmern, dann muß Schwarz in der Lage sein, ♔xh6 mit ... ♔xf3 zu beantworten; einen Zug zu langsam, und Weiß wird gewinnen, wie in der obigen Klammer angegeben. Da Weiß drei Züge braucht, um h6 zu erreichen, läßt sich folgern, daß sich der schwarze König nicht weiter als drei Felder von f3 entfernt aufhalten darf. Das erste Kriterium beinhaltet, daß Schwarz nach c5, c6 oder d6 gehen muß und das zweite beinhaltet, daß er nach c4, d4 oder c5 gehen muß. Glücklicherweise für Schwarz gibt es ein gemeinsames Feld, das beiden Voraussetzungen gerecht wird, nämlich c5. Also führt 3. ... ♔c5!! zum Remis, zum Beispiel 4. ♔g6 ♔d4, 4. ♔xf4 ♔d6 oder 4. ♔e5 ♔c6.

Es ist ziemlich schwer, genau zu beschreiben, wovon dieses Motiv abhängt – es hat sicherlich nichts mit der Opposition zu tun. Wahrscheinlich ist es dem Réti-Manöver am ähnlichsten, insofern, als der schwarze König versucht, zwei Aufgaben zur gleichen Zeit zu erledigen.

Schach ist mehr als zählen

Eine anwendbare Technik in Bauernendspielen, die oft in Büchern vorgeschlagen wird, ist die des „Zählens". Diese Bezeichnung bezieht sich auf die Methode, auszuarbeiten, wie viele Züge beide Seiten benötigen, einen Bauern umzuwandeln. Natürlich ist dies nur in „Rennsituationen" nützlich, wobei jeder König in die gegnerische Bauernmasse hineinläuft, in der Absicht, so schnell wie möglich einen Freibauern zu schaffen.

Ich rate strengstens von dieser Technik des „Zählens" ab.

Es gibt zahlreiche Mängel bei dieser Methode, und ihre uneingeschränkte Anwendung kann zu schrecklichen Fehlern führen.

Das Hauptproblem besteht darin, daß diese Methode einige der Feinheiten nicht aufdecken kann, die Bauernendspiele so interessant machen und ziemlich häufig in der Praxis anzutreffen sind.

Der erste Punkt, der für Verwirrung sorgen könnte, ist, daß Sie berücksichtigen müssen, wer am Zug ist. Wenn Weiß sieben Züge zur Umwandlung benötigt und Schwarz acht, wenn Weiß umwandelt, antwortet Schwarz mit der Umwandlung oder mit dem Vorrücken des Bauern auf die zweite Reihe? Die Antwort ist, daß es darauf ankommt, wer zuerst zieht. In der Hitze des Gefechts passiert es ziemlich leicht, das durcheinander zu bringen und einen Zug zu spät zu kommen.

Der zweite Punkt ist, daß die Zählmethode Ihnen keinen Hinweis auf den ungefähren Aufenthaltsort der Figuren am Ende des Rennens gibt. Weiß könnte mit Schach umwandeln oder auf h8 umwandeln und die schwarze Umwandlung auf a1 verhindern. Diese Dinge sind offensichtlich, wenn Sie die Variante im Kopf durchrechnen, aber nicht, wenn Sie nur abzählen. Die simple Tatsache besteht darin, daß Sie die Variante berechnen müssen, um sicherzustellen, daß nicht eine dieser Situationen am Ende des Rennens eintritt, und wenn Sie das tun werden, dann brauchen Sie auch keine Zeit für das Nachzählen verschwenden.

Ich werde eine Stellung zitieren, die ich entnommen habe aus *Chess: The Complete Self-Tutor* von Edward Lasker (sie erscheint in allen Ausgaben vor 1997), ein bekanntes Schachlehrbuch, das den Gebrauch der Abzählmethode propagiert.

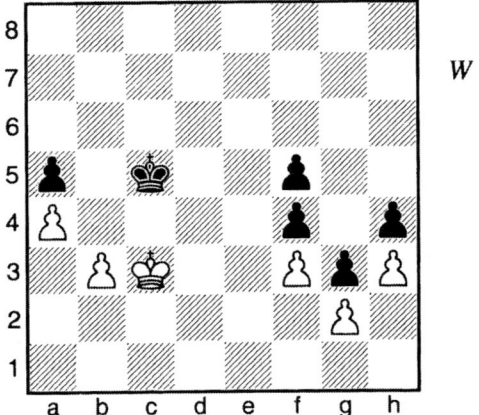

Lasker schreibt „In der entstandenen Stellung, zwingt die Zugfolge 1. b4+ axb4+ 2. ♔b3 Schwarz seinen Bauern ungedeckt zu lassen, was Weiß einen Freibauern sichert. Nach 2. ... ♔c6 3. ♔xb4 ♔b6 4. ♔c4 ist alles vorbei. Weiß gewinnt die schwarzen Bauern auf f4, h4, und g3 während Schwarz den Bauern a4 schlägt und zum Königsflügel wechselt."

Lasker berücksichtigt nicht, was passiert, wenn Schwarz 2. ... ♔d4 spielt. Durch Nachzählen (sorgfältig!) findet man schnell heraus, daß der schwarze g-Bauer sich immer noch auf der sechsten Reihe befindet, wenn Weiß sich eine neue Dame holt, und darüber hinaus ist Weiß am Zug – genug Gründe, um die Stellung als verloren zu bewerten, wenn man sich nicht die Mühe macht, die entstehende Stellung vor Augen zu führen.

Wenn wir tatsächlich die Züge 2. ... ♔d4 3. a5 ♔e3 4. a6 ♔f2 5. a7 ♔xg2 6. a8♕ ♔h2 *(D)* nachspielen, dann haben wir folgende Diagrammstellung vor uns:

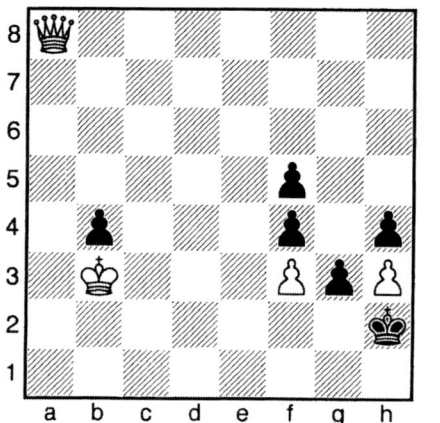

Man braucht nur ein paar Sekunden, um festzustellen, daß es sich hier um eine spezielle Situation handelt. Die Ansammlung von Königsflügelbauern hindert Weiß daran, den g-Bauern diagonal zu fesseln und Schachs auf der h-Linie zu geben. Tatsächlich ist der g-Bauer nicht zu stoppen und das Beste, das Weiß tun kann, ist, so viele Königsflügelbauern wie möglich mitzunehmen, in der Hoffnung auf ein vorteilhaftes Damenendspiel. Allerdings ist sogar diese Hoffnung vergeblich: nach 7. ♕b8 (7. ♕h8 g2 8. ♕xh4 g1♕ 9. ♕xf4+ ♔g3 10. ♕xf5 ♕xh3 11. ♕g4!? ♕g3 und 12. ... ♔g2 ist auch remis) 7. ... g2 8. ♕xf4+ ♔h1 9. ♕xf5 g1♕ ist das Endspiel klar remis.

Schließlich, falls Sie nicht die ganze Variante berechnen, wie können Sie sicher sein, daß die beabsichtigten Züge tatsächlich möglich sind? Hier ist ein einfaches Beispiel.

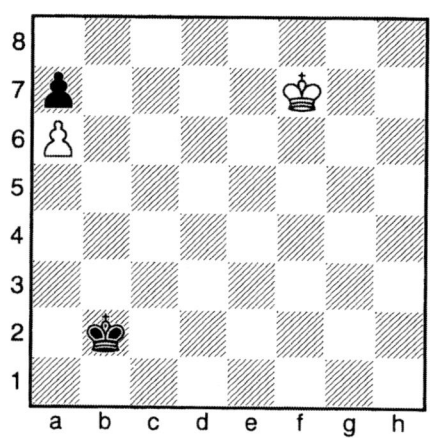

W. Schlage – C. Ahues
Berlin 1921

Weiß benötigt fünf Züge, um auf a7 zu schlagen, und Schwarz benötigt vier Züge, um d6 zu erreichen, damit er ♔xa7 mit ... ♔c7 beantworten und damit remis halten kann. Dies wurde durch die Partie bestätigt, die vorschriftsmäßig endete **1. ♔e6 ♔c3 2. ♔d6 ♔d4 3. ♔c6 ♔e5 4. ♔b7 ♔d6 5. ♔xa7 ♔c7 ½-½**. Richtig? Falsch! Wenn Weiß 2. ♔d5! gespielt hätte, dann könnte er immer noch in fünf Zügen auf a7 schlagen, aber Schwarz würde es nicht schaffen, da die Züge, die er spielen will, illegal sind, zum Beispiel kann er nach 2. ... ♔b4 3. ♔c6 ♔a5 4. ♔b7 nicht nach b6 ziehen.

Bauernendspiele gehen weit über das simple Abzählen hinaus, und wenn Sie diese Methode anwenden, dann werden Sie in Schwierigkeiten geraten.

Turmendspiele

Turmendspiele repräsentieren die Endspielart, die in der Praxis am häufigsten vorkommt. Der Grund hierfür besteht darin, daß der Abtausch

von Türmen eher unwahrscheinlich ist, wenn es keine offenen Linien gibt, etwas, das relativ häufig vorkommt. Leichtfiguren und Damen können viel eher getauscht werden. Die Fähigkeit, Turmendspiele zu beherrschen, stellt ein großes Unterscheidungsmerkmal zwischen Meisterspielern und Klubspielern dar. In Simultanveranstaltungen ist es bemerkenswert, wie die Klubspieler routinemäßig völlig ausgeglichene Turmendspiele verlieren und wie leicht die Meister es schaffen, aus verlorenen Turmendspielen mit einem Remis davonzukommen.

Teilweise verantwortlich dafür ist die Tatsache, daß diese Endspiele wahrlich kompliziert sind und sehr theorielastig. Erfahrung ist vielleicht sogar noch wichtiger; der Meister wird im Laufe seiner Karriere wahrscheinlich mit vielen Turmendspielen konfrontiert worden sein, der Klubspieler sehr viel weniger. Allerdings ist die Situation für Klubspieler weit davon entfernt, hoffnungslos zu sein; tatsächlich ist dies eines der Gebiete, in denen einige Trainingsstunden große Dividenden bringen können. Wir beginnen mit dem Endspiel Turm + Bauer gegen Turm, das grundlegend für alle Turmendspiele ist.

Turm und Bauer gegen Turm

Dieses Endspiel ist so komplex, daß Ihr Autor in der Lage war, ein 320-Seiten Buch nur über diese Materialverteilung zu schreiben (und selbst dann mußten viele interessante Stellungen weggelassen werden!). Allerdings haben viele durchschnittliche Turnierspieler noch nicht einmal die Grundlagen dieses Endspiels studiert. In der Tat können ein paar Grundprinzipien bei der Verbesserung der Turmendspieltechnik recht viel bewirken.

Wenn der verteidigende König das Umwandlungsfeld des Bauern besetzen kann, ist das Endspiel fast immer remis. Die einzige Ausnahme ist, wenn der Bauer bereits weit fortgeschritten ist und die Figuren des Verteidigers schlecht plaziert sind. Die allgemeine Remistechnik ist ziemlich einfach und wird als die „dritte-Reihe-Verteidigung" bezeichnet.

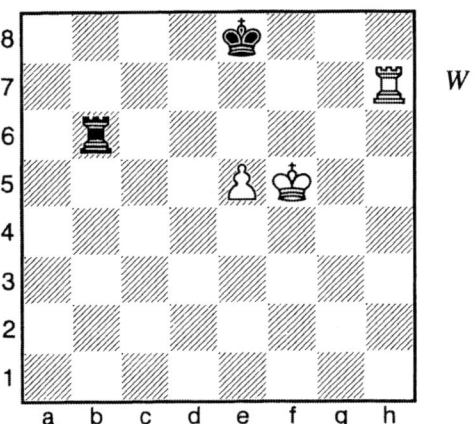

Hier ist eine typische Stellung. Weiß scheint ziemliche Fortschritte gemacht zu haben. Sein Turm schneidet den gegnerischen König auf der achten Reihe ab und sein König und der Bauer sind bis auf die fünfte Reihe vorgerückt. Dennoch ist die Stellung völlig remis, da Schwarz seinen Turm auf der dritten Reihe plaziert hat, wodurch er das sofortige Vorgehen des weißen Königs verhindert. Der einzige Weg, durch den Weiß seinen König auf die sechste Reihe bekommen kann, besteht darin, 1. e6 zu spielen, aber dann ändert Schwarz seinen Plan und spielt 1. ... ♖b1, was ein Bombardement von Schachs von hinten vorbereitet. Nun, da der Bauer auf e6 steht, gibt es kein Versteck für den König, und nach 2. ♔f6 ♖f1+ 3. ♔e5 ♖e1+ 4. ♔d6 ♖d1+, etc., ist die Stellung klar remis. Wenn Weiß in der Diagrammstellung mit 1. ♖a7 abwartet, dann tut Schwarz das Gleiche mit 1. ... ♖c6 oder 1. ... ♖h6.

Das zweite wichtige Prinzip ist das des „Schachabstands". Wenn sich der weiße König nicht

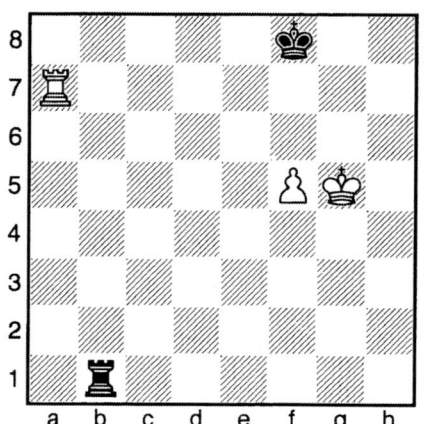

W

vor dem schachgebenden schwarzen Turm verstecken kann, dann ist der Faktor, der bestimmt, ob die Schachs eine kleine Störung oder ein ernstes Problem darstellen, der Abstand zwischen dem König und dem Turm. Je weiter sie voneinander entfernt sind, desto besser für die Turmpartei.

Das obige Beispiel macht dies klar. Wenn Weiß am Zug ist, dann sollte er mit 1. ♔g6 fortsetzen, was für Schwarz die unangenehmsten Probleme schafft. Wenn Weiß abwartet, dann errichtet Schwarz die Verteidigung auf der dritten Reihe durch ... ♖b6. 1. ♔f6 ♖b6+ führt zu derselben Sache, während 1. f6 ♖g1+ sofort remis ist (beachten Sie den großen Schachabstand).

Nach **1. ♔g6** kann Schwarz leicht fehlgreifen, z.B. scheitert das passive 1. ... ♖b8 2. f6 ♔g8 an 3. ♖g7+ ♔f8 (oder 3. ... ♔h8 4. ♖h7+ ♔g8 5. f7+) 4. ♖h7 und der weiße Plan, „auf die andere Seite zu wechseln", läßt Schwarz ohne Verteidigung zurück. Beachten Sie, daß diese Variante remis wäre, hätte Weiß einen Bauern auf g6 und seinen König auf h6, denn dann gäbe es keinen Platz, um auf die andere Seite zu wechseln. Dies führt uns zu der wichtigen Schlußfolgerung, daß in der Art von Stellung, in der

Schwarz in eine passive Verteidigung gedrängt worden ist, mit seinem Turm auf der ersten Reihe, das Ergebnis bei a-, b-, g- oder h-Bauer ein Remis ist, aber bei einem Bauern auf den anderen vier Linien ein Verlust.

Hier haben wir einen f-Bauern, so daß dieser Verteidigungsplan für Schwarz nicht gut genug ist. Statt dessen sollte er **1. ... ♖f1** spielen. Dies stellt sicher, daß Weiß nach 2. ♖a8+ ♔e7 nicht 3. f6+ spielen kann. Weiß kann nur durch **2. ♔f6**, was Matt droht, Fortschritte machen. Schwarz muß zwischen 2. ... ♔e8 und 2. ... ♔g8 wählen. Ein Zug verliert, der andere führt zum Remis.

Die richtige Wahl hängt davon ab, sicherzustellen, daß Schwarz im späteren Spielverlauf ausreichend Abstand zum Schachgeben hat. Nach **2. ... ♔g8! 3. ♖a8+ ♔h7** kann Weiß **4. ♖f8** versuchen (4. ♔e6 ♔g7! und 4. ♖a5 ♔g8 helfen Weiß nicht), mit der Absicht 5. ♔e7, nebst 6. f6. Wenn Schwarz seinen Turm auf dem momentanen Feld beläßt, dann wird er schließlich verlieren, aber Schwarz kann die Richtung mit **4. ... ♖a1!** ändern. Wenn Weiß nun einen Königszug macht, um seinem Bauern den Weg freizumachen, dann beginnt Schwarz mit Schachgeboten von der Seite. Es gibt keine Deckung, so daß Weiß angesichts des großen Schachabstands die Schachgebote nicht effektiv beantworten kann. Weiß kann natürlich andere Züge spielen, aber sie helfen nicht, zum Beispiel besteht nach 5. ♖e8 (um 5. ... ♖a6+ mit 6. ♖e6 beantworten) der einfachste Remisweg in der Rückkehr des Turms nach f1.

Dagegen verliert 2. ... ♔e8?. Nach 3. ♖a8+ ♔d7 4. ♖f8 kann Schwarz Weiß nicht daran hindern, 5. ♔g7 (oder ♔f7, wenn der Turm die f-Linie verläßt), gefolgt von f6 zu spielen, und es gibt keinen Weg, den Bauern zu stoppen. Das Problem von Schwarz besteht darin, daß

ihm die seitlichen Schachs fehlen, die ihn nach 2. ... ♔g8 gerettet haben. Es gibt keinen Raum für seinen Turm am Königsflügel, und er kann keine Schachs vom Damenflügel aus geben, da ihm sein eigener König in die Quere kommt.

Dieses Prinzip wird gewöhnlich formuliert als „ziehen Sie den König zur kurzen Seite", um die andere Seite für entfernte Turmschachs freizulassen, aber am Ende geht es nur darum, sicherzustellen, daß man ausreichenden Abstand für die Schachgebote des Turms hat.

Hier ist ein weiteres Beispiel:

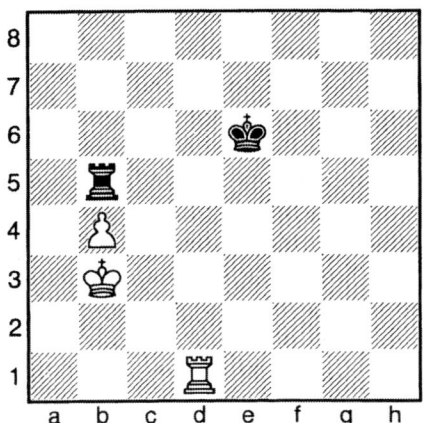

S

Schwarz ist am Zug, und er sieht sich mit der Drohung ♔c4, gefolgt von b5, konfrontiert. Wenn er 1. ... ♖h5 spielt, gewährleistet Weiß den Vormarsch seines Bauern durch 2. ♔a4. Die einzige Möglichkeit zur Verteidigung ist ein Rückzug des Turms auf der b-Linie, so daß Schwarz nach weißen Königszügen nach a4 oder c4 beginnen kann, Schach zu geben. Damit dies funktioniert, benötigt Schwarz den größten möglichen Schachabstand, und tatsächlich ist **1. ... ♖b8!** der einzige Zug, der zum Remis führt. Nach **2. ♖d4** (2. ♔c4 ♖c8+ 3. ♔b5 ♖b8+ 4. ♔c5 ♖c8+ 5. ♔b6 ♖b8+ macht keinen Sinn – der weiße König muß zurückweichen;

nach dem Textzug allerdings droht diese Variante, da Weiß am Ende ♔c7 spielen könnte) **2. ... ♔e5** (vertreibt den Turm von der Verteidigung des b-Bauern) **3. ♖d7 ♔e6** (Schwarz kann nicht abwarten; 3. ... ♔e4? verliert wegen 4. ♔c4 ♖c8+ 5. ♔b5 ♖b8+ 6. ♔c5 ♖c8+ 7. ♔b6 ♖b8+ 8. ♖b7, gefolgt von b5; in dieser Variante reduzierte der weiße Turm wirksam den schwarzen Schachabstand, indem er in der Lage war, sich auf der siebten Reihe in den Weg zu stellen) **4. ♖a7 ♔d6 5. ♔a4 ♔c6**, und Schwarz kommt rechtzeitig, um den Vormarsch des Bauern zu verhindern. Wenn der Schachabstand nur um ein Feld verkürzt gewesen wäre, hätte Schwarz verloren, z.B. 1. ... ♖b7? 2. ♔c4 ♖c7+ 3. ♔b5 ♖c8 (versucht, den Schachabstand wiederzuerlangen; 3. ... ♖b7+ 4. ♔c5 ♖c7+ 5. ♔b6 ist hoffnungslos) 4. ♔a6 ♖a8+ 5. ♔b7, gefolgt von b5, und Weiß gewinnt.

Wir haben bereits in der Analyse auf Seite 126 gesehen, wie der Verteidiger bereit sein muß, seinen Turm flexibel zu gebrauchen und von verschiedenen Richtungen, je nach den veränderten Umständen, zu operieren. Hier ist ein weiteres, sehr wichtiges Beispiel dafür:

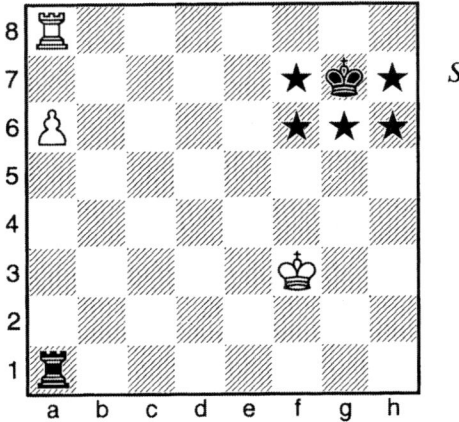

S

Schwarz kann seinen König nicht zum Damenflügel überführen, da Weiß nach ... ♔e7 mit a7 antwortet, und der König steht zwischen zwei Stühlen. Nach entweder ... ♔d7 oder ... ♔f7 antwortet Weiß mit ♖h8, was den gegnerischen Turm gewinnt. Es folgt, daß der schwarze König in einer unsichtbaren Box auf dem Königsflügel gefangen ist, die sich aus den markierten Feldern im obigen Diagramm ergibt (plus g7, das Feld, auf dem der König im Moment steht). Schwarz kann nur seinen Turm zur Verteidigung gebrauchen, und er muß der weißen Drohung begegnen, den König zur Verteidigung des Bauern zu überführen, was den Turm befreien würde und den Weg für den Bauern freimacht. Wenn Schwarz mit Schachgeboten von hinten operiert, versteckt sich der weiße König auf a7 (dies ist der Grund, warum Weiß seinen Bauern nicht zu früh nach a7 laufen lassen sollte), und wieder ist der Turm befreit.

Schwarz am Zug remisiert, indem er mit seinem Turm flexibel bleibt: 1. ... ♖f1+ 2. ♔e4 ♖f6!. Dieser Richtungswechsel ist der Schlüssel; a7 ist kein Versteck, wenn Schwarz von der Seite Schach gibt. Die Partie könnte weitergehen mit 3. ♔d5 ♖b6 4. ♔c5 (4. ♖a7+ ♔g6 5. ♔c5 ♖f6 macht keinen Unterschied) 4. ... ♖f6 5. ♔b5 (nun droht Weiß, seinen Turm zu bewegen, so daß Schwarz mit den Schachgeboten beginnen muß) 5. ... ♖f5+ 6. ♔c4 ♖f4+ 7. ♔d5 ♖f6 und Weiß kann keine Fortschritte machen. Wenn Weiß irgendwann a7 spielt, erwidert Schwarz ... ♖a6 gefolgt von ... ♖a1, und wenn sich der weiße König dem Bauern nähert, remisiert Schwarz durch Schachgebote von hinten (der Schlupfwinkel auf a7 steht nicht mehr zur Verfügung). Dieser doppelte Richtungswechsel (a1 nach f6 und dann zurück nach a1) ist ziemlich schwer zu sehen und wurde in der Tat erst 1924 von Vancura entdeckt.

Vor einigen Jahren wurde ich gebeten, einige Turmendspielanalysen zu überprüfen, aber ich konnte keine von ihnen nachvollziehen – Weiß,

der im Vorteil war, schien Schwarz dazu zu zwingen, eine Remisstellung zu erreichen, was Schwarz dann vermied! Schließlich sah ich das Datum der Analyse – 1912 – und erkannte, daß aufgrund der Unkenntnis der Vancura Remisstellung, alle Stellungen in der Art des obigen Diagramms als für Weiß gewonnen betrachtet wurden. Nicht überraschend führte dies zu einer Reihe von merkwürdigen Zügen.

Von Belang ist folgendes: falls der weiße König im obigen Diagramm näher am a-Bauern ist, hat Schwarz keine Zeit, die Vancura Remisaufstellung zu erreichen. Die genauen Analysen darüber, wie nahe Weiß seinem Bauern sein muß, um zu gewinnen, sind ziemlich kompliziert und können in speziellen Endspielbüchern nachgeschlagen werden.

Der Mehrbauer

Eines der häufigsten Endspiele im praktischen Spiel ist ein Turmendspiel mit einem Mehrbauern auf einer Seite des Brettes und einer ansonsten symmetrischen Stellung.

Hier ist eine typische Situation:

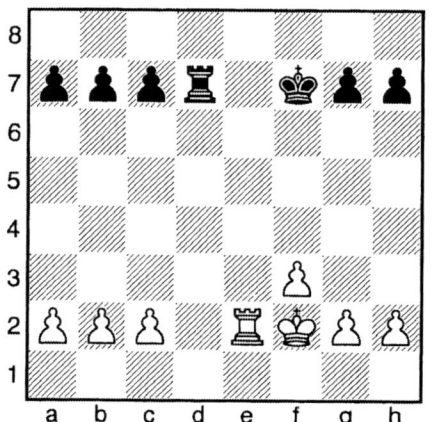

Die Fähigkeit, Stellungen wie diese zu gewinnen, stellt eine Grundvoraussetzung für erfolgreiches Schach dar. Weiß mag durch eine Kombination einen Bauern gewonnen haben, oder vielleicht hatte Schwarz einen isolierten e-Bauern, den Weiß durch feines Positionsspiel eroberte – wie Ihr Schachstil auch aussehen mag, Situationen, in denen Sie einen Bauern praktisch kompensationslos gewinnen, sind sehr häufig. Es taucht die Frage auf: Wie oft wandeln Sie die entstehenden Stellungen in einen vollen Punkt um?

Ich zeigte diese Stellung einigen der führenden Großmeistern, inklusive Karpow, Kramnik und Andersson, und bat sie um eine Einschätzung ihrer Gewinnchancen als Weißer, wenn man von einem Gegner gleicher Stärke ausgeht. Die Antworten lagen alle im Bereich von 80-90%. Die allgemeine Meinung war, daß solch eine Stellung objektiv gewonnen sein sollte, und die „fehlenden" 10-20% repräsentierten eher die Wahrscheinlichkeit eines eigenen Fehlers als die Wahrscheinlichkeit, auf außergewöhnlich gute Verteidigung zu treffen.

Eine Suche in 500000 Partien förderte 94 eindeutige Beispiele dieses Stellungstyps (3 gegen 3 auf einer Seite, 3 gegen 2 auf der anderen, keine Doppelbauern und keine blockierten Bauern) zu Tage. Das Ergebnis lautete 72 Gewinne, 19 Remis und 3 Verluste(!). Die 77%ige Erfolgsquote war ein bißchen niedriger, als von den Großmeistern erwartet, aber auf ihrem Niveau ist die Technik weiter fortgeschritten, und so würden sie, angenommen, die Stellung ist objektiv gewonnen, den Punkt wahrscheinlicher nach Hause bringen. Sie würden wahrscheinlich auch kein Turmendspiel mit einem klaren Mehrbauern verlieren!

Unglücklicherweise werden Situationen wie diese in theoretischen Endspielbüchern nicht ausreichend behandelt. Sie konzentrieren sich eher auf vereinfachtere Stellungen. Während sie tatsächlich ziemlich viel Aufmerksamkeit Situationen mit 3 gegen 3 und einem Freibauern auf dem anderen Flügel widmen, wird die Situation, in der es statt eines Freibauern eine Mehrheit an einem Flügel gibt, fast gar nicht behandelt. Die umfangreiche *Encyclopaedia of Chess Endings*, mit 1727 Stellungen, enthält so etwas überhaupt nicht, genauso wenig wie Standardwerke über das Endspiel, wie Löwenfisch und Smyslows berühmtes Buch *Turmendspiele*.

Fines altes *Basic Chess Endings* enthält vielleicht den hilfreichsten Ratschlag. Er empfahl, falls sich der verteidigende König auf der Seite mit der ausgeglichenen Bauernzahl aufhält, sollten Sie:

1) den König und den Turm auf den bestmöglichen Feldern plazieren;

2) die Bauern auf dem anderen Flügel möglichst weit vorrücken, ohne tatsächlich einen Freibauern entstehen zu lassen;

3) in ein gewonnenes Endspiel mit einem entfernten Freibauern überleiten.

Was er meint, ist, daß Sie nicht notwendigerweise so schnell wie möglich einen Freibauern schaffen sollen, da einige Stellungen mit einem entfernten Freibauern remis sind. Statt dessen sollten Sie weiter manövrieren, bis der Freibauer unter vorteilhaften Umständen gebildet werden kann, zum Beispiel durch einen Turm von hinten unterstützt.

Wenn sich der verteidigende König auf der Seite mit dem potentiellen Freibauern aufhält, dann besteht das entscheidende Manöver darin, mit dem angreifenden König auf dem anderen Flügel einzudringen.

Nachdem ich die 94 oben erwähnten Beispiele nachgespielt habe, konnte ich keine klaren Beispiele für diesen Gewinnplan finden. Entweder wurde das Endspiel durch die eine oder andere Seite mißhandelt, oder der Verteidiger schien anzunehmen, daß er langfristig verlieren würde und ließ sich auf die verzweifelte Suche nach Gegenspiel ein. Also muß sich der Leser ausgehend von der obigen Diagrammstellung mit der Partie Nunn-*Fritz5* zufrieden geben:

1. h4

Wir befinden uns in dem zweiten, von Fine erwähnten Fall, so daß der langfristige weiße Plan darin besteht, mit seinem König zu den schwarzen Damenflügelbauern vorzudringen. Allerdings bietet die Bauernstruktur dem König momentan keine Zufahrtsstraßen, so daß Weiß einen Weg finden muß, die Bauern vorzulocken. Ein Plan wäre ♔e1 und der anschließende Angriff auf die Bauern mittels ♖e3-a3, etc., was ihr Vorrücken erzwingen würde. Dann könnte Weiß ♖d3 und ♔d2 spielen, die d-Linie mit seinem König überqueren und versuchen, zu den schwarzen Bauern zu gelangen.

Vielleicht ist dieser Plan der systematischste, aber ich entschied mich für eine andere Idee, nämlich das Vorrücken der Königsflügelbauern. Wenn Schwarz passiv bleibt, wird Weiß am Königsflügel viel Raum gewinnen und sollte schließlich in der Lage sein, einen Freibauern unter vorteilhaften Umständen zu bilden. Wenn Schwarz versucht, durch den Vormarsch der Damenflügelbauern Gegenspiel zu erzeugen, dann wird Weiß wieder die Möglichkeit haben, seinen König auf den anderen Flügel zu überführen.

1. ... b5

Ich bezweifle, daß ein Mensch sich in einer solch direkten Art und Weise verteidigen würde!

Fritz beschließt, am Damenflügel Raum zu gewinnen, aber dies führt genau zu der Art von Öffnung, die Weiß später weiterhelfen wird.

2. g4 a5 3. ♔g3 a4 4. a3 *(D)*

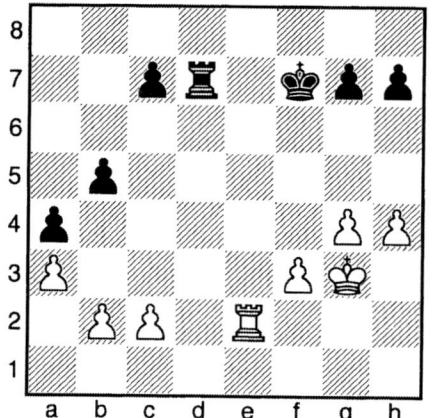

Es ist eine gute Idee, die Damenflügelbauern nicht zu weit vorrücken zu lassen. Später könnte Schwarz seinen Turm hinter die feindlichen Bauern führen, und dies könnte sich als sehr unangenehm erweisen, wenn Schwarz Bauern auf a4 und b4 hätte. Nun, da Schwarz seinen Bauern nach a4 vorgerückt hat, kann Weiß die Bauern bequem mit a3 und c3 aufhalten, was ebenfalls den Damenflügel gegen spätere Turmattacken von Schwarz sichert.

4. ... ♖d1 5. h5

In Turmendspielen ist es oft eine gute Idee, solche Bauernketten zu besitzen. Wenn der weiße Turm die Basis dieser Kette verteidigt, dann sind alle Bauern gegen einen gegnerischen Turmangriff gesichert.

5. ... ♖b1 6. c3 g5

Ein Versuch, Weiß am Königsflügel zu behindern.

7. hxg6+ hxg6 8. ♔f4 ♖d1 9. ♔e3

Dies ist der Punkt, an dem Fines Ratschlag hilfreich war. Der sofortige Versuch, mit dem König vorzurücken, führt nach 9. ♔e5 c6 zu nichts, da der König durch ... ♖d5+ zurückgetrieben wird. Statt dessen beabsichtigt Weiß ♖d2, gefolgt von ♔d4-c5. Tatsächlich kann Schwarz diesen Plan verhindern, aber Weiß verliert nichts dabei, es zu versuchen, bevor er alternative Ideen berücksichtigt.

9. ... ♔f6?

Ein Fehler, der Weiß erlaubt, seinen Plan auszuführen. 9. ... ♖f1 war ebenfalls schlecht, da 10. ♖f2 ♖d1 11. ♖d2 ♖f1 12. ♖d7+ ♔f6 13. ♖xc7 ♖b1 14. ♖c6+ zur Partie überleitet.

Der korrekte Zug war 9. ... ♔e6!, wonach 10. ♖d2 ♖e1+ 11. ♔d4 ♔d6 den König daran hindert, c5 zu erreichen. Statt dessen ist wahrscheinlich 10. ♔e4 am besten, gefolgt von f4 und der möglichen Bildung eines Freibauern am Königsflügel.

10. ♖d2 ♖f1

10. ... ♖e1+ 11. ♔d4 ♖f1 12. ♔c5 ♖xf3 13. ♔xb5 ist hoffnungslos – die schwarzen Damenflügelbauern sind zu schwach.

11. ♖d5 *(D)*

Nun kann Weiß die Damenflügelbauern statt mit dem König mit dem Turm ausbeuten.

11. ... c6 12. ♖c5 ♖b1 13. ♖xc6+ ♔f7 14. ♔f4 ♖xb2 15. ♔g5

Diese mehr oder weniger forcierte Zugfolge ließ Weiß sehr gut plaziert zurück. Er wird in jedem Fall den g-Bauern gewinnen, wonach er

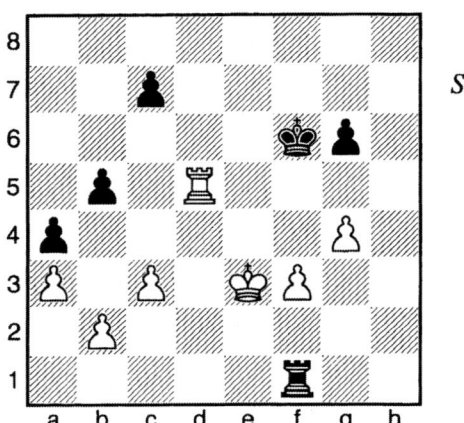

zwei verbundene Freibauern am Königsflügel haben wird, während Schwarz keine zwei Freibauern am Damenflügel bilden kann.

15. ... ♖b3 16. f4!

Eine kleine Feinheit, die die Falle von *Fritz* umgeht. Nach 16. ♖c7+? ♔e6 17. ♔xg6 ♔d6! greift Schwarz entweder ständig den Turm an oder vertreibt ihn von der Verteidigung von c3, wonach Schwarz ebenfalls zwei verbundene Freibauern bilden kann (zum Beispiel 18. ♖c8 ♔d7 19. ♖b8 ♔c7, etc.).

16. ... ♖xa3 17. ♖c7+ ♔e6 18. ♔xg6 ♔d6 19. ♖c8 ♔d7 20. ♖c5

Nun kann Schwarz seinen Angriff auf den Turm nicht fortsetzen, da der Bauer b5 hängt.

20. ... ♖b3 21. f5 a3 22. f6 ♖b1 23. f7 ♖f1 24. ♖xb5 a2 25. ♖a5 ♔e7 26. ♖xa2 ♖f6+ 27. ♔g5 1-0

Dies ist übrigens ein Beispiel, wie man Computerprogramme für Trainingszwecke gebrauchen kann. Es ist möglich, vereinfachte, idealisierte Stellungen aufzubauen, um sie gegen den

Computer zu spielen. Die beste Methode besteht darin, dieselbe Stellung mehrere Male mit beiden Farben zu spielen und dabei verschiedene Ideen auszuprobieren, um zu sehen, was funktioniert und was nicht. Diese Art von Erfahrung kann man nicht im praktischen Spiel erlangen. Wir werden zu diesem Thema in Kapitel 5 zurückkehren.

Viele Endspiele mit einem Mehrbauern werden schließlich zu einer Lage vereinfacht, in der die Bauern auf einem Flügel gleich sind und eine Partei einen entfernten Freibauern am anderen Flügel besitzt. Der Rest dieses Abschnitts behandelt diese häufig vorkommende Situation. Lassen Sie uns der Einfachheit halber annehmen, daß Weiß einen Freibauern am Damenflügel hat. Der weiße Turm wird den Bauern verteidigen müssen, und es gibt drei mögliche Stellungen für den Turm: hinter dem Bauern, seitlich vom Bauern und vor dem Bauern. Diese Liste ist in absteigender Reihenfolge dessen angegeben, was Weiß sich wünschen würde.

Die Situation, in der der weiße Turm sich hinter dem Bauern befindet, ist bekannt. Der Bauer droht ständig vorzurücken, so daß Schwarz den Bauern mit seinem Turm blockieren muß. Der Turm wird dadurch nicht nur gebunden, sondern Schwarz muß auch mit der Möglichkeit eines Zugzwangs rechnen. Das klassische Beispiel für diese Situation ist auch eines der besten:

54. ♖a4

In Übereinstimmung mit dem obengenannten Prinzip steht der Turm besser hinter dem Bauern als seitlich von ihm.

54. ... ♔f6

Die sofortige Drohung von Weiß besteht darin, mit seinem König nach b5 zu laufen, um die

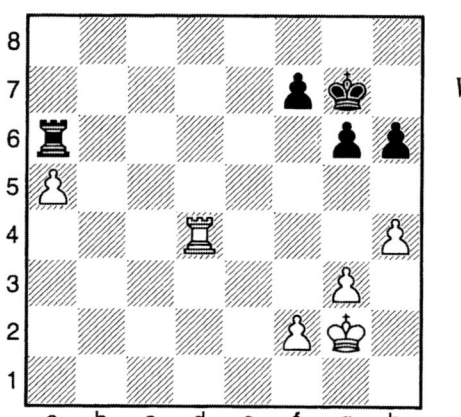

A. Aljechin – J. Capablanca
Buenos Aires Weltmeisterschaft (34) 1927

Blockade des Bauern aufzuheben. Schwarz kann dies mit seinem eigenen König verhindern, aber er gerät schnell in Zugzwang.

55. ♔f3 ♔e5 56. ♔e3 h5 57. ♔d3 ♔d5 58. ♔c3 ♔c5 *(D)*

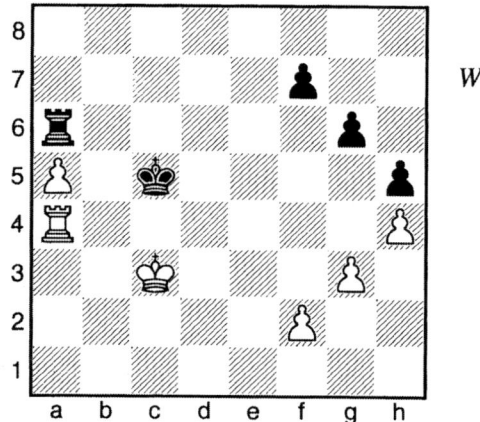

59. ♖a2

Dies ist der Grund, warum der Turm hinter dem Bauern so vorteilhaft ist. Da Schwarz seinen

Turm nicht bewegen kann, ist die Situation fast genauso, als ob er in einem Bauernendspiel die Opposition verloren hätte. Nach ... ♔d5 kann Weiß ♔b4 spielen und seinen Bauern mit dem König unterstützen; nach ... ♔b5 kann Weiß seinen König zu den Königsflügelbauern überführen. Schwarz kann diese Varianten nur durch Bauernzüge am Königsflügel vermeiden, aber Weiß kann ständig seinen Turm auf- und abbewegen, so daß Schwarz früher oder später mit Sicherheit in Zugzwang geraten wird.

59. ... ♔b5 60. ♔b3

Schwarz ist hilflos, so daß Weiß es sich erlauben kann, durch Zugwiederholung Zeit auf der Uhr einzusparen.

60. ... ♔c5 *(D)*

Nach 60. ... ♖xa5 61. ♖xa5+ ♔xa5, gewinnt Weiß durch 62. ♔c4 ♔b6 63. ♔d5 ♔c7 64. ♔e5 ♔d7 65. ♔f6 ♔e8 66. f4 ♔f8 67. f5 gxf5 68. ♔xf5, gefolgt von 69. ♔g5.

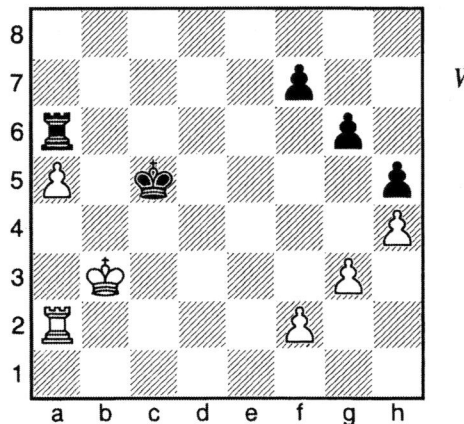

61. ♔c3 ♔b5 62. ♔d4

Nun begibt sich der weiße König auf den Weg zu den verwundbaren gegnerischen Bauern.

Der schwarze König ist zu weit entfernt, um dies verhindern zu können, so daß Capablanca beschließt, seinen König zur Blockade des a-Bauern zu benutzen und mit dem Turm das Eindringen des weißen Königs zu bekämpfen. Dies ist tatsächlich die beste Verteidigung, aber egal wie Schwarz spielt, er kann nicht das Handikap überwinden, daß eine seiner Figuren vollauf damit beschäftigt ist, den a-Bauern zu blockieren.

62. ... ♖d6+

Wenn Schwarz versucht, eine ständige Verfolgung des weißen Turms mit 62. ... ♔b4 63. ♖a1 ♔b3 zu arrangieren, dann gewinnt 64. ♔c5 ♔b2 65. ♔b5.

63. ♔e5 ♖e6+ 64. ♔f4 ♔a6 65. ♔g5 ♖e5+ 66. ♔h6 ♖f5 *(D)*

Die Alternative besteht in der Verteidigung des Bauern f7 auf der siebten Reihe durch 66. ... ♖e7 67. ♔g7 ♖d7 68. ♔f6 ♖c7, aber Weiß gewinnt nach der Fortsetzung 69. ♖e2 ♖xa5 70. ♖e7 ♖c2 71. ♖xf7 ♖xf2+ 72. ♔xg6 ♖g2 73. ♖f3.

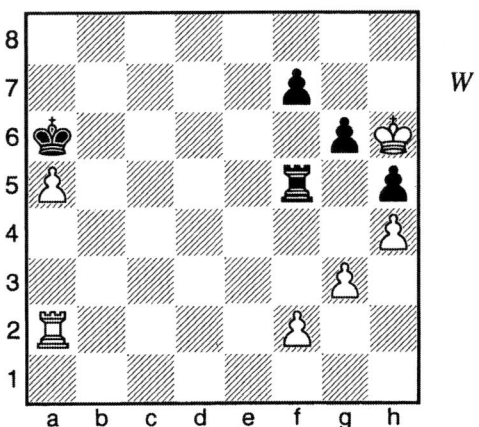

67. f4?!

Indem er den Bauern g3 entblößt, erschwert Aljechin den Gewinn. Nach 67. ♔g7 ♖f3 68. ♔g8 f5 (die einzige Chance, da 68. ... ♖f6 69. f4 ♖f5 70. ♔g7 sofort gewinnt) 69. ♔g7 f4 70. ♔xg6 fxg3 71. fxg3 ♖xg3+ 72. ♔xh5 ♖c3 73. ♖a4 ♔b5 74. ♖f4 ♔xa5 75. ♔g5 entscheidet der h-Bauer die Partie ohne Schwierigkeiten.

Speelman weist darauf hin, daß Weiß sogar das minimale Gegenspiel mit ... f5-f4 vermeiden kann, indem er mit 67. ♔h7 ♖f3 (67. ... ♖f6 68. ♔g8 ♖f5 69. f4) 68. ♔g7 ♖f5 69. f4 fortsetzt, was sofort gewinnt.

67. ... ♖c5 68. ♖a3 ♖c7 69. ♔g7 ♖d7 70. f5?!

Führt wiederum unnötige Komplikationen herbei. 70. ♔f6 ♖c7 71. f5 (der Plan ♖e3-e7 ist nun weniger effektiv, da Schwarz den Bauern g3 angreifen kann) 71. ... gxf5 72. ♔xf5 ♖c5+ 73. ♔f6 ♖c7 74. ♖f3 ♔xa5 75. ♖f5+ gewinnt leicht.

70. ... gxf5 71. ♔h6 f4 72. gxf4 ♖d5 73. ♔g7 ♖f5 74. ♖a4 ♔b5 75. ♖e4 ♔a6 76. ♔h6 ♖xa5

Schwarz hätte mit 76. ... ♔b7 mehr Widerstand leisten können, aber Weiß gewinnt immer noch mit 77. ♖e5 ♖xf4 78. ♔g5 ♖f1 79. ♖f5! ♖g1+ 80. ♔xh5 ♔a6 81. ♔h6, etc.

77. ♖e5 ♖a1 78. ♔xh5 ♖g1 79. ♖g5 ♖h1 80. ♖f5 ♔b6 81. ♖xf7 ♔c6 82. ♖e7 1-0

Wenn Sie einen entfernten Freibauern mehr besitzen, und Ihr Turm befindet sich hinter dem Bauern, dann sollten Sie gute Gewinnchancen haben. Wie bei jeder aufgestellten Regel gibt es auch hier Ausnahmen (zum Beispiel wäre eine Stellung mit dem Turm auf a1 und dem Bauern auf a2 gegen einen Turm auf a3 nicht sehr vorteilhaft!), aber in normalen Situationen sind solche Stellungen extrem vorteilhaft für Weiß.

Je weiter der Bauer vom Königsflügel entfernt ist, desto besser ist es für Weiß, aber sogar mit einem c-Bauern wären die Gewinnaussichten gut.

Wenn der Turm den Bauern von der Seite verteidigt (wir werden annehmen, daß sich der Turm auf der rechten Seite des Bauern befindet), wird Schwarz seinen Turm hinter dem Bauern plazieren. Dann hängt viel von der Königsflügelbauernstruktur ab. Der weiße Turm ist anfällig für Angriffe des schwarzen Königs, und die beste Situation entsteht, wenn der Turm ein durch einen Bauern gedecktes, unverwundbares Feld auf dem Königsflügel zu besetzen vermag.

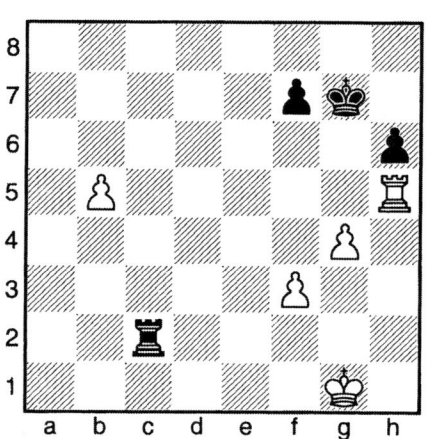

B. Spasski – Zhu Chen
Kopenhagen, Veterans vs Women 1997

Hier hat Weiß eine ideale Position auf dem Königsflügel. Sein Turm kann sich auf f5 niederlassen, was ein gemütliches kleines Figurenknäuel ergeben würde, wobei sich die Figuren gegenseitig verteidigen. Schwarz kann dies nur aufbrechen, indem sie ... h5 in dem Moment spielt, in dem der Turm f3 angreift und der weiße König f3 nicht verteidigt. Es stellt sich heraus, daß diese Möglichkeit für Schwarz von geringem Wert ist.

Weiß kann gewinnen, indem er einfach den König nach c1 überführt. Wenn der schwarze Turm auf der zweiten Reihe verbleibt, läßt Weiß den b-Bauern laufen. Ansonsten muß der König freigelassen werden, und er kann vorrücken. Die Analyse verläuft wie folgt: 49. ♔f1 ♖c3 (49. ... ♔g6 50. ♔e1 ♖b2 51. ♔d1 ♖f2 52. ♖f5 h5 53. ♔e1 gewinnt einen Bauern) 50. ♔e2 ♖b3 51. ♖f5 ♔g6 52. ♔d2 h5 (der einzige Moment, in dem dies spielbar ist, aber es ist zu langsam) 53. ♔c2 ♖e3 (53. ... hxg4 54. ♔xb3 ♔xf5 55. fxg4+ gewinnt) 54. ♖xh5 ♖xf3 55. b6 ♖e3 56. b7 ♖e8 57. ♖b5 ♖b8 58. ♔d3 mit einem leichten Gewinn, da der König vorrückt, um den b-Bauern zu unterstützen.

Der Partieverlauf stellt eine Warnung gegen den Versuch dar, in technischen Stellungen zu clever zu sein. Wenn Sie einen systematischen und sicheren Gewinnweg sehen, dann sollten Sie sich keine Gedanken darüber machen, daß es einen schnelleren Gewinn geben könnte; spielen Sie ihn einfach.

49. ♖h2??

Die Idee besteht darin, daß Schwarz Schach geben muß, denn ansonsten überführt Weiß seinen Turm hinter den Bauern, aber danach kann Weiß mit seinem Turm nach h5 zurückkehren, und er hat seinen König sofort von der ersten Reihe befreit.

49. ... ♖c1+ 50. ♔g2 f5!

Die Pointe, die Spasski übersehen hatte. Schwarz bricht die vorteilhafte Bauernstruktur am Königsflügel auf und remisiert.

51. ♖h1

Nach 51. gxf5 ♖b1 52. ♖h5 ♔f7 53. ♖xh6 ♖xb5 54. f6 hat Weiß keine Gewinnchancen, da sein Turm völlig unbeweglich ist. 51. ♖h5 fxg4 52. fxg4 ♖b1 53. ♔f3 ♖b4 ist nicht besser, da sich der weiße König nicht zum Damenflügel bewegen kann, ohne sofort den g-Bauern aufzugeben.

51. ... ♖c2+ 52. ♔g3 ♖b2 ½-½

Der letzte Fall, in dem der weiße Turm vor dem Bauern steht, bietet die wenigsten Gewinnchancen. Tatsächlich sind die meisten Stellungen remis. Sogar in dem vorteilhaftesten Fall (mit einem b-Bauern) ist es unklar, ob Weiß gewinnen kann, wenn er nicht einen zusätzlichen Vorteil, wie eine geschwächte gegnerische Bauernstruktur am Königsflügel, besitzt.

Die Situation, bei der sich alle Bauern, einschließlich des Mehrbauern, auf einem Flügel befinden, kommt in der Praxis ebenfalls ziemlich häufig vor. Hier ist eine typische Stellung:

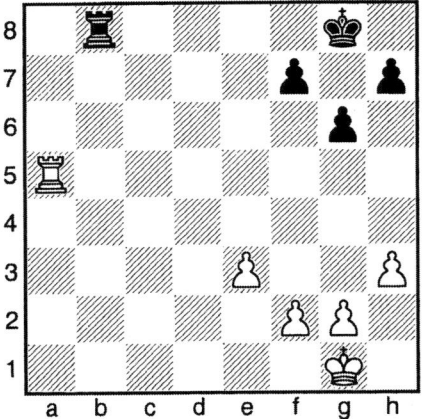

Für die Verteidigung steht das schwarze Bauerngerüst am besten auf den Feldern f7-g6-h5. Die einzige Chance besteht für Weiß schließlich darin, einen Freibauern zu bilden, und diese Bauernformation bedeutet, daß Weiß dies nur erreicht, wenn er einige Bauern tauscht. Zunächst muß er g4 spielen, wonach Schwarz seinen h-Bauern abtauschen kann. Dann wird Weiß f5 anstreben, aber ein weiteres Paar Bauern verschwindet. Nachdem Schwarz diese optimale Aufstellung erreicht hat, sind die weißen Gewinnchancen minimal. Daraus folgt, daß Schwarz in der Diagrammstellung am Zug 1. ... h5! spielen sollte.

Wenn Weiß am Zug ist, dann spielt er natürlich 1. g4!. Obwohl die entstehende Stellung immer noch theoretisch remis ist, gibt es keinen Zweifel daran, daß die schwarze Aufgabe in der Praxis ziemlich schwierig ist. Schwarz kann Weiß nicht daran hindern, am Königsflügel viel Raum zu gewinnen (♔g2-g3, h4-h5, etc.), und die Verteidigung ist nicht leicht.

Endspiele mit 3 gegen 2 Bauern auf einem Flügel sind auch remis, und wieder gelten die gleichen Prinzipien. Wenn Sie die Bauern e3 und f7 aus dem obigen Diagramm entfernen, ist der sicherste schwarze Zug wieder 1. ... h5!. Weiß am Zug könnte wieder 1. g4 versuchen, aber hier wären seine Gewinnchancen nur sehr gering.

Positioneller Vorteil

Wir haben bereits erwähnt, daß Figurenaktivität in Turmendspielen äußerst wichtig ist (siehe Seite 93). Ein Turm auf der siebten bindet die gegnerischen Figuren gewöhnlich an Verteidigungspositionen, während ein König, der in die gegnerische Bauernmasse eindringt, Hackfleisch aus ihnen machen kann. Ein weiterer Punkt ist der, daß ein passiver Turm sehr oft permanent passiv bleibt. Hier ist ein Beispiel, das ich aus Löwenfisch und Smyslows klassischem Buch *Turmendspiele* entnommen habe.

An diesem Punkt gab London die Partie auf. Tschigorin veröffentlichte Analysen, die anzeigten, daß Weiß auf Gewinn steht, und die Stellung ist seitdem Gegenstand widerstreitender

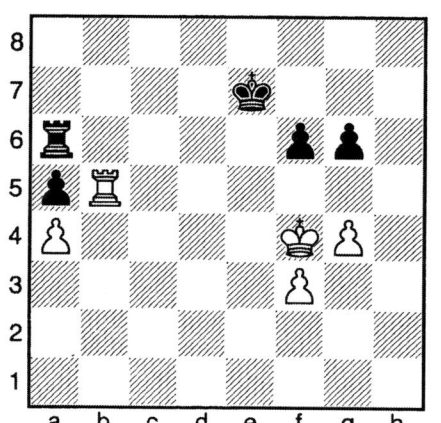

St Petersburg – London
Telegrafischer Wettkampf, 1886-7

Meinungen. Löwenfisch und Smyslow urteilten, daß Schwarz remis halten kann, allerdings nur bei sehr genauem Spiel.

Der weiße Turm kann frei auf der fünften Reihe manövrieren, während der schwarze Turm auf drei Felder beschränkt ist. Zunächst einmal ist eine passive Verteidigung nicht gut. Weiß kann seinen König zum verwundbaren a-Bauern überführen, und die Verteidigung bricht schließlich zusammen: 1. ... ♖a7 2. ♔e4 ♖a6 3. ♔d4 ♖a7 4. f4 ♖a6 (oder 4. ... ♔d6 5. ♖b6+ ♔e7 6. ♔c5 ♖c7+ 7. ♔b5 ♖c1 8. g5 f5 9. ♖xg6 ♖f1 10. ♔xa5 ♖xf4 11. ♖f6 ♖f1 12. ♔b6 f4 13. a5 ♖g1 14. ♖xf4 ♖xg5 15. a6 ♖g6+ 16. ♔b7 ♖g1 17. ♖b4 und gewinnt) 5. ♖b7+ ♔d6 6. f5 gxf5 7. gxf5 ♖a8 8. ♖b6+ ♔e7 9. ♔c5 ♖d8 10. ♖b5 und Weiß gewinnt den a-Bauern, während er seine beiden Bauern behält. Mit seinen aktiven Figuren bedeutet dies einen sicheren Gewinn.

Sehr oft ist es in solchen Situationen besser, den schwachen Bauern aufzugeben, um den Turm zu aktivieren, und hier reicht dieser Plan gerade zum Remis. Beachten Sie, daß Schwarz nicht warten sollte; wenn er den weißen Figuren erlaubt, noch aktiver zu werden, bevor er den Bauern aufgibt, wird jeder Rettungsversuch vergeblich sein. Die beste Variante ist **1. ... ♖c6! 2. ♖xa5 ♖c4+ 3. ♔e3 ♔f7!** (ein weiterer schwer zu finden Zug; der König hat die Option, über h6 und g5 einen Gegenangriff gegen die weißen Bauern zu starten, während er durch seine eigenen Bauern vor Turmschachs geschützt wird) **4. ♖a8** (4. ♖a7+ ♔e6 5. a5 ♖a4 6. a6 ♔e5 7. f4+ ♔d5 8. ♖a8 ♖a3+ 9. ♔f2 ♔e4 ist auch remis) **4. ... ♔g7 5. a5 ♖a4 6. a6 ♔h6 7. f4** (versucht, den König zurückzuhalten; 7. a7 ♔g5 ist klar remis) **7. ... g5 8. f5** (8. fxg5+ fxg5 9. ♔d3 ♔g7 ist auch remis) **8. ... ♔g7** und Weiß kann keine Fortschritte machen. Wenn Weiß irgendwann a7 spielt, dann gibt es für den weißen König am Damenflügel keine Deckung. Wenn der Bauer allerdings auf a6 verbleibt, dann kann Schwarz einfach den Bauern g4 schlagen und nach a4 zurückkehren.

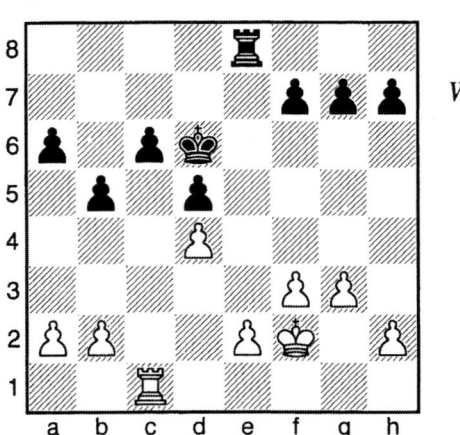

U. Andersson – R. Hübner
Johannesburg 1981

In dieser Stellung besitzt Weiß einen permanenten positionellen Vorteil in Form des rückständigen schwarzen c-Bauern. Trotzdem erfordert es einen hohen Standard an Endspieltechnik, diesen einzelnen positiven Faktor in einen Gewinn umzuwandeln.

23. g4

Es sind Züge wie dieser, die den Schlüssel für erfolgreiches Spiel im Endspiel darstellen. Es ist nicht irgendein Bauernvorstoß, sondern Teil eines gut durchdachten Planes, der die weiße Zentralbauernmajorität ausnutzt. Der offensichtliche Plan besteht darin, irgendwann e4 zu spielen, aber dafür benötigt Weiß die Unterstützung seines Königs (beachten Sie, daß der Turm auf der c-Linie bleiben sollte, um ... c5 zu verhindern). Weiß könnte e3, ♔e2-d3 und dann e4 versuchen, aber Schwarz könnte diesem Plan durch gelegentliches ... f5 entgegenwirken. Der Textzug erschwert nicht nur ein schwarzes ... f5, sondern eröffnet dem weißen König auch eine zweite Möglichkeit, basierend auf ♖c2 und ♔g3-f4.

23. ... a5 24. h4 g6 25. ♖c2 h6 *(D)*

Nach 25. ... f5 26. gxf5 gxf5 27. ♔g3, gefolgt von ♔f4, bindet Weiß den Schwarzen an die Verteidigung von f5 und spielt dann e3 und ♖g2, wonach sein Turm auf der g-Linie eindringen kann.

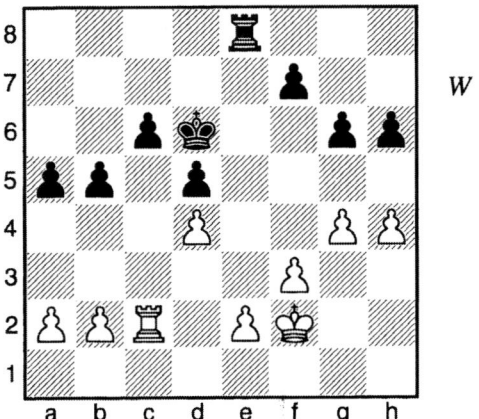

26. ♔g3 g5

Dies ist der schwarze Gegenplan. Er verhindert, daß der weiße König f4 besetzt.

27. h5

Es wäre falsch, auf g5 zu tauschen, da der schwarze Turm in der Lage wäre, die h-Linie zu besetzen.

27. ... f6 28. ♔f2

Weiß kehrt nun zu seinem ursprünglichen Plan zurück, den König nach d3 zu spielen, da die Änderung in der Königsbauernstruktur ... f5 praktisch unmöglich gemacht hat (wenn Schwarz versucht, es mit ... ♖f8 vorzubereiten, dann spielt Weiß sofort e4).

28. ... ♔c7 29. e3 ♔b6 30. ♔e2 ♖c8 31. ♖c5

Natürlich verhindert Weiß ... c5.

32. ... ♖e8 32. ♔d3 ♖e7 33. e4 *(D)*

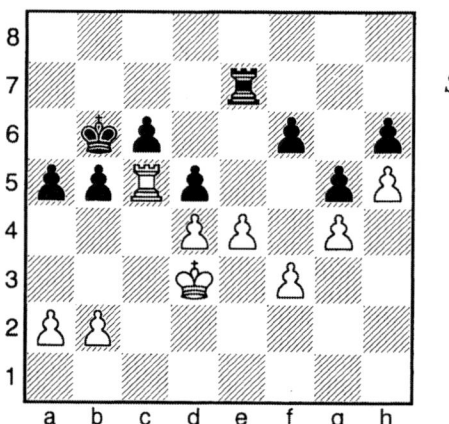

Schließlich gelingt es Weiß e4 zu spielen und Schwarz vor eine schwierige Wahl zu stellen. Wenn er auf e4 tauscht, erlangt der weiße Turm Zugang nach f5, um den rückständigen f-Bauern anzugreifen, während Schwarz andernfalls den Bauern d5 verteidigen muß.

33. ... ♖d7

Nach 33. ... dxe4+ 34. fxe4 ♖e6 35. ♖f5 ♔c7 36. e5 fxe5 37. dxe5 ♔d7 (37. ... c5 38. ♔e4 ♔c6 39. ♖f6 ♔d7 40. ♔d5 gewinnt leicht) kann Weiß eine Einschnürungsstrategie verfolgen, zum Beispiel 38. ♔d4 ♔e7 39. b3 ♔e8 40. a3 ♔e7 41. b4 axb4 42. axb4 ♔e8 43. ♖f3 ♔e7 44. ♖a3 und der weiße Turm dringt ein.

34. a3 ♖d8 35. ♖c1

Weiß beabsichtigt, b4 zu spielen, um dem Turm weitere Unterstützung zukommen zu lassen, aber im Moment wartet er einfach ab, bis die Partie im 40. Zug abgebrochen wird.

35. ... ♖d7 36. ♖c2 ♖d8 37. ♖c3 ♖d7 38. ♖c2 ♖d8 39. ♖c1 ♖d7 40. ♖c5 ♖d8 41. b4

Nun wird Weiß aktiv.

41. ... axb4 42. axb4

Schwarz ist im Zugzwang.

42. ... ♖d7

Nach 42. ... dxe4+ 43. fxe4 ist die Aktivierung des Turms durch 43. ... ♖a8 zu langsam, da die schwarzen Königsflügelbauern anfällig sind und Weiß einfach 44. ♖f5 spielen würde. Ansonsten ist ein Turmzug auf der d-Linie die einzige Möglichkeit.

43. exd5

Nutzt die Abwesenheit des Turmes von der achten Reihe aus. Nun verliert 43. ... cxd5 wegen

44. ♖c8, zum Beispiel 44. ... f5 45. gxf5 ♖f7 46. ♖h8 ♖f6 47. ♖h7! ♔c6 48. ♔e3 ♔d6 49. ♖b7 ♔c6 50. ♖a7 ♔b6 51. ♖g7, gefolgt von ♖g6.

43. ... ♖xd5 44. ♔e4

Nutzt die zusätzliche Unterstützung des Turmes mit b4 aus.

44. ... ♖d8 45. d5 *(D)*

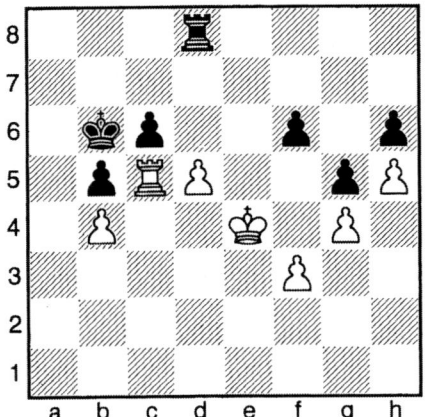

Weiß kann nicht auf f5 eindringen, da sein d-Bauer hängt, aber nachdem er getauscht worden ist, wird Schwarz nicht in der Lage sein, seine Königsflügelbauern zu verteidigen.

45. ... ♖e8+

45. ... cxd5+ 46. ♖xd5 ♖e8+ 47. ♔f5 ♖e3 führt zur Partie.

46. ♔f5 cxd5 47. ♖xd5 ♖e3

Die einzige schwarze Chance ist ein Gegenangriff, aber der schwedische Großmeister hat alles einkalkuliert.

48. ♔xf6 ♖xf3+ 49. ♔g7!

Dies ist die entscheidende Feinheit. Schwarz erreicht das Remis nach 49. ♔g6 ♖f4 50. ♔xh6 ♖xg4 51. ♔g7 ♖xb4 52. h6 ♖h4 53. h7 ♔a5.

49. ... ♖f4 50. ♖d6+

Die Pointe des letzten weißen Zuges. Er schlägt den Bauern h6 mit dem Turm und schneidet gleichzeitig den schwarzen König entlang der sechsten Reihe ab.

50. ... ♔c7 51. ♖xh6 1-0

Weiß gewinnt nach 51. ... ♖xb4 52. ♖g6 ♖xg4 53. h6 ♖e4 (egal, was Schwarz spielt, in ein paar Zügen muß er den Turm für den Bauern hergeben, zum Beispiel nach 53. ... ♖h4 54. h7, droht Weiß ♖h6 zu spielen, so daß Schwarz den Bauern sofort schlagen muß) 54. h7 ♖e7+ 55. ♔h6 ♖e1 56. h8♕ ♖h1+ 57. ♔g7 ♖xh8 58. ♔xh8 g4 (58. ... b4 59. ♔g7 b3 60. ♖xg5 ♔c6 61. ♖g3 gewinnt) 59. ♔g7 g3 60. ♔f7 g2 (60. ... b4 61. ♖xg3 ♔c6 62. ♖g5) 61. ♖xg2 ♔b6 62. ♖g5 ♔a5 63. ♔e6 und der weiße König kommt zweifellos früh genug.

Leichtfigurenendspiele

Dies sind tatsächlich vier Endspielarten in einem Wort zusammengefaßt; Springerendspiele, Läufer gegen Springer Endspiele und Läuferendspiele, mit entweder gleichfarbigen oder ungleichfarbigen Läufern. Eine detaillierte Behandlung jedes dieser Endspiele ist hier nicht möglich, so daß ich mich auf die nützlichsten Informationen konzentrieren werde.

Springerendspiele

Das folgende Diagramm zeigt eine typische Situation – der Springer kämpft ganz allein gegen einen Freibauern. Bei solch einem Gefecht gibt

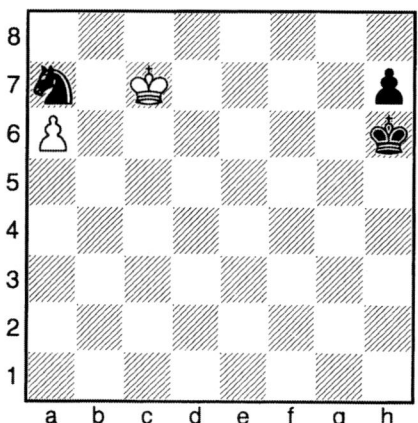

es drei mögliche Ergebnisse: entweder verliert der Springer gegen den weißen König und Bauern, und der Bauer wird umgewandelt. Dann gewinnt Weiß. Alternativ dazu kann der weiße König nicht mehr erreichen, als den Springer ständig anzugreifen; dann ist das Ergebnis ein Remis. Schließlich könnte es sein, daß der Springer nicht nur den Bauern im Zaum hält, sondern daß ihm dies sogar unter ständigem Tempogewinn gelingt. Dann hat Schwarz Zeit, seinen h-Bauern voranzutreiben und gewinnt.

Die Diagrammstellung ist remis. Der Springer verhindert die Bauernumwandlung, aber ohne dabei ein Tempo zu gewinnen: 1. ♔b7 ♞b5 2. ♔b6 ♞d6! 3. ♔c6 ♞c8 4. ♔c7 ♞a7 und so weiter.

Falls sich der Bauer auf a7 und der Springer auf a8 befindet, dann gewinnt Weiß natürlich mit 1. ♔b7.

Geht man in die andere Richtung, mit dem Bauern auf a5 und dem Springer auf a6, ist die Stellung remis, da 1. ♔b6 wieder zu einem ständigen Angriff auf den Springer führt. Wenn sich der Bauer auf a4 und der Springer auf a5 befindet, dann verliert Weiß sogar dann, wenn

er mit 1. ♔b5 im ersten Zug den Springer angreifen kann; Schwarz spielt einfach 1. ... ♔g5 und wenn er auf h1 umwandelt, verhindert er die weiße Umwandlung auf a8.

Nehmen Sie nun an, daß sich der Bauer auf b7 und der Springer auf b8 befindet. Die Stellung wird durch Zugwiederholung remis: keine Seite kann von der Folge 1. ... ♞a6+ 2. ♔b6 ♞b8 3. ♔c7 (3. ♔a7? ♞d7 würde für Schwarz gewinnen) 3. ... ♞a6+ abweichen.

Bewegen Sie nun den Bauern nach b6 und den Springer nach b7. Schwarz am Zug gewinnt durch 1. ... ♞a5, weil der weiße König viel zu lange braucht, um den Springer anzugreifen (beachten Sie, daß sogar 1. ♔d6 wegen 1. ... ♞c4+ unmöglich ist). Allerdings kam der weiße Verlust hier aufgrund der anfänglichen schlechten Königsstellung auf c7 zustande. Wenn der König auf c6 startet, dann ist die Stellung remis, da 1. ... ♞a5+ 2. ♔b5 und 1. ... ♞d8+ 2. ♔d7 zur Zugwiederholung führen.

Mit dem Bauern auf b5 und dem Springer auf b6 spielt es keine Rolle, wo sich der weiße König befindet; Schwarz gewinnt immer, da er unendlich viele Tempi gewinnen kann. Wenn Weiß den Springer durch 1. ♔c6 angreift, dann gewinnt 1. ... ♞a4 wie vorher, während 1. ♔c5 mit 1. ... ♞c8 beantwortet wird, und 2. ♔c6 scheitert an 2. ... ♞a7+.

Bei einem c-Bauern gewinnt Schwarz sogar, wenn sich der Bauer auf der siebten Reihe befindet. Falls sich der Springer auf c8 befindet, kann er ♔d7 mit ... ♞a7 und ♔b7 mit ... ♞e7 beantworten, und der weiße König hat einen langen Weg vor sich, will er den Springer erneut angreifen.

Wenn wir nun zu Endspielen mit Springer gegen Springer kommen, dann ist der wichtigste

Punkt, den man sich merken sollte, der verheerende Effekt, den ein entfernter Freibauer haben kann. Der Springer ist eine solche Kurzstreckenfigur, daß er für den Fall, daß er den Vormarsch eines Freibauern am Damenflügel verhindern muß, keinerlei Einfluß am Königsflügel geltend machen kann. So wird die Partei mit dem entfernten Freibauern am anderen Flügel praktisch eine Mehrfigur besitzen. Springer sind besonders ineffektiv im Kampf gegen Turmbauern.

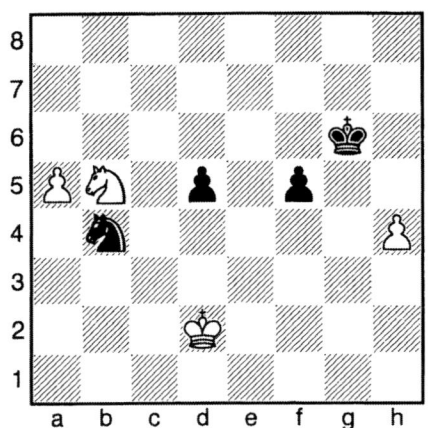

S. Dolmatow – A. Beljawski
UdSSR Meisterschaft, Odessa 1989

Hier kämpft Schwarz gegen zwei Turmbauern. Trotz der materiellen Ausgeglichenheit und der geringen Anzahl von Bauern hat Weiß eine Gewinnstellung.

57. ♘d4 ♘a6

Weiß ist normalerweise glücklich, seinen h-Bauern gegen den schwarzen Bauern f5 zu tauschen, da sein König dann schneller zum Damenflügel gelangt. Also gewinnt Weiß nach 57. ... ♔h5 58. ♔c3 ♘a6 59. ♘xf5 ♔g4 60. ♘e3+ ♔xh4 durch 61. ♘xd5 ♔g5 62. ♔c4 ♔f5 63. ♔b5 ♘b8 64. ♘b4 ♔e6 65. ♘c6 ♘d7 66. a6. Die Variante 57. ... f4 58. ♔e2 ♔h5 59. ♔f3 ♔xh4 60. ♔xf4 ist ähnlich, zum Beispiel 60. ... ♔h5 61. ♔e5 ♔g6 62. ♔d6 ♔f7 63. ♔c5 ♘a6+ 64. ♔b6 ♘b8 (oder 64. ... ♘b4 65. ♔b5) 65. ♔b7 ♘d7 66. ♘b3.

58. ♔e3 ♘c5 59. ♔f4 ♘d3+ 60. ♔e3 ♘b4

Wenn Schwarz mit 60. ... ♘c5 die Züge wiederholt, dann setzt Weiß mit 61. ♘f3 ♔f6 (61. ... ♔h5 62. ♔f4 ♔g6 63. ♔e5) 62. h5 ♔g7 63. ♘d4 ♔h6 (63. ... ♔f6 64. h6 ♔g6 65. ♘xf5) 64. ♔f4 ♔xh5 65. ♔xf5 fort, und gewinnt wie in der vorherigen Anmerkung.

61. ♔f4 ♘d3+ 62. ♔f3 ♘b4 63. ♘e2 ♔f6 64. ♘f4 d4 65. ♔e2 ♔f7

Nicht 65. ... ♔e5 66. ♘d3+.

66. ♔d1 ♔f6 67. ♔d2

Schwarz ist in Zugzwang und muß mit seinem König zurückweichen.

67. ... ♔f7 68. ♘e2

Nun ist der d-Bauer verloren.

68. ... ♔g6 69. ♘xd4 f4 70. ♔e2 ♔h5 71. ♔f3 ♔xh4 72. ♔xf4

Dieses Endspiel ist leicht gewonnen.

72. ... ♔h5 73. ♔e5 ♔g6 74. ♔d6 ♔f7 75. ♔c5 ♘a6+ 76. ♔b6 ♘b4 77. ♔c6 ♘d5+ 78. ♔b7 ♔e6 79. a6 ♔d7 80. a7 ♘c7 81. ♘e5+ ♔d8 82. ♘c4 ♘a8 83. ♘b6

Weiß vermeidet die Falle 83. ♔xa8?? ♔c8 und remis.

83. ... ♘c7 84. ♔c6 1-0

Läufer gegen Springer Endspiele

Der relative Wert von Springer und Läufer ist in jeder Phase der Partie ein vertrautes Thema, und die grundlegenden Prinzipien gelten auch im Endspiel.

Durchschnittlich ist der Läufer ein bißchen mehr wert als ein Springer. Der Läufer wirkt am besten in einer offenen Stellung mit einer beweglichen Bauernstruktur. Eigene Bauern, die auf den Feldern festgelegt sind, auf denen sich der Läufer bewegt, stellen ein Hindernis dar; je mehr solche Bauern existieren, desto eingeschränkter ist der Läufer und desto schwächer sind die andersfarbigen Felder.

Springer favorisieren blockierte Bauernstrukturen und mögen stabile, unverwundbare Felder, auf denen sie sich niederlassen können, ohne von feindlichen Bauern gestört zu werden. Eine solche typische Situation entsteht, wenn der Springer das Feld vor einem isolierten Bauern besetzt, zum Beispiel:

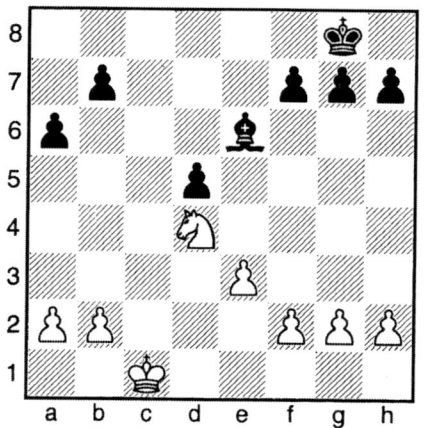

S. Flohr – J. Capablanca
Moskau 1935

Wir werden dieses sehr komplizierte Endspiel hier nicht detailliert diskutieren. Capablanca, der einer der größten Endspielkenner überhaupt war, schaffte es gerade so, die Partie zu retten, aber ich würde meine Fähigkeit, es ihm gleich zu tun, bezweifeln! Er wandte den unbestritten richtigen Plan an, nämlich zu vermeiden, daß weitere Bauern auf den weißen Feldern blockiert werden. Deshalb spielte er ... b6, ... a5 und ... f6, und wartete ab, um zu sehen, ob Weiß wird Fortschritte erzielen können.

Es lohnt sich, anzumerken, daß Schwarz mit einem schwarzfeldrigen Läufer die Stellung leicht Remis halten könnte. Wenn er aber andererseits eine weitere Bauernschwäche hätte, zum Beispiel einen Bauern auf b5 statt auf b7 (so daß Weiß die Damenflügelbauern mit dem Zug b2-b4 festlegen könnte), dann wäre er verloren.

Es ist wichtig, einen Punkt hinzuzufügen, der besonders in Endspielen zutrifft. Läufer bevorzugen Stellungen mit unausgeglichenen Bauernstrukturen. Wenn beide Seiten einen Freibauern bilden, kann der Läufer sowohl den eigenen Bauern unterstützen als auch den gegnerischen Bauern aufhalten. Springer, als Kurzstreckenfiguren, müssen sich der einen oder anderen Aufgabe zuwenden. Spieler unterschätzen oft den Vorteil, den der Besitz eines Läufers gegen einen Springer mit sich bringt, sogar in Stellungen mit symmetrischer Bauernstruktur.

Ich schätze, daß viele Spieler die folgende Stellung Remis geben würden, aber in der Partie gewann Weiß. Ilincic kommentierte seine Partie sowohl im *Informator* als auch in der *Encyclopaedia of Chess Endings* und behauptet, daß die Diagrammstellung tatsächlich für Weiß gewonnen ist. Wie wir sehen werden, ist diese Behauptung etwas weit hergeholt, aber es ist wahr, daß der weiße Vorteil ausreichend ist, um ein Weiterspielen zu rechtfertigen.

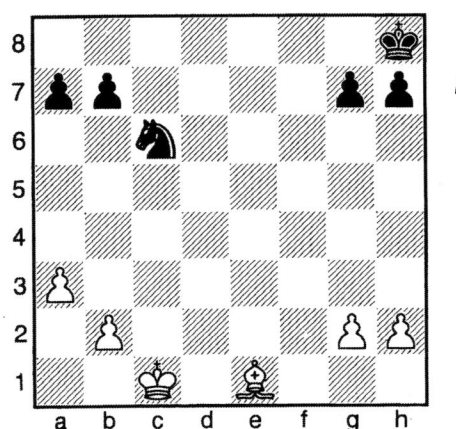

Z. Ilincic – G. Cabrilo
Cetinje 1992

26. ... ♔g8 27. ♔d2 ♔f7 28. ♔e3 ♔e6 29. ♗c3 g6 30. ♔e4 *(D)*

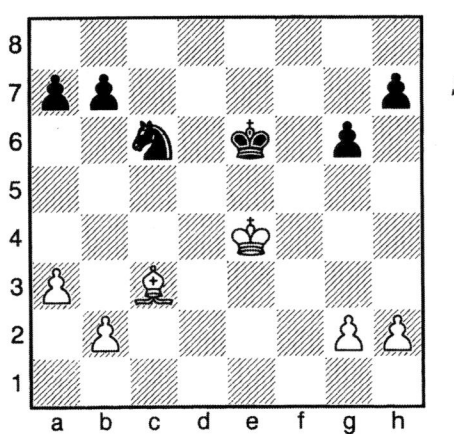

Weiß hat zwei sehr kleine Vorteile: sein Läufer ist in dieser offenen Stellung besser als der Springer, und sein König ist etwas aktiver.

30. ... h5

Dieser Zug ist nicht schlecht. Zwar erlaubt er ein mögliches Eindringen des weißen Königs via f4 nach g5, aber für sich genommen ist dies nicht gefährlich, da die einfache Antwort ... ♔f7 den Königsflügel sichert.

31. ♗e1 ♘e5 32. ♗f2

Weiß möchte einen Bauernzug am Damenflügel provozieren, um auch auf diesem Flügel eine mögliche Zufahrtsstraße für seinen König zu schaffen.

32. ... ♘c4?

Dies führt zu einem Bauerntausch, was dem Verteidiger hilft, aber dem weißen König erlaubt, die fünfte Reihe zu besetzen, was ein viel wichtigerer Faktor ist. Ilincic gibt 32. ... a6 33. ♔d4 ♘d7 34. ♗g3 an, aber endet hier mit der Behauptung, daß Weiß gewinnt. Allerdings kann Schwarz einfach seinen Springer bewegen und 35. ♔c5 mit 35. ... ♘d7+ beantworten, wonach weitere Fortschritte nicht leicht sind.

33. ♗xa7 ♘xb2 34. ♔d4 ♔d6

Sicherlich nicht 34. ... ♔f5? 35. ♔c3, und Weiß gewinnt nach 35. ... ♘d1+ 36. ♔c2 oder 35. ... ♘a4+ 36. ♔b3 b5 37. ♔b4.

35. ♗b8+ ♔e6

Eines der Probleme, mit denen die Springerpartei konfrontiert wird, ist die Tatsache, daß „Rennsituationen" normalerweise den Läufer klar bevorteilen. Hier würde 35. ... ♔c6 36. ♔e5 ♘c4+ 37. ♔f6 ♘xa3 38. ♔xg6 ♘c4 39. ♔xh5 b5 40. ♗f4 b4 41. ♔g6 b3 42. ♗c1 b2 43. ♗xb2 ♘xb2 44. h4 für Weiß gewinnen.

36. ♔c5 ♔d7

Schwarz kann es sich auch nicht erlauben, den weißen König zum b-Bauern vordringen zu lassen, zum Beispiel 36. ... ♔f5 37. ♗b5! ♔e4 38. a4 ♔e3 39. a5 ♔f2 40. ♗e5 ♘d3 41. ♗d4+ ♔xg2 42. ♔b6 und gewinnt.

37. ♔d5

Mittlerweile ist Schwarz in großen Schwierigkeiten. Der weiße Hauptplan besteht darin, e7 durch den Läufer abzudecken und dann ♔e5-f6 zu spielen.

37. ... ♘d3 38. ♗g3 ♘b2 39. ♗e1 ♘d3 40. ♗d2 ♘b2 41. h3 ♘d3 *(D)*

Nach 41. ... ♔e7 42. ♗g5+ ♔d7 gewinnt Weiß durch 43. ♔e5 ♘c4+ 44. ♔f6 ♘xa3 45. ♔xg6 ♔e6 (45. ... b5 46. ♔xh5 gewinnt wie in der Anmerkung zum 35. schwarzen Zug) 46. ♔xh5 ♔f7 47. ♔h6! ♔g8 (oder 47. ... b5 48. ♔h7 b4 49. g4 b3 50. ♗c1 ♘c4 51. g5 ♘e5 52. h4 ♘g6 53. h5 ♘f8+ 54. ♔h6) 48. ♔g6 b5 49. h4 ♘c4 50. ♗f6 b4 51. h5 b3 52. h6.

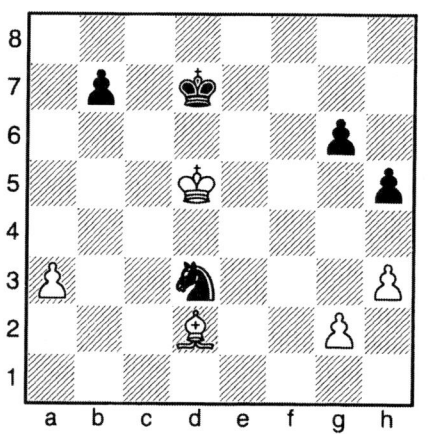

42. a4 b6?

Dies verliert sofort. Allerdings war die Stellung in jedem Fall für Schwarz sehr schwierig. Nach 42. ... ♘b2 43. a5 ♘d3 44. ♗e3 ♘e1 45. g3 ♘d3, setzt Weiß mit 46. ♔d4! ♘b4 (46. ... ♘e1

47. ♔e5 ♔e7 48. ♗g5+ ♔f7 49. ♔d6) 47. ♔e5 fort, und Schwarz kann nicht 47. ... ♔e7 spielen.

43. ♗e3 ♘b2

43. ... ♔c7 44. ♔e6 gewinnt auch leicht.

44. ♗xb6 ♘xa4 45. ♗d4 *(D)*

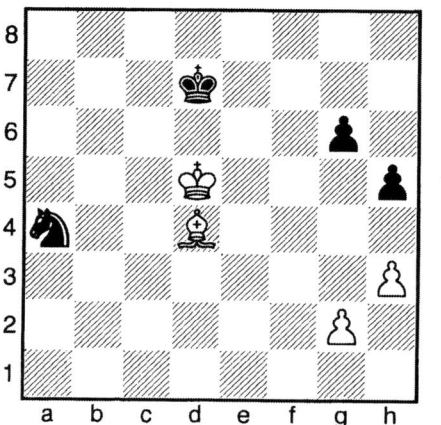

Der Springer ist gefangen und kann nur auf Kosten der beiden schwarzen Königsflügelbauern gerettet werden.

45. ... h4 46. ♔e5 ♔e7 47. ♔f4 ♔e6 48. ♔g5 ♔d5 49. ♗f2 ♘b2 50. ♗xh4 ♘d1 51. ♔xg6 ♘e3 52. g4 ♔e4 53. ♗g5 ♘c4 54. ♗f6 ♘e3 55. ♔g5 ♔f3 56. ♗d4 1-0

Läuferendspiele

Wenn wir zunächst den Fall der gleichfarbigen Läufer betrachten, dann ist der entfernte Freibauer wiederum eine sehr mächtige Einheit, obwohl nicht ganz so wirksam wie in Springerendspielen. Deshalb würde ich normalerweise Endspiele mit 3 gegen 3 an einem Flügel und einem Mehrfreibauern am anderen Flügel als gewonnen einschätzen, obwohl es kleine Chancen auf eine Blockade gibt, wenn der Freibauer nicht zu weit entfernt ist.

Wenn sich alle Bauern auf einer Seite befinden, sollte ein Endspiel mit 3 gegen 2 oder 4 gegen 3 beweglichen Bauern normalerweise remis sein. Da Läufer durch festgelegte Bauern stark beeinflußt werden, lautet eine der wichtigsten Fragen, wie viele Bauern auf der gleichen Farbe des eigenen Läufers festgelegt sind. Je mehr es sind, desto schlechter, besonders auch deshalb, weil der gegnerische Läufer automatisch zu einem guten Läufer wird. Zwei Bauern, die auf der gleichen Farbe des Läufers festgelegt sind, können eine verhängnisvolle Schwäche darstellen, besonders, wenn sie beide gleichzeitig vom gegnerischen Läufer angegriffen werden können. Dies macht den eigenen Läufer völlig unbeweglich, und die Gefahr des Zugzwangs taucht auf.

Endspiele mit ungleichfarbigen Läufern sind oft sehr trickreich, da viele der Prinzipien, die für viele andere Endspiele gelten, in solchen Endspielen zusammenbrechen. Hier sind einige der Hauptunterschiede:

1) Materieller Vorteil ist weniger wichtig als gewöhnlich. Endspiele mit einem Mehrbauern sind gewöhnlich remis. Sogar zwei Mehrbauern mögen zum Gewinn nicht ausreichend sein. Aus diesem Grund ist die Vereinfachung in ein Endspiel mit ungleichfarbigen Läufern oft eine nützliche Remisressource in einer verzweifelten Situation.

2) Was wirklich zählt, ist die Fähigkeit, Freibauern zu bilden. Wenn Sie zwei Freibauern bilden können, dann besitzen Sie gute Gewinnchancen. Verbundene Freibauern sind besser als Freibauern, zwischen denen eine Linie liegt, aber zwei weit voneinander entfernte Freibauern sind am allerbesten.

3) Wenn Sie in einem Endspiel mit ungleichfarbigen Läufern versuchen zu remisieren, dann ist es besser, die Bauern auf der gleichen Farbe des Läufers zu haben. *Dies ist praktisch der einzige Stellungstyp, in dem die Umkehrung des normalen Prinzips anwendbar ist.* Der Grund hierfür ist, daß Ihre Remischancen davon abhängen, ob Sie in der Lage sind, eine undurchdringliche Festung zu errichten. Alles muß verteidigt sein, und ein Bauer, der vom gegnerischen Läufer angegriffen werden kann, wird einfach verlorengehen.

Hier sind eine Reihe von Beispielen zur Illustration dieser Prinzipien:

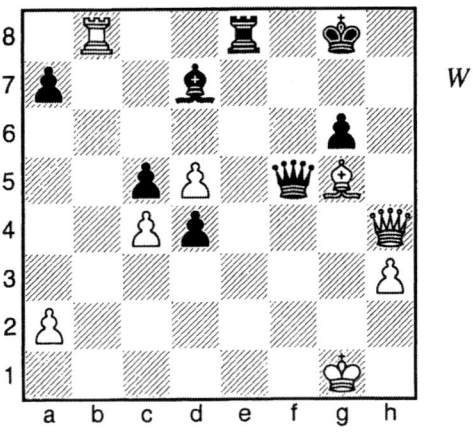

Y. Piskow – J. Nunn
Bundesliga 1992

Schwarz ist in einer schwierigen Situation, da sein König offener steht als der weiße.

37. ♗f6

Droht Matt in zwei, und 37. ... ♖xb8 ist keine Verteidigung wegen 38. ♕h8+ ♔f7 39. ♕g7+ ♔e8 40. ♕e7# oder 40. ♕g8#.

37. ... ♕h5!

Dies ist der sicherste Zug. Obwohl Schwarz zwei Bauern verliert, ist das resultierende Endspiel mit ungleichfarbigen Läufern klar remis. Es ist möglich, daß Schwarz mit 37. ... ♔f7 38. ♖b7 ♕xf6 39. ♖xd7+ ♗e7 hätte davon kommen können, aber der Vorteil von Stellungen mit ungleichfarbigen Läufern besteht darin, daß wenn sie remis sind, sie für gewöhnlich völlig remis sind.

38. ♕xh5 gxh5 39. ♖xe8+ ♗xe8 40. ♗e7 ♗g6 41. ♗xc5 ♔f7!

Nicht 41. ... ♗d3? 42. d6 ♗f5 43. ♗xa7 und Weiß erhält drei Freibauern.

42. ♗xd4

Nach 42. ♗xa7 ♗b1 43. a4 d3 44. ♔f2 ♗a2 gewinnt Schwarz einen der weißen Bauern, wiederum mit einem leichten Remis.

42. ... a6

Droht mit ... ♗d3 gefolgt von ... ♗c4 einen Bauern zu gewinnen.

43. a3 *(D)*

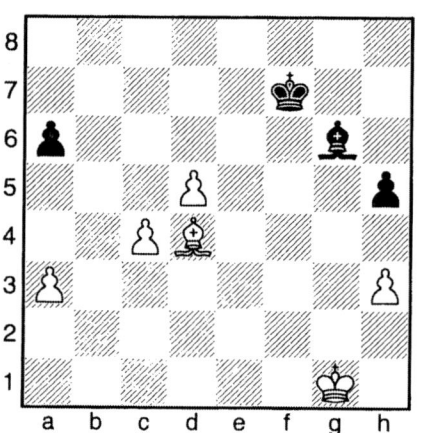

Weiß hat zwei verbundene Freibauern mehr, und wenn er sie mit seinem König unterstützen könnte, dann würde er gewinnen. Allerdings ist der König zu weit weg, und indem er die Bauern mit seinem Läufer angreift, zwingt Schwarz sie, auf schwarze Felder vorzurücken, wonach es leicht sein wird, sie zu blockieren. Der Verteidiger muß seine Bauern auf der gleichen Farbe des eigenen Läufers behalten, aber das Gegenteil gilt für den Angreifer. Er muß versuchen, die Blockade der Bauern zu verhindern, und deshalb sollten sie Felder der entgegengesetzten Farbe seines Läufers besetzen. Dies bedeutet gewöhnlich, daß sie vom König verteidigt werden müssen.

43. ... ♗d3 44. c5 ♗c4 45. d6 ♔e6 46. ♔f2 ♔d7

Die Blockade ist errichtet. Die a- und h-Bauern können vom Läufer verteidigt werden, und die weißen Freibauern sind vollkommen unbeweglich.

47. ♔g3 ♗e6 48. h4 ♔c6 ½-½

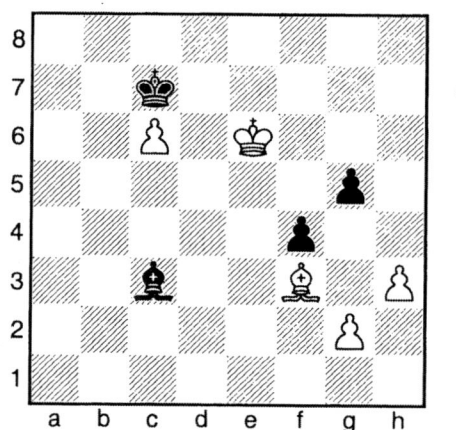

Dies ist eine leichte Modifikation einer Partie, die ich 1977 während einer Simultanveranstaltung spielte.

Schwarz verteidigte den g-Bauern auf die einzig mögliche Art und Weise, indem er mit dem Läufer nach h4 strebte.

1. ... ♗e1

Auf den ersten Blick ist dies eine tote Remisstellung. Wenn Weiß den Bauern g5 angreift, spielt Schwarz ... ♗h4 und wartet mit seinem König ab. Wenn sich der weiße König dagegen dem c-Bauern nähert, dann ist der schwarze Läufer befreit, und so kann Schwarz einfach seinen König auf c7 belassen. Dies stimmt mit dem Prinzip überein, daß man zum Gewinn in einem Endspiel mit ungleichfarbigen Läufern zwei Freibauern benötigt.

2. ♔f6!

Der weiße Plan besteht darin, den Läufer nach h4 zu zwingen und dann g3 zu spielen. Wenn Schwarz ... ♗xg3 spielt, dann erwidert Weiß ♔xg5 und er hat seinen zweiten Freibauern. Wenn Schwarz ... fxg3 spielt, spielt Weiß ♗g2 und der schwarze Läufer ist eingesperrt. Wenn sich der weiße König dem c-Bauern nähert, wird Schwarz gezwungen sein, seinen Läufer mittels ... g4 zu befreien, was Weiß wiederum einen zweiten Freibauern verschafft.

Allerdings muß dieser Plan genau ausgeführt werden. Nach 2. ♔f5 ♗h4 3. g3 fxg3 4. ♗g2 ♔d6 hat Weiß gewisse Schwierigkeiten. Er kann seinen König weder nach f6 noch nach e4 bringen und nach 5. ♔g4 ♔c7 macht er keine Fortschritte. Tatsächlich ist dies fast wie ein Bauernendspiel, da beide Seiten nur ihre Könige ziehen können (wenn Weiß seinen Läufer zieht, dann führt ... g2 sofort zum Remis). Weiß kann versuchen, die Tatsache auszunutzen, daß d7 dem schwarzen König nicht zur Verfügung steht und zwar durch 5. ♔g6 ♔e6 6. ♔h7, aber diese Feinheit ist nutzlos: nach 6. ... ♔e7 7. ♔g7 ♔e8 kann Weiß keine „Umgehung" mittels 8. ♔f6 erreichen.

Der Schlüssel besteht darin, ein Tempo zu verlieren, *bevor* der Läufer auf h4 erscheint.

2. ... ♗h4 3. ♔f5 ♔d6 *(D)*

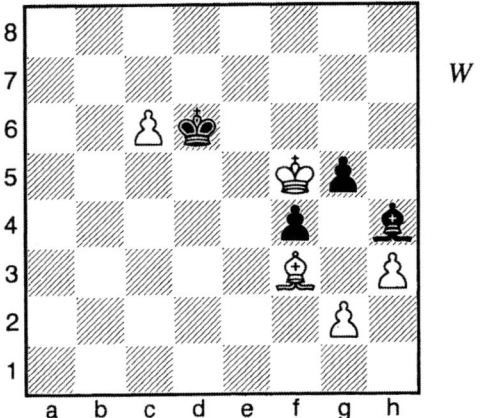

Weiß hat ein Tempo verloren, und nun funktioniert der Plan mit g3.

4. g3 fxg3

Nach 4. ... ♗xg3 5. ♔xg5, ist der Gewinn immer noch nicht klar, da Schwarz über den möglichen Remisplan verfügt, c7 mit seinem Läufer zu decken und mit seinem König nach h8 zu laufen. Dann wird es keine Rolle spielen, ob Schwarz seinen Läufer für den c-Bauern opfern muß, da er durch den Turmbauern und den falschen Läufer das Remis in der Tasche hat. Allerdings kann Weiß mit 5. ... ♗e1 6. h4 ♔e7 7. h5 gewinnen und nun:

1) 7. ... ♗c3 (benutzt den Läufer, um den h-Bauern aufzuhalten, aber die Freibauern sind zu weit voneinander entfernt, als daß dies funktionieren könnte) 8. h6 ♔d6 9. h7 ♗e5 10. ♔f5 ♗h8 11. ♔xf4 ♗b2 12. ♔f5 ♗c3 13. ♔g6 ♔e7

14. ♗d1 ♗b2 15. ♗a4 (droht 16. c7) 15. ... ♔d6 16. ♗f7 und gewinnt den Läufer für den h-Bauern.

2) 7. ... ♗a5 8. ♔g6 ♔f8 9. ♗d5 (Weiß muß ... ♔g8 unbedingt verhindern) 9. ... f3 10. h6 f2 11. h7 f1♕ 12. h8♕+ ♔e7 13. ♕e5+ ♔f8 14. ♕d6+ ♔e8 15. ♕d7+ ♔f8 16. ♕g7+ ♔e8 17. ♗f7+ ♔d8 18. c7+! ♗xc7 19. ♕f8+ ♔d7 20. ♗e8+ gewinnt die Dame.

5. ♗g2

Schwarz ist in Zugzwang und muß mit seinem König zurückweichen.

5. ... ♔c7

Oder 5. ... ♔e7 6. ♔e5.

6. ♔e5 g4

Sonst gelangt der König nach d6, und das wäre wirklich die letzte Chance für Schwarz, ... g4 zu spielen, bevor Weiß seinen Bauern umwandelt.

7. hxg4

Weiß gewinnt leicht, indem er den freien g-Bauern durch seinen König unterstützt.

Es lohnt sich, anzumerken, daß Schwarz in der Diagrammstellung nur deshalb verliert, weil er den Bauern g5 nicht von d8 oder e7 aus decken kann. Stünde sein König auf dem scheinbar minderwertigeren Feld b8, könnte er durch 1. ... ♗a5 remisieren.

Ich muß betonen, daß die oben erwähnten speziellen Prinzipien nur für Situationen gelten, in denen lediglich die ungleichfarbigen Läufer übrig geblieben sind. Sobald andere Figuren in die Gleichung einbezogen werden, gelten wieder die normalen, allgemeinen Prinzipien. Viele Spieler glauben, daß Endspiele mit Türmen und ungleichfarbigen Läufern fast genauso remisträchtig sind, wie reine Stellungen mit ungleichfarbigen Läufern, aber dem ist nicht so. Ein Mehrbauer bietet in einem Endspiel mit Türmen und ungleichfarbigen Läufern normalerweise gute Gewinnchancen; mit einem zusätzlichen Paar Springer verhält es sich ähnlich. Wenn sogar noch mehr Figuren hinzukommen, dann beginnt das Angriffspotential von ungleichfarbigen Läufern eine Rolle zu spielen, und dann kann man überhaupt nicht mehr von einer Remistendenz sprechen.

Damenendspiele

Dame und Bauer gegen Dame

Von allen grundlegenden Endspielen mit Figur + Bauer gegen Figur, kommt dieses in der Praxis am zweithäufigsten vor (das häufigste ist Turm + Bauer gegen Turm). Es ist auch bei weitem das komplizierteste und zwar so sehr, daß es sich für die Mehrheit der Autoren als zu einschüchternd erwiesen hat, und deshalb ist sehr wenig darüber geschrieben worden. Vor der Entstehung der Computerdatenbank behandelte Awerbach das Thema am umfassendsten. Allerdings wurde die Komplexität dieses Endspiels nur durch die Tatsache unterstrichen, daß seine siebzig Seiten Analyse sich fast ausschließlich mit bestimmten einfachen Fällen mit dem Bauern auf der siebten Reihe auseinandersetzte.

Nun, da das Orakel einer perfekten Datenbank errichtet worden ist, hätte man erwarten können, daß sich jemand daran macht, dieses Endspiel detaillierter zu erklären. Allerdings hat die Datenbank aufgezeigt, daß Awerbachs Bemühungen nur den äußersten Rand dieses Endspiels

angekratzt haben und die meiste wirkliche Arbeit noch erledigt werden muß.

Ich nehme an, ich könnte hier mit dem Kommentar enden: „Niemand versteht das Endspiel ♕+♙ gegen ♕", aber dies erscheint mir ein bißchen feige.

Der erste Punkt, den man sich merken sollte, ist die Tatsache, daß Stellungen mit dem verteidigenden König vor dem Bauern fast immer remis sind. Es gibt Ausnahmen, in denen ein gewinnbringender Damentausch erzwungen werden kann, aber dies ist sehr selten.

Also ist der interessante Fall der, in dem der verteidigende König nicht vor den Bauern gelangt. Wenn wir uns zuerst mit dem a-Bauern beschäftigen, dann bietet dies, wenig überraschend, die wenigsten Gewinnchancen. Das folgende Diagramm zeigt eine typische Situation mit dem Bauern auf der sechsten Reihe.

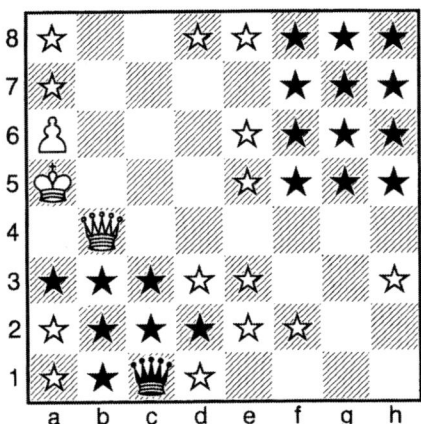

Wir werden verschiedene Diagramme dieses Typs aufführen, mit dem Ziel, einen Großteil der Information visuell darzustellen. Die einzelnen Sterne zeigen das Ergebnis an, wenn der schwarze König auf diesem Feld steht. Ein weißer Stern zeigt an, daß die Stellung mit Weiß am Zug gewonnen ist, aber mit Schwarz am Zug remis. Ein schwarzer Stern zeigt an, daß die Stellung gewonnen ist, egal, wer am Zug ist. Unmarkierte Felder führen in jedem Fall zum Remis.

Bei den Feldern, die von Weiß angegriffen werden, ist die Stellung nur dann legal, wenn Schwarz am Zug ist, und ein schwarzer Stern zeigt an, daß die Stellung gewonnen ist; ohne Stern ist die Stellung remis.

Ein paar Stellungen wären illegal, da die Könige nebeneinander stehen würden; auch diese sind unmarkiert.

Der Leser sollte wissen, daß wir die 50-Züge-Regel in unserer Diskussion nicht berücksichtigen. Bei optimalem Spiel sind einige Stellungen nur aufgrund dieser Regel remis, aber wer wird am Brett schon optimal spielen? Unser Ziel ist lediglich, einige allgemeine Prinzipien herauszuarbeiten, die im praktischen Spiel hilfreich sind, und in diesem Sinne ist die 50-Züge-Regel nicht besonders relevant.

Dieses Diagramm zeigt bereits einige der wichtigen Prinzipien, die das Endspiel ♕+♙ gegen ♕ bestimmen. Wir können den „speziellen Fall", die Felder a7 und a8, die nur markiert sind, weil Weiß in einem Zug mattsetzen kann, ignorieren. Es gibt praktisch zwei Remiszonen. Eine liegt in der Nähe des Bauern, und diese Felder sind remis, da Schwarz, mit dem feindlichen König so nahe beim Bauern, sehr oft die Damen tauschen kann und den Bauern gewinnt. Fast alle Stellungen mit ♕+♙ gegen ♕ (außer denen mit dem Bauern auf der siebten Reihe) haben eine solche Zone, die wir als die „Nahzone" bezeichnen. Wenn sich der schwarze König in der Nahzone befindet, dann ist Weiß in seinen Versuchen, das Dauerschach zu vermeiden, beschränkt, da er seine Dame nur

unter vorteilhaften Umständen dazwischen ziehen kann. Es gibt einen bekannten Mythos, daß man bei der Verteidigung den König am besten so weit wie möglich vom Bauern entfernt hält; wie wir sehen werden, trifft dies nur unter bestimmten Umständen zu.

Die zweite Remiszone befindet sich in der rechten unteren Ecke, also diagonal gegenüber vom Bauern. Die weiße Hauptwaffe bei der Verhinderung des Dauerschachs ist das Dazwischenziehen mit der Dame unter gleichzeitiger Erzwingung des Damentauschs, entweder durch ein Schach oder durch eine Fesselung der gegnerischen Dame. Wenn der schwarze König unglücklich steht, zum Beispiel auf f7, dann gibt es eher Chancen, dies zu erreichen, und die schwarzen Optionen sind beschränkt. Weiß kann eine Stellung mit dem König auf b7 und der Dame auf c6 erreichen. Dann wird 1. ... ♕e7+ mit 2. ♕c7 beantwortet, 1. ... ♕b4+ 2. ♔c8 ♕f8+ 3. ♔c7 beendet die Schachs, 1. ... ♕b3+ 2. ♔c8 und 1. ... ♕b1+ 2. ♔a8 ebenfalls. Das gefährlichste Schach ist 1. ... ♕b2+, aber sogar in diesem Fall kann Weiß so manövrieren, daß er Schwarz schließlich zwingt, eines der minderwertigeren Schachs, die oben erwähnt wurden, zu geben. Am Ende gehen Schwarz die Schachs aus, und Weiß kann seinen Bauern vorrücken. Dieses Problem entsteht immer dann, wenn sich der schwarze König in der oberen rechten Ecke aufhält. Auch die untere linke Ecke ist nicht ideal, aber dies hängt stark von der schwarzen Damenstellung ab. Wenn Schwarz mit seiner Dame ein gutes Feld besetzen kann, dann reicht dies zum Remis aus. Die untere rechte Ecke ist das beste der entfernten Gebiete; Weiß hat sehr wenige Chancen, mit Schach dazwischen zu ziehen, und so hat Schwarz kaum Probleme zu remisieren.

Obwohl ein Großteil des Spiels durch allgemeine Prinzipien bestimmt wird, gibt es ein paar Anomalien. Der isolierte Verlust mit einem schwarzen König auf h3 (wonach 1. ♕d4! Der einzige Gewinnzug ist) ist schwer zu erklären, genauso wie der Verlust mit schwarzem König auf c2 und Schwarz am Zug.

Die Bedeutung der beiden Remiszonen wird betont, wenn wir uns vorstellen, daß der schwarze König irgendwo auf der vierten Reihe beginnt. Mit dem König auf d4 ist der einzige Remiszug 1. ... ♔d5!, um in die Nahzone zu gelangen. Wenn der König auf h4 steht, dann ist der einzige Zug 1. ... ♔g3! (obwohl es verblüffend wäre, wenn jemand am Brett herausfände, daß 1. ... ♔h3? verliert). Wenn der König auf e4 beginnt, dann hat er die Wahl zwischen 1. ... ♔d5 und 1. ... ♔f3, aber ich würde immer in die Nahzone gehen, falls möglich, da das Remis viel einfacher zu erreichen ist.

Fassen wir zusammen, daß die Nahzone den besten Aufenthaltsort für den schwarzen König darstellt, dann die rechte untere Ecke, dann die untere linke Ecke. Die rechte obere Ecke ist bei weitem die schlechteste.

Wenn wir den Bauern nach a5 zurückstellen, dann erweitern sich die Remiszonen enorm:

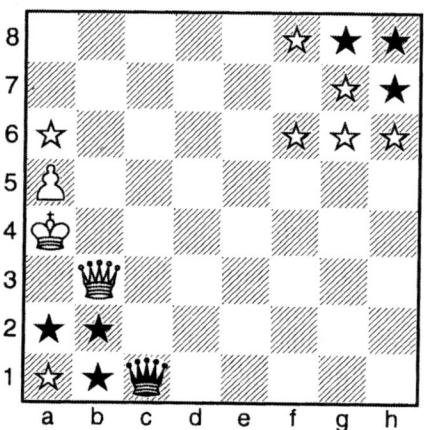

Die Felder in der unteren linken Ecke sind nur markiert, weil Weiß die Möglichkeit ♕a3+ besitzt, was den sofortigen Damentausch erzwingt, so daß wir fairerweise sagen können, daß Schwarz sich nur in Gefahr befindet, wenn sich sein König in der oberen rechten Ecke aufhält.

Wir können zusammenfassend sagen, daß ein Bauer mindestens auf die sechste Reihe vorgerückt sein muß, um gute Gewinnchancen zu behalten.

Nicht überraschend bietet der b-Bauer viel mehr Gewinnchancen. Dafür gibt es zwei wesentliche Gründe. Erstens stehen dem weißen König die Felder auf der a-Linie zur Verfügung, die ihm in seinen Bemühungen helfen, das Dauerschach zu vermeiden. Zweitens würde ein Damentausch viel weniger wahrscheinlich zum Remis führen, selbst wenn der schwarze König sich in der Nähe des Bauern aufhält, so daß die Nahzone viel kleiner ist. Hier ist ein typischer Fall mit dem Bauern auf b6:

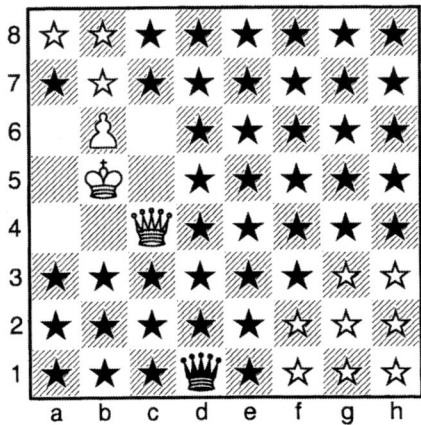

Wir können sehen, wie grundverschieden die Situation ist. Weiß am Zug gewinnt, egal wo sich der schwarze König aufhält. Mit Schwarz am Zug gibt es eine kleine Remiszone vor dem Bauern und eine etwas größere in der rechten unteren Ecke.

Mit einem Bauern auf b5 sind die weißen Gewinnchancen natürlich geringer als mit einem Bauern auf b6, aber immer noch größer als mit einem Bauern auf a6:

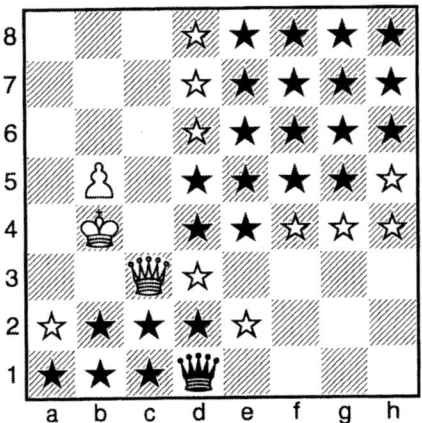

Hier taucht wieder das bekannte Muster auf, aber mit einigen Unterschieden. Die Nahzone ist viel kleiner als beim a-Bauern; sie schließt alle Felder vor dem Bauern ein, aber nicht viel mehr. Schwarz kann remisieren, wenn sich sein König auf bestimmten Feldern in der d-Linie aufhält, aber nur wenn er am Zug ist, und selbst dann verlangt das Remis große Genauigkeit. Mit dem König auf d8 ist der einzige schwarze Remiszug 1. ... ♕g1!, mit dem König auf d7 gibt es wieder nur einen Zug, 1. ... ♕h1!, und mit dem König auf d6 ist 1. ... ♕d5! die einzige Rettungsmöglichkeit.

Die Remiszone in der rechten unteren Ecke ist relativ groß, und es ist klar, daß Sie diese bei einem b-Bauern anstreben sollten, falls Sie es nicht schaffen, mit Ihrem König vor den Bauern zu gelangen. Wir werden beim Bauern auf b4 nicht ins Detail gehen; die Situation ist in etwa vergleichbar mit der des Bauern auf a5, also kann Weiß nur gewinnen, wenn sich der schwarze König in der Nähe der oberen rechten Ecke befindet.

Zusammenfassend kann man sagen, daß sich der b-Bauer mindestens auf der fünften Reihe befinden sollte, um für gute Gewinnchancen zu sorgen.

Der c-Bauer bietet von allen Bauern die größten Gewinnaussichten. Ein Grund hierfür ist die Tatsache, daß die Remiszone in der rechten unteren Ecke verschwindet, wenn sich der Bauer wenigstens auf der vierten Reihe befindet, so daß Schwarz in diesem Fall nur noch die Nahzone verbleibt.

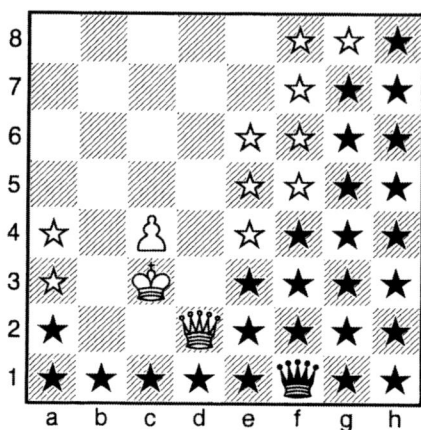

Die Stellung mit dem Bauern auf c6 benötigt kein Diagramm, da Schwarz nur dann nicht verliert, wenn sich sein König vor dem Bauern befindet. Wenn der Bauer auf c5 steht, sind die Remischancen immer noch sehr gering, es sei denn, der König steht vor dem Bauern:

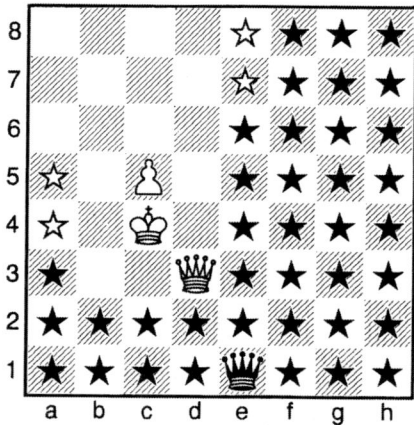

Sogar mit einem Bauern auf c4 sind die Gewinnaussichten überraschend gut *(D)*:

Daraus folgt: falls Sie mehrere Möglichkeiten haben, in ein Endspiel ♕+♙ gegen ♕ abzuwik- keln, sollten Sie dies mit einem c-Bauern tun. Die einzige Chance des Verteidigers besteht darin, seinen König so nah wie möglich an den Bauern heran zu führen, aber sogar mit einem Bauern auf der vierten Reihe gibt es immer noch gute Gewinnchancen.

Zentralbauern bieten wesentlich weniger Chancen als der c-Bauer. Wiederum gibt es keine entfernte Remiszone, und der Verteidiger sollte seinen König in der Nähe des gegnerischen Bauern haben. Hier sind zwei typische Diagramme:

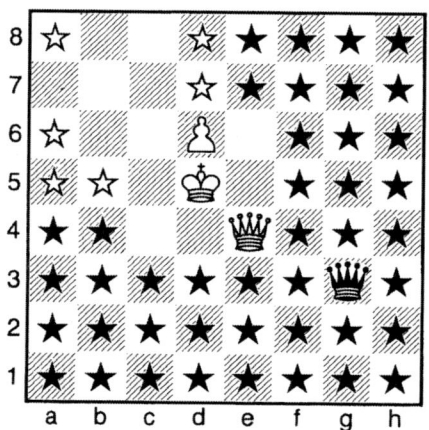

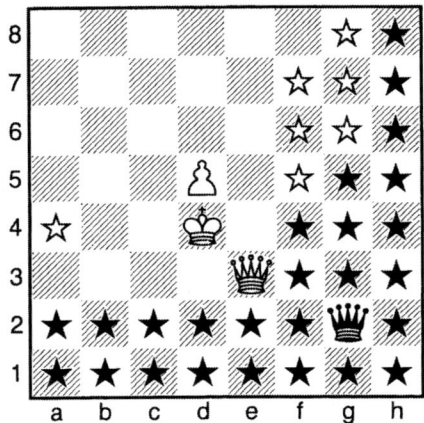

Hier hat sich die Remiszone erheblich ausgeweitet und nimmt einen ziemlich großen Teil des Brettes ein. Das Feld a4 stellt eher eine Anomalie dar (Weiß gewinnt nur durch 1. ♔c5!).

Genauso wie beim c-Bauern, sollte der verteidigende König so nah wie möglich am Bauern sein. Es ist wichtig, anzumerken, daß es für den Verteidiger viel besser ist, den König auf der kurzen Seite des Bauern zu haben als auf der langen.

Der Mehrbauer

Genau wie bei Turmendspielen sind Damenendspiele mit einem entfernten Mehrfreibauern relativ häufig. Es ist schwer zu sagen, ob die Gewinnchancen größer oder kleiner sind als bei Türmen. Objektiv würde ich annehmen, daß sie größer sein sollten, aber mit Damen auf dem Brett gibt es viel eher Möglichkeiten, fehlzugreifen! Die Hauptgefahr ist das Dauerschach, so daß die Königssicherheit ein wichtiger Faktor ist.

Entgegen der entsprechenden Situation mit einem Turm, ist die Dame in der Lage, ihren Bauern alleine zur Umwandlung zu führen.

Nehmen Sie zum Beispiel an, Weiß habe einen Freibauern auf b4, der von der Dame auf b1 unterstützt wird und daß Schwarz den Bauern mit der Dame auf b5 blockiert. Ersetzt man die Damen durch Türme, könnte der Bauer nur aufgrund von Zugzwang oder der Annäherung des Königs vorrücken. Mit Damen allerdings würde das Manöver ♕b3-c3-c5 die gegnerische Dame vertreiben. Der Bauer könnte dann vorrücken, und das Manöver könnte jederzeit wiederholt werden.

Dies wäre die Gewinntechnik für den Fall, daß sich die Könige auf dem Königsflügel befinden und der weiße König vor dem Dauerschach gesichert ist. Beachten Sie, daß wir davon ausgehen, daß Schwarz nicht die Damen tauschen kann. Dies ist normalerweise eine sichere Annahme, aber es könnte Fälle geben, in denen Schwarz auf c5 tauschen könnte, den c-Bauern mit dem König schlägt und rechtzeitig zum Königsflügel zurückkehrt, um die Partie zu retten. In diesem Fall wäre es für Weiß vielleicht besser das Vorrücken des Bauern mit dem Manöver ♕b3-a3-a5 zu ermöglichen. Dabei entsteht aber das Problem, daß die weiße Dame dezentralisiert wird, und die schwarze Dame könnte dies ausnutzen, indem sie selbst eine aktive Stellung einnimmt, was die Chancen auf Dauerschach erhöht.

Falls der weiße König vor dem Dauerschach nicht sicher ist, ist der Gewinn viel komplizierter, falls überhaupt möglich. Der Plan besteht wiederum darin, den Bauern mit dem oben erwähnten Manöver voran zu treiben, und wenn die schwarze Dame beginnt, Schach zu geben, läuft der weiße König zum Damenflügel, wo sein Bauer und seine Dame bereit stehen, ihm Deckung zu geben. Es ist wichtig, sich zu merken, daß eine Vielzahl willkürlicher Schachs sehr selten zum Dauerschach führt, vorausgesetzt, daß die eigene Dame eine zentrale Stellung einnimmt und es wenigstens einen Bauern zur Deckung gibt. Deshalb sollte Weiß nicht zögern, mit seinem König zum Damenflügel zu laufen. Hier ist ein Beispiel:

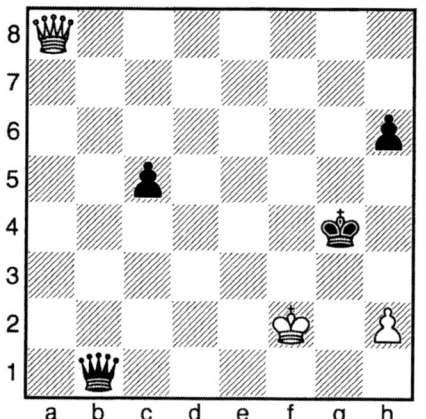

G. Kieninger – E. Eliskases
*Deutsche Meisterschaft,
Bad Oeynhausen 1938*

Schwarz ist am Zug, und zunächst führt er seine Dame unter Tempogewinn näher ans Zentrum.

49. ... ♛c2+ 50. ♔g1 ♛d1+ 51. ♔g2 ♛e2+ 52. ♔g1 ♛e3+ 53. ♔g2 ♛e2+ 54. ♔g1 c4

Schwarz hat mit seinen Schachs so viel wie möglich erreicht und nimmt nun die Gelegenheit wahr, seinen Bauern vorzurücken. Dies erlaubt Weiß mit seinem Bombardement von Schachgeboten zu beginnen, aber der schwarze König kann den Schachgeboten schließlich durch einen Wechsel auf den Damenflügel entkommen. Ein ungewöhnliches Stellungsmerkmal ist die Tatsache, daß Schwarz bereit ist, seinen Bauern h6 ungedeckt zu lassen. Normalerweise muß jeder Bauer geschützt werden, um zu vermeiden, daß sie von der gegnerischen Dame verschlungen werden, aber in diesem speziellen Fall erlaubt die Möglichkeit ... ♛e3+ eine indirekte Verteidigung.

55. ♕g8+ ♔f3 56. ♕g3+

Schwarz gewinnt nach 56. ♕f8+ ♔e4 57. ♕xh6 ♛e3+ 58. ♕xe3+ ♔xe3.

56. ... ♔e4 57. ♕g6+ ♔d4 58. ♕d6+

Wiederum ist der Bauer h6 unverwundbar.

58. ... ♔c3

Mit einer etwas anderen Version derselben Idee: 59. ♕xh6 ♛d1+ 60. ♔g2 ♛d2+.

59. ♕a3+ ♔d2 60. ♕a2+

Oder 60. ♕b2+ und die Schachgebote enden nach 60. ... ♔d3 61. ♕b1+ ♔d4 62. ♕b6+ ♔c3 63. ♕a5+ (oder 63. ♕f6+ ♔c2 64. ♕f5+ ♔d2 65. ♕d5+ leitet über zur Partie) 63. ... ♔d3 64. ♕f5+ (64. ♕d5+ ♔c2 65. ♕f5+ ♔d2) 64. ... ♔d2 65. ♕d5+ ♔c1, zum Beispiel 66. ♕c5 ♛e1+ 67. ♔g2 c3 und der Bauer geht weiter voran.

60. ... ♔d3 61. ♕a6

Nachdem er erkannt hat, daß es kein Dauerschach gibt, beschließt Weiß, den Vormarsch des Bauern durch eine Fesselung zu verhindern: dies ist auch ein typisches Motiv in Damenendspielen.

61. ... h5

Tatsächlich wäre diese Stellung auch ohne die h-Bauern gewonnen, aber ihre Gegenwart macht die schwarze Aufgabe leichter. Weiß hat keine Drohung, so daß Schwarz einfach seinen h-Bauern vorrückt. Wenn er auf h3 auftaucht, muß sich Weiß neben dem freien c-Bauern auch mit Mattdrohungen auseinandersetzen.

62. ♕b5 ♔c2! *(D)*

Das sofortige 62. ... h4 wäre ein Fehler wegen 63. ♕b1+ ♔d4 64. ♕b6+ ♔c3 65. ♕f6+ ♔d2 66. ♕d4+ und der Bauer h4 ist anfällig. Es ist wahr, daß die schwarze Stellung so stark ist, daß er sogar nach dem Verlust des h-Bauern noch gewinnen könnte, aber verständlicherweise will er diese Theorie nicht überprüfen.

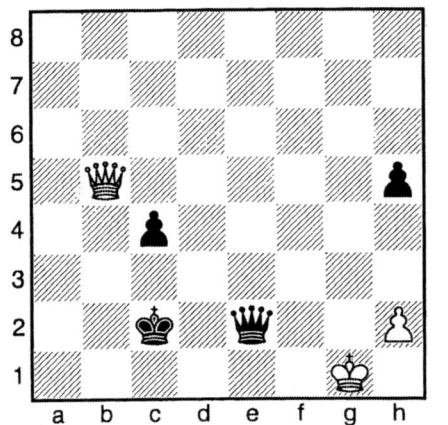

63. ♕a4+

Weiß muß mit Schachgeboten beginnen, da Schwarz drohte, auf g4 Schach zu geben und dann ... c3 zu spielen.

63. ... ♔d2 64. ♕a2+ ♔d3 65. ♕a6?

Dies macht Schwarz das Leben einfacher, da der h-Bauer ein weiteres Feld vorrücken kann. 65. ♕b1+ hätte mehr Widerstand geleistet, aber Schwarz wäre den Schachs am Ende entkommen: 65. ... ♔c3 66. ♕a1+ ♔b4 67. ♕b1+ ♔c5 68. ♕f5+ ♔d4 69. ♕d7+ (69. ♕f6+ ♕e5 70. ♕b6+ ♔c3 und 69. ♕f4+ ♔d3 70. ♕f5+ ♕e4 71. ♕f1+ ♔d2 72. ♕f2+ ♔d1 gewinnen auch für Schwarz) 69. ... ♔c3 70. ♕g7+ ♔c2 71. ♕g6+ ♔d2 72. ♕d6+ ♕d3.

65. ... h4 66. ♕b5

Nach 66. ♕d6+ gewinnt Schwarz wie in der letzten Anmerkung: 66. ... ♔c2 67. ♕g6+ ♔d2 68. ♕d6+ ♕d3.

66. ... ♕e3+

Schwarz beschließt, seine Damenstellung zu verbessern, bevor er den c-Bauern weiter vorrückt. Wenn Schwarz ... h3 spielt, muß er anfangen, auf mögliche Patts aufzupassen.

67. ♔f1 ♕f3+ 68. ♔g1 ♕g4+ 69. ♔f2

Oder 69. ♔f1 ♔e3 70. ♕c5+ ♕d4 71. ♕e7+ ♕e4 72. ♕c5+ ♔f4 73. ♕d6+ (73. ♕c7+ ♔g4 74. ♕g7+ ♔h3) 73. ... ♔g4 und Weiß gehen die Schachs aus.

69. ... ♕d4+ 70. ♔f1 ♔d2

70. ... ♔e3 71. ♕e8+ ♕e4 wäre etwas schneller gewesen.

71. ♕b4+ ♔c3 72. ♕b5 ♕d3+ 73. ♔f2 ♕e3+ 74. ♔f1 ♕f3+ 75. ♔g1 c3

Obwohl der Prozeß eher langsam verläuft, rückt der Bauer nach und nach vor. Weiß kann zwischen jedem Bauernzug einige Schachs geben, aber es gibt kein Dauerschach.

76. ♕a5

Die Alternativfesselung 76. ♕b4 verliert nach 76. ... ♕e3+ 77. ♔f1 ♕e2+ 78. ♔g1 h3 79. ♕d4+ (79. ♕d6+ ♕d3) 79. ... ♔c2 80. ♕a4+ ♔b1 81. ♕b4+ (81. ♕b3+ ♕b2) 81. ... ♕b2 82. ♕e4+ ♔a1 83. ♕a4+ ♕a2.

76. ... ♛e3+ 77. ♔f1 ♛e2+ 78. ♔g1 h3 79. ♛d5+ ♔c1 80. ♛g5+ ♔b2 0-1

Wenn die Bauern auf einem Flügel stehen, sind die Gewinnchancen mit einem Mehrbauern wahrscheinlich größer als bei Türmen. Ein Endspiel mit 4 gegen 3 bietet gute Gewinnchancen, und sogar 3 gegen 2 ist in der Praxis manchmal gewonnen, obwohl ich keinen Zweifel daran habe, daß es theoretisch remis sein sollte.

Einfache Endspiele ohne Bauern

Turm gegen Leichtfigur

Das Endspiel Turm gegen Läufer (ohne Bauern) entsteht gelegentlich. Es gibt drei wichtige Dinge, die man über dieses Endspiel wissen sollte. Zunächst ist dieses Endspiel in einer gewöhnlichen Ausgangsstellung völlig remis. Zweitens, falls der verteidigende König in der Ecke gefangen ist, kann er Remis erreichen, wenn sich der Läufer auf der entgegengesetzten Farbe des Eckfeldes bewegt; ansonsten ist die Partie verloren. Die Begründung ist ziemlich einfach.

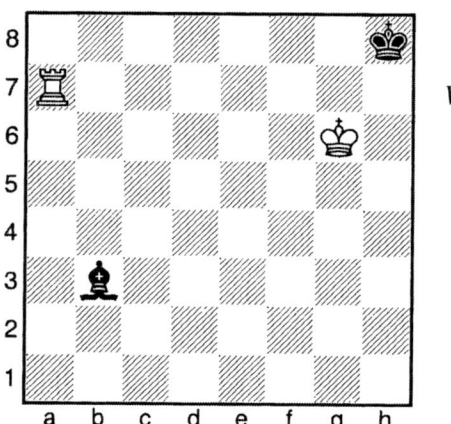

Hier kann Weiß 1. ♖a8+ versuchen, aber nach 1. ... ♝g8 muß er das Patt aufheben. Dies bedeutet, daß er entweder den schwarzen König aus der Ecke lassen muß oder die Fesselung des Läufers aufhebt. Der einzige andere vernünftige Gewinnversuch ist 1. ♖h7+ ♔g8 2. ♖b7, was den Läufer angreift und matt auf b8 droht, aber Schwarz hat den rettenden Zug 2. ... ♝c2+. Allerdings ist es wichtig, anzumerken, daß Schwarz nach 1. ♖a8+ ♝g8 2. ♖a7, zum Beispiel 2. ... ♝e6 vermeiden muß, weil es 3. ♖h7+ ♔g8 4. ♖e7 erlaubt, und Weiß gewinnt.

Wenn der Läufer nicht auf b3, sondern auf b4 steht, gewinnt Weiß sogar, wenn Schwarz am Zug ist, zum Beispiel 1. ... ♔g8 2. ♖a8+ ♝f8 3. ♖b8 und Matt im nächsten Zug.

Der dritte wichtige Punkt ist die folgende Stellung.

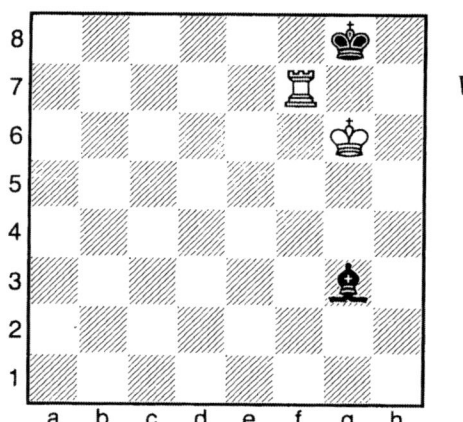

In dieser Stellung befindet sich der schwarze König in der Nähe der falschen Ecke, und tatsächlich ist die Stellung verloren, egal wer am Zug ist. Der wichtige Punkt ist der, daß das Resultat immer gleich ist, egal wo der schwarze Läufer steht, so lange es sich um ein schwarzes Feld handelt.

Die Gewinnmethode verläuft folgendermaßen: **1. Tf1 &h2** (1. ... &h4 2. Tf3 &d8 3. Tf4 zwingt den Läufer auf ein schlechtes Feld und gewinnt nach 3. ... &e7 4. Ta4 oder 3. ... &b6 4. Tb4 &c7 5. Tc4) **2. Tf2 &g3** (Schwarz versucht, seinen Läufer so lange wie möglich hinter dem weißen König versteckt zu halten; 2. ... &g1 3. Tg2 treibt ebenfalls den Läufer hinaus) **3. Tg2 &d6** (3. ... &h4 und 3. ... &f4 sind unmöglich, da Weiß den Läufer durch ein Abzugsschach erobert) **4. Td2 &e7 5. Ta2** und wiederum erobert Weiß den Läufer.

Turm gegen Springer ist ein weiteres Endspiel, das in der Praxis gelegentlich vorkommt. Es kann sogar aus einigen Endspielen von Turm gegen Bauer entstehen, wobei sich der Bauer in einen Springer umwandeln mußte, um das Matt zu vermeiden. Obwohl die Details dieses Endspiels bedeutend komplizierter sind als beim Fall Turm gegen Läufer, ist das eine grundlegende Prinzip klar genug: wenn der König und der Springer nicht voneinander getrennt werden, ist dieses Endspiel fast immer remis. Selbst wenn sich der verteidigende König am Rand befindet, ist die Stellung gewöhnlich remis (diese Situation entsteht im Fall der Bauernumwandlung automatisch).

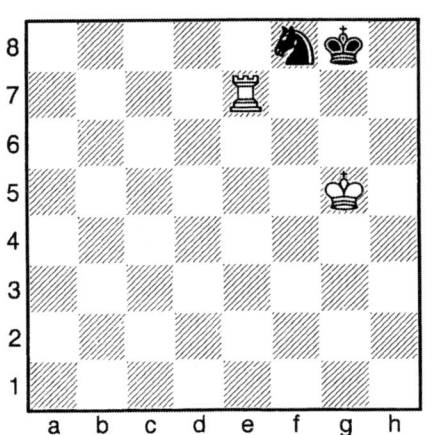

Der schwarze König befindet sich in einer relativ unvorteilhaften Position in der Nähe der Ecke des Brettes, aber es gibt gerade genug Raum, um das Remis zu sichern. Allerdings ist genaue Verteidigung gefordert. Das Spiel könnte weitergehen mit **1. &f6 ♘h7+ 2. &g6 ♘f8+ 3. &h6 &h8 4. Tf7** (4. Tg7 ♘e6! 5. Tf7 &g8! ist auch remis) **4. ... &g8! 5. Tg7+ &h8 6. Tg1** (dies ist der Schlüsselmoment; Schwarz muß sehr aufmerksam spielen) und nun:

1) **6. ... ♘h7? 7. &g6! &g8** (oder 7. ... ♘f8+ 8. &f7) **8. Tg2** (ein Abwartezug) **8. ... ♘f8+ 9. &f6+! &h8 10. &f7** gewinnt.

2) **6. ... ♘e6? 7. &g6! ♘f4+** (nach 7. ... ♘f8+, gewinnt 8. &f7) **8. &f7** gewinnt.

3) **6. ... ♘d7!** (der Remiszug, da er Schwarz erlaubt, &g6 mit ... &g8 zu beantworten) **7. &g6** (7. Td1 ♘f8!) **7. ... &g8! 8. Tf1** (8. Tg2 &f8) **8. ... ♘f8+! 9. &f6 ♘h7+! 10. &e7 &g7!** und Schwarz hält remis.

Während diese Grenzstellung genaues Spiel verlangt, ist die allgemeine Situation (König und Springer nebeneinander und vom Rand des Brettes entfernt) ein komfortables Remis.

Verlorene Stellungen, die im praktischen Spiel entstehen, kann man in zwei Kategorien einteilen. Die erste entsteht, wenn König und Springer nah beieinander sind, aber schlechte Stellungen bezogen haben. Ein offensichtlicher Fall ist ein in der Ecke gefangener König. Eine weniger offensichtliche Möglichkeit entsteht, wenn sich der schwarze König am Rand des Brettes befindet und der Springer das Feld g7 besetzt (b7, b2 und g2 sind natürlich äquivalente Felder). Die Stellung mit dem schwarzen König auf g8 und dem Springer auf g7 ist eine der schlimmsten Verteidigungsformationen und ist ziemlich oft verloren, wenn der weiße

König in der Nähe ist (zum Beispiel verliert Schwarz mit dem weißen König auf f6 und dem Turm auf a1 sogar, wenn er am Zug ist).

Die zweite Kategorie besteht aus Stellungen, in denen König und Springer voneinander getrennt sind und sich nicht wieder vereinigen können. Manchmal ist der Gewinn ziemlich einfach, aber manchmal erfordert es subtiles Spiel, König und Springer getrennt zu halten und gleichzeitig Fortschritte zu machen. Wenn der Springer nicht direkt gefangen werden kann, ist es wichtig, den gegnerischen König einzuschränken. Der Angreifer muß für diese Aufgabe manchmal seinen eigenen König verwenden, obwohl es der Intuition widerspricht, den König vom gegnerischen Springer weg zu bewegen.

Weiß, den Springer zu jagen) 85. ... ♔e2 (85. ... ♔e4 86. ♖c6! ♘a8 87. ♔d6 gefolgt von ♖a6) 86. ♖c6! ♘a4 87. ♖c4! ♘b6 88. ♖b4 ♘c8 89. ♔d7 und der Springer ist gefangen.

84. ♖f3+! ♔g4

Weiß gewinnt leicht in der Variante 84. ... ♔g2 85. ♖c3! ♘a5 86. ♔d5 ♘b7 87. ♖a3 ♘d8 88. ♖a7, gefolgt von ♖d7.

85. ♖d3 ♔g5 *(D)*

Der Springer kann nicht ziehen, zum Beispiel 85. ... ♘a5 86. ♔d5, 85. ... ♘b6 86. ♖b3 ♘c8 87. ♖b7 oder 85. ... ♘b2 86. ♖d2!.

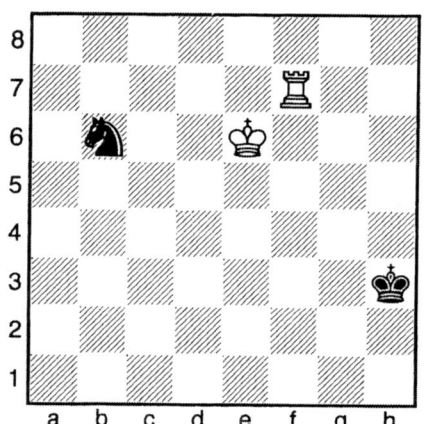

A. Karpow – L. Ftacnik
Saloniki Olympiade 1988

83. ... ♘c4

Oder 83. ... ♔g3 84. ♖c7! ♔f3 (84. ... ♘a4 85. ♔d5 ♘b2 86. ♖c1! ♘a4 87. ♔d4 gewinnt) 85. ♖c3+! (ein überraschender Gewinnzug, aber ein typisches Motiv in solchen Endspielen; das Ziehen auf die zweite oder vierte Reihe erlaubt

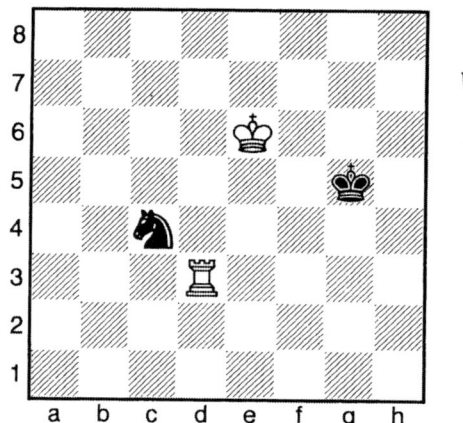

86. ♔d5! ♘b6+

Die Alternative ist 86. ... ♘b2 87. ♖d4 ♔f5 88. ♔c6! (nicht 88. ♔c5? ♔e5! mit Zugzwang; Weiß muß ein Dreiecksmanöver anwenden, um sicherzustellen, daß die Stellung mit Schwarz am Zug entsteht) 88. ... ♔e5 89. ♔c5! ♔e6 90. ♔b4 ♔f5 91. ♔b3! (nicht 91. ♔c3? ♔e5 und wieder ist Weiß in Zugzwang) 91. ... ♔e5 92. ♖d8 und gewinnt.

87. ♔e5 ♘c4+

Schwarz hat wenig Auswahl, zum Beispiel 87. ... ♔g4 (87. ... ♘c8 88. ♔e6 ♘b6 89. ♖d4 gewinnt ähnlich) 88. ♔e6 ♔g5 89. ♖d4 ♔g6 90. ♖b4 oder 87. ... ♘a4 88. ♖b3 ♘c5 89. ♖b5 ♘a6 90. ♔d6+ ♔f6 91. ♖b6.

88. ♔e4

Karpow hätte schneller gewinnen können durch 88. ♔e6, zum Beispiel 88. ... ♔g6 89. ♖g3+ ♔h5 90. ♔d5 ♘b6+ 91. ♔e5 ♘c4+ (oder 91. ... ♔h6 92. ♖d3 ♔g7 93. ♖d4 ♔f7 94. ♔d6 ♔f6 95. ♖f4+ ♔g5 96. ♖b4) 92. ♔f4 (den schwarzen König eingeschränkt zu halten ist wichtiger als den Springer zu jagen) 92. ... ♘d6 93. ♖g7 ♔h6 94. ♖e7 ♘c4 95. ♖c7 ♘d2 96. ♖c2 ♘b3 97. ♔e5 ♔h5 98. ♔d5.

88. ... ♘b6?

Ftacnik bricht zusammen. Er hätte 88. ... ♔f6 versuchen sollen, wonach Weiß nur mit extrem genauem Spiel gewinnen kann: 89. ♖d4! ♘a5 90. ♖a4! ♘b7 91. ♖a6+! ♔g5 92. ♔e5! ♘d8 93. ♖f6! (mit Weiß am Zug wäre diese Stellung remis) 93. ... ♘b7 (93. ... ♔g4 94. ♔d5 ♘b7 95. ♖a6 gewinnt) 94. ♖f8 ♘c5 (94. ... ♘a5 95. ♔d5 ♘b3 96. ♖f1 ♔g4 97. ♖d1 ♔f4 98. ♔c4 ♘a5+ 99. ♔b5 gewinnt den Springer) 95. ♖d8 ♔g4 96. ♖d5 ♘b3 97. ♔e4 ♘c1 98. ♔e3 und gewinnt.

89. ♖d8 ♘c4

Weiß droht 90. ♔d4, und 89. ... ♘a4 verliert nach 90. ♔d4 ♘b6 91. ♔c5 ♘a4+ 92. ♔b4.

90. ♖d4 ♘b6

Oder 90. ... ♘b2 (90. ... ♘a3 91. ♔d3) 91. ♔e3 ♔f5 92. ♔d2 ♔e5 93. ♖b4 und gewinnt.

91. ♔e5 ♘c8 92. ♔e6 ♘a7 93. ♔d7 1-0

Turm und Leichtfigur gegen Turm

Dies entsteht in der Praxis ziemlich häufig. Die allgemeine Stellung ist remis, egal ob die Leichtfigur ein Läufer oder ein Springer ist, aber die praktischen Gewinnchancen hängen sehr davon ab, welche Leichtfigur beteiligt ist.

Das Endspiel Turm und Springer gegen Turm sollte ein einfaches Remis sein, da es nur sehr wenige Gewinnstellungen gibt. In fast allen diesen Stellungen ist der verteidigende König schlecht plaziert, in der Nähe einer Ecke, und so etwas kann man aus einer normalen Ausgangsstellung nicht erzwingen. Unter Großmeistern war man sich einig, daß ein Weiterspielen sinnlos sei, weil es keine echten Gewinnchancen gibt.

Allerdings könnte das folgende Endspiel eine Änderung dieses Urteils bewirken.

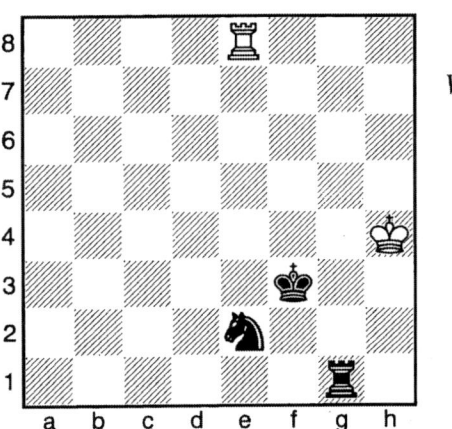

J. Polgar – G. Kasparow
Dos Hermanas 1996

70. ♔h5

Ein völlig vernünftiger Zug, aber 70. ♖f8+ ♘f4 71. ♖g8 wäre noch etwas einfacher gewesen.

Nach 71. ... ♖h1+ 72. ♔g5 ♖g1+ 73. ♔h4 ist das Ergebnis entweder ein Patt oder der weiße König entkommt vom Brettrand.

70. ... ♘g3+ 71. ♔h6

Aufgrund der unglücklichen Stellung des weißen Turms, kann der weiße König nicht vom Brettrand entkommen: 71. ♔g6 ♘e4+ und nun verlieren 72. ♔f5 und 72. ♔f7 den Turm. Allerdings war 71. ♔g6 ♘e4+ 72. ♔h6! wahrscheinlich sicherer als der Textzug, da der Springer auf e4 weniger gut steht, um den König zu schützen.

71. ... ♘f5+ 72. ♔h7 ♔f4 73. ♖b8 ♖g7+ 74. ♔h8 *(D)*

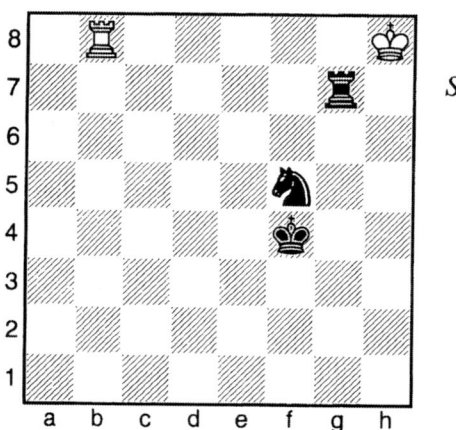

Der weiße König steht nun unbequem in der Ecke des Brettes. Die Stellung ist immer noch remis, aber Sorgfalt ist geboten.

74. ... ♖d7 75. ♖e8

Um ein Beispiel zu geben, wie nahe Weiß dem Abgrund ist: 75. ♖f8? würde nach 75. ... ♔g5 76. ♖a8 ♔g6 verlieren. Eine Variante lautet 77. ♖g8+ ♔h6 78. ♖g1 ♖d8+ 79. ♖g8 ♖d3 (dieses Feld wird gewählt, um Tricks wie 79. ... ♖d2

80. ♖g2 zu vermeiden) 80. ♖g1 ♖f3 81. ♖g4 ♘e7 82. ♖h4+ ♔g6 83. ♖h6+ ♔f7 84. ♖h7+ ♔f8 85. ♖h1 ♘g8 86. ♔h7 ♔f7 87. ♔h8 ♘f6 und einem schnellen Matt.

75. ... ♔g5 76. ♖e6 ♘d4 77. ♖e1 ♔f6 78. ♖d1?! *(D)*

78. ♖f1+ war einfacher, zum Beispiel 78. ... ♘f5 79. ♔g8 ♖g7+ 80. ♔f8 ♖a7 81. ♔e8.

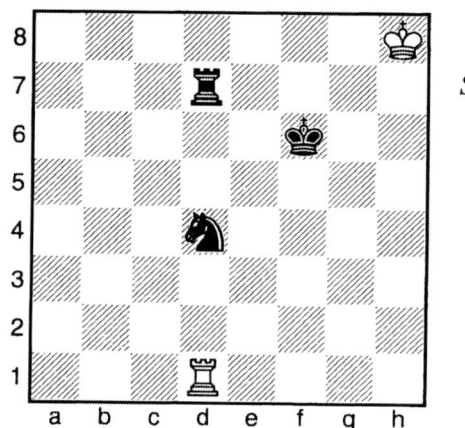

78. ... ♖d5! 79. ♖a1??

Dies ist der eigentliche Verlustzug. Der einzige Zug, der zum Remis führt, ist 79. ♖f1+! Und nach 79. ... ♘f5 lautet eine Variante 80. ♖f2 ♖d4 81. ♔g8!.

79. ... ♘e6!

Kasparow findet, nachdem er einmal seine Chance bekommen hat, den einzigen Gewinnzug.

80. ♖a6 ♔f7 81. ♖a7+ ♔g6 82. ♖a8 ♖d7 83. ♖b8 ♖c7 84. ♔g8 ♖c5 85. ♖a8 ♖b5 86. ♔h8 ♖b7 87. ♖c8 ♘c7

87. ... ♖b6 ist die Gewinnidee. Der Plan ist, ... ♘g5 zu spielen, ohne Weiß ein Schach auf der

sechsten Reihe zu erlauben. Dann wird ... ♘h7-f6 (möglicherweise in Verbindung mit ... ♖e6, um den König zu beschränken) auf fatale Art und Weise die Schlinge um den weißen König enger ziehen.

Kasparows Zug hält den Gewinn aufrecht, verliert aber Zeit.

88. ♖g8+ ♔h6 89. ♖g1

Es wäre wahrscheinlich besser gewesen, 89. ♖f8 zu versuchen und zu sehen, ob Kasparow die Gewinnidee, die in der letzten Anmerkung erwähnt wurde (89. ... ♖b6!), findet.

89. ... ♖b8+ 90. ♖g8 ♘e8 0-1

Da 91. ♖f8 ♔g6 92. ♖g8+ ♔f7 gewinnt.

Jeder muß selbst entscheiden, ob er diese Endspiel in der Praxis fortsetzen will, aber ich würde es nur im Falle einer Beendigung der Partie durch Schnellschach als lohnenswert betrachten.

Wenn man der Verteidiger ist, ist der wichtigste Rat ziemlich offensichtlich: versuchen Sie Ihren König vom Rand fernzuhalten oder, falls das scheitert, versuchen Sie, ihn von der Ecke fernzuhalten. Allerdings, selbst wenn Sie sich in einer weniger vorteilhaften Stellung wiederfinden, verzweifeln Sie nicht – sogar mit dem König in der Ecke sind viele Stellungen remis.

Das Endspiel Turm und Läufer gegen Turm ist eines der häufigsten bauernlosen Endspiele, das in der Praxis vorkommt. Normalerweise sollte es remis sein, aber die Verteidigung erfordert einige Genauigkeit, und es gibt Großmeister, die es sogar in Zeiten von Hängepartien verloren haben. Es gibt zwei grundlegende Remistechniken, und es lohnt sich, beide zu kennen, denn die Stellung, in der Sie sich befinden könnten, verlangt vielleicht eher die eine als die andere.

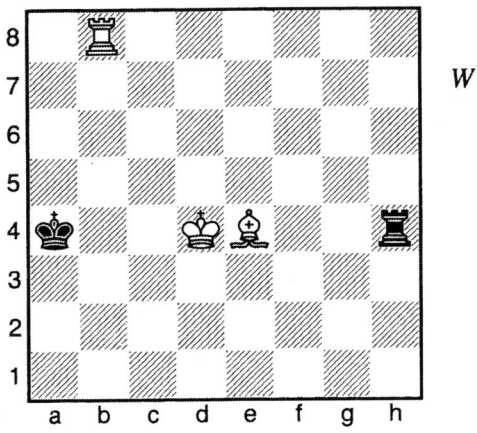

I. Rogers – M. Illescas
Spanische Mannschaftsmeisterschaft 1996

Dies ist die Grundstellung der „Cochrane Verteidigung". Der schwarze Turm fesselt den gegnerischen Läufer, und dies verhindert, daß sich der weiße König seinem Gegenpart nähert. Der einzige Weg, sich zu entfesseln, besteht in ♔d5 oder ♔d3, aber dann läuft der schwarze König dem weißen am Rand des Brettes davon. So verhindert Schwarz die gefährlichste Situation, in der der weiße König dem schwarzen genau gegenübersteht und Mattdrohungen kreiert.

78. ♔d5

Natürlich wird 78. ♔d3 mit 78. ... ♔a5 beantwortet.

78. ... ♔a3

Es ist wichtig, anzumerken, daß die Cochrane Verteidigung am effektivsten ist, wenn sich der schwarze König am mittleren Punkt des Rands aufhält. Wenn z.B. die ganze Formation auf die dritte Reihe verschoben wird, würde der entsprechende Zug ♔a2 den schwarzen König gefährlich nahe an die Ecke führen.

79. ♗d3 ♖b4

Schwarz nutzt die Chance, seinen König vom Rand zu befreien.

80. ♖h8 ♖g4 81. ♗c4 ♔b4 82. ♗e2 ♖g7 *(D)*

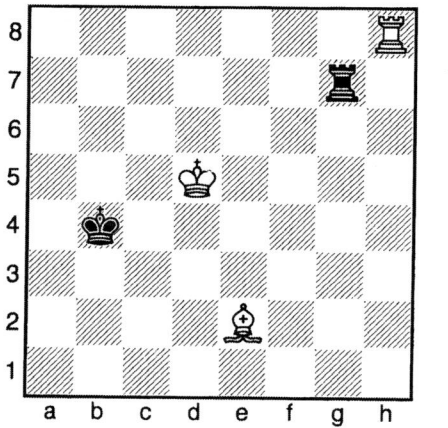

Nun kann Schwarz 83. ♔d4 mit 83. ... ♖d7+ beantworten. Schwarz sollte versuchen, einen ausreichenden Schachabstand für seinen Turm zu bewahren, und es ist nützlich, den Turm so aufzustellen, daß er sowohl auf den Linien als auch auf den Reihen Schach bieten kann.

83. ♖b8+ ♔c3 84. ♖c8+ ♔d2 85. ♗f3 ♔e3 86. ♖c3+ ♔d2 87. ♖a3 ♖d7+ 88. ♔c4 ♖c7+ 89. ♔d4 ♖d7+ 90. ♔d5 ♖d8 91. ♖a2+ ♔d1 *(D)*

Die ganzen weißen Bemühungen resultierten in der abermaligen Cochrane Verteidigung, diesmal am unteren Brettrand.

92. ♔e4 ♔c1 93. ♗c4 ♖d2 94. ♖a8 ♖d7 95. ♗d3 ♔b2 96. ♖b8+ ♔c3 97. ♖c8+ ♔b4 98. ♗c4 ♖h7

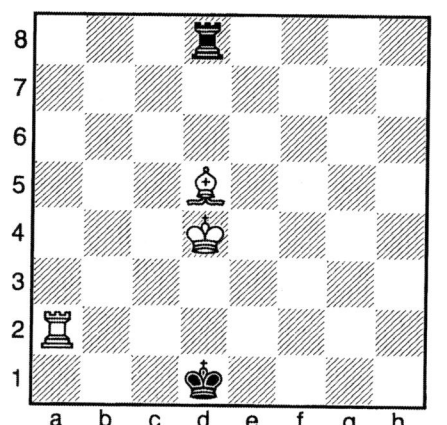

Sichert sich den größtmöglichen Schachabstand.

99. ♗e6 ♖h4+ 100. ♔d5 ♖h5+ 101. ♔d6 ♖h6

Selbst wenn es keine Cochrane Verteidigung gibt, ist die Fesselung des Läufers eine effektive Verteidigungsstrategie.

102. ♖c4+ ♔a3 103. ♖c3+ ♔b2 104. ♖g3 ♔c2 105. ♔e5 ♖h8 106. ♗f5+ ♔d2 107. ♖a3 ♖e8+ 108. ♔f4 ♖f8 *(D)*

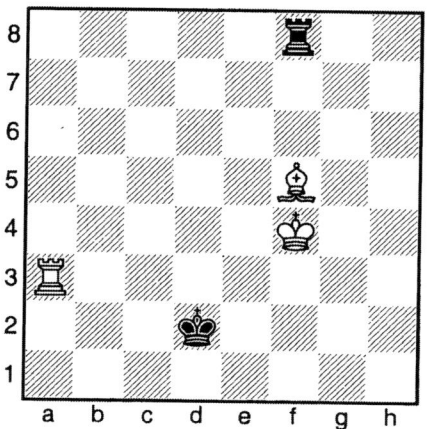

Wieder eine nützliche Fesselung.

109. ♖d3+ ♔c1 110. ♖d5 ♔b2 111. ♔e3 ♔c3 112. ♗e4 ♖h8 113. ♖c5+ ♔b4 114. ♔d4 ♖h4

Wiederum Cochrane.

115. ♖c1 ♔b5 116. ♖b1+ ½-½

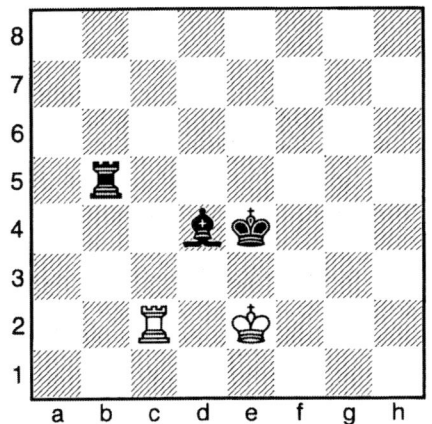

J. Norri – S. Atalik
*Europäische Mannschaftsmeisterschaft
Pula 1997*

In dieser Stellung kann Weiß keine Cochrane Verteidigung errichten. Jeder Versuch, den Turm hinter den feindlichen König zu überführen würde verlieren, zum Beispiel 87. ♖c8? ♖b2+ 88. ♔f1 ♖f2+ 89. ♔e1 ♔d3 würde zu einer verlorenen „Philidor Stellung" (siehe das nächste Diagramm) führen. Deshalb muß Weiß die zweite Remistechnik anwenden, die „zweite-Reihe-Verteidigung".

87. ♖d2

Die Grundidee besteht darin, sowohl mit dem König als auch mit dem Turm auf der zweiten Reihe passiv zu verteidigen. Bis Schwarz etwas Aktives unternimmt, wird Weiß nur mit seinem Turm zwischen d2 und c2 hin- und herpendeln.

87. ... ♖h5 88. ♖c2 ♖h2+ 89. ♔d1

Dies ist die erste von zwei Hauptideen hinter der zweiten-Reihe-Verteidigung. Schwarz kann den gegnerischen König mit Schach an den Rand des Brettes zurücktreiben, aber dann ist sein eigener Turm angegriffen, so daß er keine Zeit findet, mit seinem König näher zu rücken.

89. ... ♖h1+ 90. ♔e2 ♖h2+ 91. ♔d1 ♖h3 92. ♔e2 ♗c3

Dies ist der andere schwarze Gewinnversuch. Zunächst scheint es so, als sei Weiß in Zugzwang, da jeder Turmzug sofort verliert (93. ♖c1 ♖h2+ 94. ♔d1 ♔d3).

93. ♔d1!

Nun wird 93. ... ♔d3 mit der Pattverteidigung 94. ♖d2+ beantwortet, und der König muß zurückweichen.

93. ... ♖h1+ 94. ♔e2 ♔d4 95. ♔f3

Nachdem er die Chance erhalten hat, macht sich der weiße König auf und davon.

95. ... ♖f1+ 96. ♔f2 ♖a1 97. ♔g4 ♖a8 98. ♖g2 ½-½

Wenn Sie den Turm und den Läufer besitzen, dann gibt es eine Gewinnstellung, die Sie kennen müssen – die „Philidor Stellung". Diese Gewinnstellung entsteht ziemlich häufig als Ergebnis einer schlechten Verteidigung, aber sie ist nicht einfach zu gewinnen. Wenn Sie die korrekte Methode nicht kennen, geschieht es leicht, daß Sie sich im Kreise drehen, bis Sie frustriert aufgeben.

Das folgende Diagramm zeigt die charakteristische Philidor Stellung. Die Könige stehen sich gegenüber, wobei der schwarze König an den

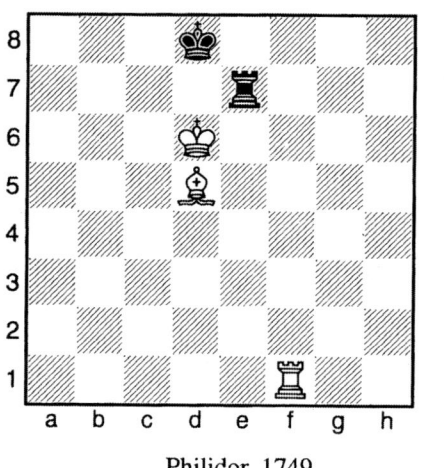

Philidor, 1749

Rand des Brettes gedrängt, und sein Turm auf eine Linie beschränkt ist, um die Mattdrohungen abwehren zu können.

1. ♖f8+! ♖e8 2. ♖f7! *(D)*

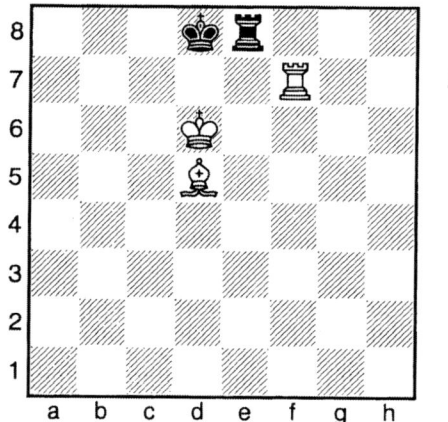

Zunächst verbessert Weiß unter Tempogewinn die Stellung seines Turms und beschränkt den schwarzen König auf die erste Reihe. Die sofortige Drohung ist 3. ♖a7.

2. ... ♖e2

Weiß kann den schwarzen Turm nach c2 zwingen, indem er ♖a7 spielt, und dieser ständige Seitenwechsel mit möglichen eingestreuten Schachs auf d7, eröffnet so viele Möglichkeiten, daß leicht Verwirrung entsteht. Was schwer zu erfassen ist, ist die Tatsache, daß Weiß nur durch geeignete Läufermanöver gewinnen kann; der Läufer scheint auf d5 ideal zu stehen, so daß die Idee, ihn wegzuziehen, der Intuition widerspricht.

Schwarz kann mit seinem König nicht weglaufen, da 2. ... ♔c8 wegen 3. ♖a7 ♖d8+ 4. ♔c6 ♔b8 5. ♖b7+ ♔a8 6. ♖b1 ♔a7 7. ♔c7 verliert, und Weiß erzwingt Matt oder erobert den Turm. Also muß er seinen Turm auf der e-Linie ziehen, um ♖a7 mit einem Wechsel auf die c-Linie beantworten zu können. Es stellt sich heraus, daß e2 das beste Feld für den schwarzen Turm ist und e3 das schlechteste; e1 liegt irgendwo dazwischen. Der Gewinn nach 2. ... ♖e3 lautet 3. ♖d7+ ♔e8 (3. ... ♔c8 4. ♖a7 gewinnt sofort, da 4. ... ♖b3 unmöglich ist) 4. ♖a7 ♔f8 5. ♖f7+ ♔e8 (Weiß hat den schwarzen König unter Tempogewinn von d8 nach e8 gezwungen) 6. ♖f4 (droht 7. ♗c6+) 6. ... ♔d8 (6. ... ♖d3 scheitert an 7. ♗g4, da Schwarz nicht die Antwort ... ♖f3 hat) 7. ♗e4 (der letzte Schlag für Schwarz; d3 ist gedeckt) 7. ... ♔e8 8. ♗c6+ und Weiß setzt in weiteren zwei Zügen matt.

Wenn Schwarz 2. ... ♖e1 spielt, dann führt 3. ♗f3 zu einem Spiegelbild der Stellung nach dem fünften weißen Zug in der Hauptvariante.

Nach 2. ... ♖e2 besteht der weiße Plan darin, den schwarzen Turm auf die dritte Reihe zu zwingen.

3. ♖h7

Ein Abwartezug, um den schwarzen Turm auf das etwas schlechtere Feld e1 zu zwingen.

Nach 3. ... ♖e3 gewinnt Weiß wie in der letzten Anmerkung.

3. ... ♖e1 4. ♖b7

Die weiße Gewinnvariante funktioniert nur, wenn sich sein Turm auf f7 oder b7 befindet. Die Seitenwechselmanöver sind typisch für dieses Endspiel; Schwarz ist gezwungen zu folgen und pendelt mit seinem Turm zwischen e1 und c1, aber dies gibt Weiß die Chance, seinen Turm von h7 nach b7 unter Tempogewinn zu überführen.

4. ... ♖c1

4. ... ♔c8 verliert wegen 5. ♖b2 ♖d1 6. ♖h2 ♔b8 7. ♖a2.

5. ♗b3 *(D)*

Dies ist die Schlüsselidee, ohne die Weiß keine Fortschritte machen kann, und sie erklärt, warum das Feld e1 dem Feld e2 unterlegen ist. Dies ist eine echte Zugzwangstellung, und wenn Weiß nun am Zug wäre, dann wäre der schnellste Gewinn 1. ♗e6 ♖d1+ 2. ♗d5 ♖e1 3. ♗b3, und Schwarz wäre am Zug.

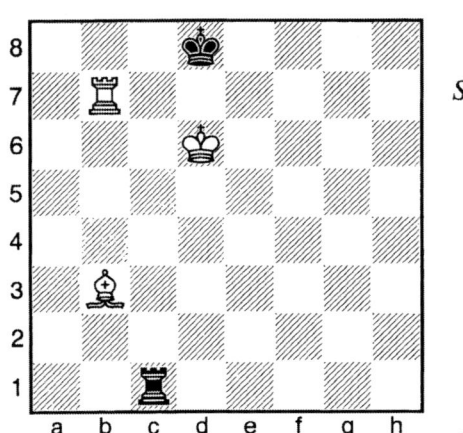

5. ... ♖c3

Oder 5. ... ♔c8 6. ♖b4 (droht 7. ♗e6+) 6. ... ♔d8 7. ♖h4 ♖e1 (7. ... ♔c8 8. ♗d5) 8. ♗a4 ♔c8 9. ♗c6 ♖d1+ 10. ♗d5! ♔b8 11. ♖a4 und gewinnt.

6. ♗e6

Nun, da der Turm auf die minderwertige dritte Reihe gezwungen worden ist, überführt Weiß seinen Läufer unter Tempogewinn zurück nach d5.

6. ... ♖d3+ 7. ♗d5! ♖c3

Hier verläuft der Gewinn analog zu der Anmerkung beim zweiten schwarzen Zug.

8. ♖d7+ ♔c8

8. ... ♔e8 9. ♖g7 und das Feld f3 ist außer Reichweite.

9. ♖h7 ♔b8 10. ♖b7+ ♔c8 11. ♖b4 ♔d8 12. ♗c4 ♔c8 13. ♗e6+ und matt.

Beenden von Partien durch Schnellschach

Heutzutage ist die normale Methode, lange Partien zu entscheiden, die „Beendigung durch Schnellschach", wobei die Spieler von einem bestimmten Punkt an ein festgesetztes Maß an Zeit haben, um die Partie zu beenden, egal, wie viele Züge dafür benötigt werden. In internationalen Wettkämpfen kommt das Beenden durch Schnellschach normalerweise nach dem 60. Zug zur Anwendung, und die Spieler bekommen in der Regel eine halbe Stunde (manchmal eine Stunde), zusätzlich zu der Zeit, die sie noch haben, um die Partie zu beenden.

Das Beenden durch Schnellschach betrifft nur einen geringen Prozentsatz der Partien, aber es ist wichtig, sich der Folgen für bestimmte Endspiele bewußt zu werden. Es gibt Endspiele, in denen bei normalem Zeitlimit die Chancen auf ein Remis sehr gut sind, aber beim Beenden durch Schnellschach kann das Gleichgewicht der Möglichkeiten verändert werden. Auch das verinnerlichte Wissen gewinnt hierbei zunehmend an Bedeutung; nach der Erschöpfung nach sechs Stunden Spiel und der begrenzten Zeit auf der Uhr, ist es sehr schwer, ein komplexes Endspiel auszuarbeiten – Sie müssen einfach wissen, wie man bestimmte Stellungen spielen muß.

Es sollte angemerkt werden, daß in den meisten Fällen die Geschwindigkeitssteigerung der Partei hilft, die versucht zu gewinnen, da dieser Spieler immer wieder neue Gewinnversuche starten kann, immer in der Hoffnung auf einen Fehler des Gegners, während der Verteidiger nur einmal fehlzugreifen braucht. Hier ist ein kurzer Überblick über die häufigsten Endspiele, bei denen das Ergebnis beeinflußt werden könnte.

1) Turm und Läufer gegen Turm. Die Remistechniken sind ziemlich gut bekannt, aber sie in der Praxis anzuwenden, erfordert einige Überlegung. Ich würde so etwas nicht gerne in der Schnellschachphase verteidigen.

2) Turm und Springer gegen Turm. Sollte bei normaler Zeitbegrenzung ein leichtes Remis sein, aber in der Schnellschachphase lohnt es sich, es fortzusetzen (wie Kasparow bewiesen hat).

3) Dame und Bauer gegen Dame. Natürlich sind einige Stellungen objektiv verloren, aber sogar viele Remisstellungen verlangen eine sehr genaue Verteidigung. Ich kann mir vorstellen, daß die Remisstellungen, die „Grenzfälle" darstellen, in der Schnellschachphase fast unmöglich verteidigt werden können, und sogar einige ziemlich klare Remisstellungen wären wahrscheinlich schwierig.

4) Turm und Bauer gegen Turm. Stellungen, die durch die Standardverteidigung auf der dritten Reihe remis sind, sollten auch in der Schnellschachphase remis sein. In komplexeren Situationen gäbe es natürlich mehr Fehler, aber in diesen Endspielen muß auch der Angreifer genau spielen, so daß die Beschleunigung es für beide Spieler gleich schwer macht.

Wenn man in verschiedene Endspiele abwickeln kann, dann könnte die Tatsache, daß es eine Schnellschachphase gibt, die Entscheidung, was man wählen sollte, beeinflussen. Wenn man für das Endspiel ♖+♗ gegen ♖ eine 80%ige Gewinnchance einschätzt (was vernünftig erscheint), dann mag man dies einer Variante vorziehen, in der man einen klaren positionellen Vorteil besitzt, aber nicht unbedingt einen Gewinn.

Es ist vielleicht unglücklich, daß Modifikationen in der Zeitbeschränkung mit Änderungen in der Einschätzung von bestimmten Endspielen verbunden sind, aber dies ist der Preis, den man für die Abschaffung von Hängepartien zahlen muß.

5 Gebrauch eines Computers

Computer sind wundervolle Werkzeuge. In einem halben Jahrhundert haben sie sich von ein paar speziellen Anwendungen hin zu einer zentralen Stellung in unserer Gesellschaft entwickelt. Die moderne Zivilisation könnte wahrscheinlich nicht ohne sie funktionieren, so abhängig sind wir von ihren Leistungen geworden. Mit der Ausbreitung des Internet steht uns eine genauso große Kommunikationsrevolution bevor, wie bei der Einführung von Radio und Fernsehen. Computer haben auch eine große Bedeutung für das Schach. Frühe Schachcomputer waren lächerlich schwach, aber nachdem Deep Blue Kasparow 1997 besiegt hat, lacht nun niemand mehr. Für einen relativ kleinen Preis kann man sich im Laden ein Schachprogramm kaufen, das auf jedem Standard PC läuft und praktisch jeden schlagen kann, außer IMs und GMs. Man kann sich auch eine Datenbank mit bis zu einer Million Partien kaufen.

Es taucht die Frage auf, wie man diese Werkzeuge am besten für die persönliche Verbesserung benutzen kann. Die Erörterung, die folgen wird, bezieht sich auf das Datenbankprogramm *ChessBase* und das Spielprogramm *Fritz*. Dies nicht, weil ChessBase mir einen Batzen Geld bezahlt hat, um ihre Produkte zu nennen, sondern weil dies die Produkte sind, die ich am besten kenne. Die Erörterung ist so allgemein wie möglich und läßt sich zweifellos auch auf andere, ähnliche Produkte anwenden.

Partiendatenbanken

Wenn sich Nichtschachspieler einen Großmeister vorstellen, der einen Computer benutzt, dann denken sie wahrscheinlich an spielende Programme. Allerdings ist auf diesem Niveau die wichtigste Nutzungsart eines Computers der Zugang zu einer großen Partiendatenbank.

Bei einer Datenbank gibt es zwei Hauptnutzungsarten. Für den Profi ist das Studium der Partien zukünftiger Gegner Teil des Jobs. Wenn Sie an einem Rundenturnier teilnehmen, können Sie einiges davon schon vor der Veranstaltung erledigen, aber in einem Turnier nach Schweizer System kann es erst geschehen, wenn die Paarungen bekannt sind, was einem normalerweise nicht viel Zeit zur Vorbereitung erlaubt.

Die zweite Nutzung ist das Anschauen von Partien in bestimmten Eröffnungsvarianten. Wenn Sie planen, am Nachmittag eine bestimmte Variante zu spielen, kann ein kurzer Blick in die Datenbank, um zu sehen, ob es irgendwelche neueren Partien gibt, sehr hilfreich sein. Sie könnten eine neue Idee entdecken oder etwas, das für Ihren Gegner potentiell gefährlich sein könnte. Für die häusliche Vorbereitung ist eine Datenbank auch extrem nützlich. Anstatt Dutzende von *Informatoren*, *New in Chess Yearbooks* und andere Standardnachschlagwerke zu durchsuchen, können Sie alle Partien einer bestimmten Variante mit ein paar Tastenbedienungen aufrufen. Die Partien können dann zu einer einzigen Partie mit Varianten verschmolzen werden, so daß Sie leicht die generelle Struktur der Variante erkennen können. Wenn das Datenbankprogramm eine Schnittstelle mit einem Spielmodul hat, dann reicht eine Tastenbedienung aus, und der Computer analysiert jede vorgegebene Stellung.

Die große Zahl der Anwendungsmöglichkeiten ist wirklich verblüffend, und heutzutage ist jeder ernsthafte Spieler praktisch dazu verpflichtet, eine Datenbank zu benutzen.

Die Hauptmerkmale, die ich für ein Datenbankprogramm als unbedingt notwendig erachte, sind:

1) Es sollte Datenbanken bis zu einer Million Partien ohne Probleme verwalten können. Natürlich brauchen Sie einen leistungsstarken Computer, um mit solch großen Datenbanken klarzukommen, aber selbst dann können Operationen recht langsam verlaufen.

2) Es sollte Einrichtungen haben, um sowohl Varianten einzugeben als auch Anmerkungen und diese geschickt handhaben.

3) Es sollte unter der jetzigen Windows Version laufen. DOS ist tot; vergessen Sie alles, das unter DOS läuft. Mac-Benutzer müssen sich mit dem abfinden, was geboten wird.

4) Es sollte Eröffnungsschlüssel unbegrenzter Tiefe unterstützen, und es sollte Einrichtungen für Benutzer besitzen, um diese zu modifizieren und zu erweitern.

5) Die Fähigkeit, viele Partien zu einer Partie mit Varianten zu verschmelzen ist kritisch. Wenn Sie diese Eigenschaft einmal benutzt haben, möchten Sie sie nicht mehr missen.

6) Es sollte eine Schnittstelle zu einem spielenden Programm vorhanden sein, so daß Sie nur eine Taste bedienen müssen, um die Analyse der laufenden Stellung zu sehen. Eine Methode, diese Analyse in die Partie einzuarbeiten ist sehr wünschenswert.

So weit das Programm, aber was ist mit den Daten? Niemand wird eine Million Partien per Hand eingeben, so daß man vollkommen abhängig ist von kommerziellen Anbietern. Allerdings ist die Situation hier viel unbefriedigender als bei den Programmen. Sogar die besten Datenbanken enthalten eine signifikante Anzahl von Fehlern. Daten von sehr schlechter Qualität kommen häufig vor; in der Tat sind sie manchmal so schlecht, daß die gesamten Daten praktisch nutzlos sind. Einige kommerzielle Datenbanken sind nicht viel mehr, als aus jeder verfügbaren Quelle gesammelte Partien, die in einen Topf geworfen wurden – der „Spülbecken" Methode.

Typische Probleme sind:

1) Unterschiedliche Schreibweisen von Namen. Dies ist vielleicht das Irritierendste. Wenn Sie beabsichtigen, eine Datenbank zu kaufen, schauen Sie nach, ob Kortschnoi in ihr auf verschiedene Arten geschrieben wird. Wenn ja, dann vergessen Sie sie. Es gibt nichts Ärgerlicheres, als eine kritische Partie zu verpassen, weil man es nicht geschafft hat, zu erraten, ob der Spieler „Korchnoi", „Korchnoj", „Kortschnoi" oder ein anderer seiner engen Verwandten ist. Dasselbe gilt für Turniere. Sie können Partien desselben Turniers finden unter „Wijk aan Zee", „Wijk", „Hoogovens", „WaZ", etc.

2) Doppelte Partien. Dies entsteht oft durch Problem 1. Manchmal sind ganze Turniere doppelt, nur aufgrund eines kleinen Unterschieds in der Schreibweise der Veranstaltung.

3) Falsche Ergebnisse. Dies ist einer der häufigsten Fehler. Beim Eingeben von Daten haben die meisten Programme eine Unterlassungsoption. Wenn der Operator vergißt, das Ergebnis einzugeben, werden Sie ein beliebiges Resultat bekommen – mit einer Zweidrittelchance, falsch zu liegen. Sie könnten vielleicht sogar Kombinationen dieser Fehler vorfinden,

zum Beispiel Korchnoi schlug Bareev, aber in einer verblüffend ähnlichen Partie verlor Kortschnoj gegen Barejew.

4) Inkorrekte Züge. Die obengenannten Fehler sind oft ziemlich leicht erkennbar, aber inkorrekte Züge sind schwieriger zu erkennen. Natürlich, falls der Fehler darin besteht, daß ein Spieler seine Dame einstehen läßt, dann könnte Ihnen das verdächtig vorkommen, aber falls der falsche Turm auf d1 steht, dann könnten Sie es nie erfahren, es sei denn, Sie vergleichen die Partie mit einer anderen Quelle. Als ich mich einmal mit einer Partiensammlung auseinandersetzte, die viele Fehler enthielt, bemerkte ich ein besonders groteskes Beispiel. Später erwähnte ich es dem betroffenen Großmeister gegenüber:

„Weißt Du, wie Deine Partie in dieser Partiensammlung mißhandelt worden ist? Nach ihrer Notation hätte Dein Gegner Dich in zwei Zügen mattsetzen können, aber statt dessen ließ er seine Dame mit Schach einstehen", lachte ich.

„Aber das geschah tatsächlich", antwortete er.

Eine Datenbank von schlechter Qualität zu benutzen, bringt enorme Frustrationen mit sich und stellt einen großen Zeitverlust dar; das eingesparte Geld ist dies nicht wert. „Aber es sind beides Datenbanken mit den gleichen Partien ... ", mögen Sie sagen. Nun, ein Trabant und ein Rolls Royce sind beides Autos mit vier Rädern. Unglücklicherweise kann man die Mängel einer Datenbank nicht erkennen, wenn man sich die glänzende Oberfläche einer CD-ROM anschaut; Sie müssen sie tatsächlich benutzen, um die Probleme zu erkennen.

Schließlich muß man für diese Situation auch die Schachspieler selbst zur Rechenschaft ziehen. Das Kopieren von Daten geschieht sehr häufig. Warum sollte eine Firma Tausende von Arbeitsstunden in Daten von hoher Qualität stecken, wenn sie doch einfach gestohlen werden (denn genau dies bedeutet das Kopieren von Daten in diesem Fall)? Softwarepiraterie ist illegal – tun Sie das nicht.

Wenn Sie einmal eine Datenbank haben, möchten Sie sie gerne auf dem neusten Stand halten. Es gibt verschiedene kommerzielle Anbieter, die regelmäßig Aktualisierungen für Ihre Datenbank anbieten. Heutzutage können viele Informationen vom Internet übernommen werden, obwohl Sie dann die ganzen Probleme mit verschiedenen Schreibweisen und doppelten Turnieren, etc. haben. Für sehr kurzfristiges Material ist das Internet unschlagbar, aber es verlangt ziemlich viel Arbeit, des Datenflusses Herr zu werden. Wenn Sie nicht jede Woche neue Partien benötigen, sind die kommerziellen Anbieterpakete wahrscheinlich besser. Das Internet ist wunderbar für e-mails, Nachrichten und sehr spezielle Nachforschungen, für die Sie ein Suchprogramm benutzen können. Ansonsten scheint es mir ein großer Zeitverschwender zu sein.

Spielen gegen Schachprogramme

Die Verfügbarkeit von billigen, aber sehr starken Spielprogrammen für den häuslichen PC bietet viele neue Möglichkeiten für das Training und die Selbstverbesserung. Wenn Sie bereits einen Computer besitzen, empfehle ich Ihnen sehr, ein solches Programm zu kaufen. Die offensichtlichste Benutzungsart, die Überprüfung der eigenen Partien, ist auch eine der nützlichsten. Es ist verblüffend, wie oft eine Computerüberprüfung verpaßte taktische Ideen ans Licht bringt. Selbst wenn nichts Weltbewegendes gefunden wird, schlägt der Computer oft

interessante Alternativideen vor, die während der Partie übersehen wurden. Es ist wichtig, nicht allein die Partie nachzuspielen, sondern auch die taktischen Varianten, auf denen Ihre Entscheidungen beruhten. Aus diesem Grund sollten Sie nur in Betracht ziehen, ein Programm zu kaufen, das die Eingabe von Varianten unterstützt und hinterher die Partien und Varianten in einer Datenbank speichert. Es könnte sein, daß Sie in den verpaßten Ideen ein Muster erkennen, und dies wird Ihnen nützliche Informationen darüber liefern, welchen Aspekten der Partie Sie besondere Aufmerksamkeit schenken müssen.

Eine weitere Benutzungsart ist das Spielen von Trainingsstellungen gegen einen Computer. Der bekannte russische Trainer Mark Dworetski schlägt die Methode vor, interessante Stellungen „auszuspielen". Falls einer seiner Studenten taktische Schwächen hat, läßt Dworetski den Studenten taktische Stellungen gegen einen starken Gegner spielen. Hinterher sehen sie sich den Spielverlauf an und versuchen herauszufinden, wo der Student hätte besser spielen können. Die meisten Spieler haben für eine solche Übung keinen geeigneten Gegner zur Hand, aber der Computer kann einen ähnlichen Job ausüben und auch in der nachträglichen Analyse helfen. Obwohl Computer Endspiele schlechter beherrschen als das Mittelspiel, können sie doch nützlich sein. Wie bereits auf Seite 131 diskutiert: falls Sie Probleme haben, Turmendspiele mit einem Mehrbauern zu gewinnen, spielen Sie solche Stellungen gegen einen Computer. Es ist eine gute Idee, dieselbe Stellung mehrere Male zu spielen und dabei verschiedene Pläne zu versuchen. Sie werden schnell ein Gefühl dafür bekommen, welche Pläne funktionieren und welche unwirksam sind. Wenn Sie Probleme haben, überhaupt zu gewinnen, könnten Sie ein paar neue Ideen bekommen, indem Sie die Farben tauschen!

Der Computer hat verschiedene Grenzen; im Bereich der positionellen Einschätzung und in der Formulierung von Plänen ist er überhaupt nicht hilfreich. Auch langfristige Opfer werden von der Maschine fast immer verworfen. Die Bauernraubvariante im Najdorf-System mit Hilfe eines Computers zu analysieren ist eine nutzlose Übung; die weiße Kompensation ist so langfristig, daß der Computer sie überhaupt nicht erkennt und jede Stellung resolut als für Schwarz gewonnen einschätzt.

Merkwürdigerweise empfinde ich das Spielen normaler Partien gegen den Computer als weniger hilfreich. Computer haben einen bestimmten Spielstil, und man lernt schnell, ihre Stärken zu vermeiden und ihre Schwächen auszunutzen. Dieses Wissen hilft gegen menschliche Spieler nicht, da sie ganz andere Stärken und Schwächen haben. Ferner ist es ziemlich leicht, depressiv zu werden, wenn man gegen einen Computer spielt. Alles was man wirklich lernt, ist, daß man häufig taktische Pointen übersieht.

Spielprogramme fangen gerade erst an, einen großen Einfluß auf das Großmeisterschach zu haben. Hier ist ein Beispiel:

A. Schirow – L. van Wely
Monaco Amber (Schnellschach) 1997
Sizilianisch, Najdorf-System

1. e4 c5 2. ♘f3 d6 3. d4 cxd4 4. ♘xd4 ♘f6 5. ♘c3 a6 6. ♗e3 e6 7. g4 h6 8. f4 b5 9. ♗g2 ♗b7 10. g5

Dieser Zug wurde in der Partie Iwantschuk-Topalow, Las Palmas 1996 als eine Verbesserung zum vorher gespielten 10. a3 eingeführt.

10. ... hxg5 11. fxg5 ♘h5

Iwantschuk-Topalow ging weiter mit 11. ... b4

12. ♘a4 ♘h5 13. 0-0 ♘d7 14. g6 ♘hf6 15. c3 ♘e5 16. gxf7+ ♔xf7 17. cxb4 ♖h4, und nun wäre 18. ♗f4 für Weiß klar besser gewesen; in der Partie spielte Iwantschuk 18. ♕b3 und verlor schnell. Der Textzug ist eine Gegenverstärkung von Gavrikov.

12. g6 ♘f6 13. gxf7+ ♔xf7 14. 0-0 ♘bd7 *(D)*

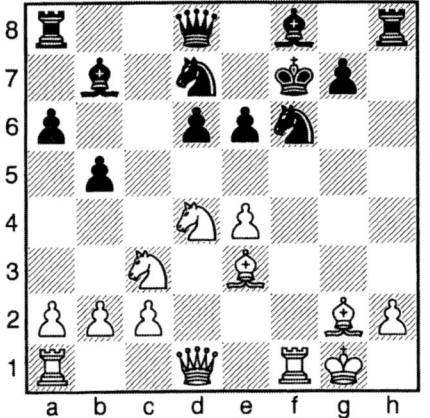

Nun ging die Partie Kulaots-Gavrikov, Hallsberg 1996/7 weiter mit 15. e5 ♗xg2 16. exf6 ♗xf1 17. ♘xe6 ♕xf6 18. ♘g5+ ♔g6 19. ♕d5 und hier hätte Schwarz mit der Fortsetzung 19. ... ♖h4 20. ♘ce4 ♖g4+ 21. ♘g3 ♖xg5 22. ♗xg5 ♕xg5 23. ♕xa8 ♗h3 großen Vorteil erreichen können.

15. ♘xe6!!

Eine absolut verblüffende Neuerung, die Weiß in allen Varianten klaren Vorteil bringt. Nach dieser Partie erklärte Schirow, daß dieser Zug nicht von ihm, sondern von *Fritz* entdeckt wurde. Und tatsächlich, als ich die Stellung auf meinem *Fritz* aufbaute, fand er ♘xe6 in weniger als einer Minute. Es ist vielleicht etwas überraschend, daß Schirow seine Neuerung in einer Schnellschachveranstaltung benutzte, aber wahrscheinlich dachte er, daß sowieso jeder, der einen *Fritz* hat, diesen Zug finden könnte und es sich nur um Wochen handeln könnte, bis jemand anders den Zug spielen würde.

15. ... ♔xe6 16. e5 ♗xg2

Schwarz ist verloren nach 16. ... ♘xe5 17. ♗xb7 ♖b8 oder 16. ... ♕c7 17. exf6 ♘xf6 18. ♘d5 ♗xd5 19. ♖xf6+ ♔xf6 20. ♕xd5.

17. exf6 ♘xf6 18. ♔xg2 ♖c8

Schwarz fährt auch nicht besser mit 18. ... ♕e8, wegen 19. ♖xf6+ ♔xf6 (19. ... gxf6 20. ♕d5+ ♔e7 21. ♕b7+ ♔e6 22. ♖e1 gewinnt) 20. ♕d5 ♔g6 (20. ... ♕xe3 21. ♘e4+ ♔e7 22. ♕xd6+ ♔e8 23. ♕e6+ ♔d8 24. ♖d1+ führt zum Matt) 21. ♕d3+ ♔f7 22. ♖f1+ ♔g8 23. ♕d5+ ♔h7 24. ♖f3 ♗e7 25. ♖h3+ ♔g6 26. ♕e6+ ♗f6 27. ♖g3+ ♔h7 28. ♕f5+ und gewinnt.

19. ♕f3 ♗e7 20. ♖ae1 ♔f7 21. ♕d5+ ♔f8 22. ♕f5 ♕c7 23. ♗d4 ♕b7+ 24. ♔g1

Natürlich ist auch 24. ♘d5 ♖xc2+ 25. ♕xc2 ♕xd5+ 26. ♕e4 ♖h5 27. ♕xd5 ♖xd5 28. ♗f4 gut, aber Schwarz könnte im Endspiel noch hartnäckigen Widerstand leisten.

24. ... ♖c4 25. ♖f4 ♕c8 26. ♖e6

Alle weißen Figuren sind in perfekten Zentralstellungen, während die schwarzen am Rand des Brettes zerstreut sind.

26. ... ♖xd4

Verliert sofort, aber nach 26. ... ♔f7 (oder 26. ... ♖h6 27. ♘d5) 27. ♘e4 ♖xc2 28. ♘xd6+ ♗xd6 29. ♖xf6+ gxf6 30. ♕xf6+ ♔e8 31. ♕f7+ wäre das Ergebnis das gleiche.

27. ♖xf6+ 1-0

Es ist nicht klar, ob dies das erste Beispiel ist, in der eine Eröffnungsvariante von einem Computer widerlegt worden ist, aber es könnte das erste sein, in dem der menschliche „Innovator" so ehrlich war, es zuzugeben! Es taucht natürlich die Frage auf, wie viele Eröffnungsneuerungen auch von einem Computer hätten gefunden werden können. Alle vier Monate wählt eine Jury, die aus führenden Großmeistern besteht, die wichtigsten Eröffnungsneuerungen. Die Ergebnisse werden im *Informator* veröffentlicht. Zu der Zeit, da dies geschrieben wird, ist die neueste Ausgabe der *Informator 68*. Ich ließ *Fritz4* an den Stellungen mit den top 15 Neuerungen des *Informator 68* arbeiten, um zu sehen, wie viele die Maschine finden könnte. In jedem einzelnen Fall erlaubte ich genügend Zeit für eine vollständige Analyse bis zu elf Halbzügen (obwohl viele Varianten natürlich viel tiefer gingen). Das Ergebnis: *Fritz* fand drei der 15 Neuerungen.

Natürlich gibt es bei einem solchen Test einige Probleme, so könnten z.B. einige der Neuerungen in Wirklichkeit gar nicht gut sein und werden vielleicht in der nahen Zukunft widerlegt. Ein weiterer Punkt besteht darin, daß scharfe eindeutige Neuerungen die Informatorliste häufig anführen, da subtile Feinheiten, die nur durch einen Spezialisten in einer bestimmten Eröffnung gewürdigt werden können, in „demokratischen" Abstimmungen nicht gut abschneiden. In einigen Fällen war die Neuerung die zweite Wahl von *Fritz*, was den menschlichen Bediener sicherlich auf die Tatsache aufmerksam machen könnte, daß es da etwas Interessantes geben könnte. Ich würde allerdings zusammenfassend sagen, daß *Fritz* nur in bestimmten Stellungen beim Finden von Eröffnungsneuerungen hilfreich ist. Nachdem ich das gesagt habe, muß man zugeben, daß das Entdecken von drei der wichtigsten 15 Neuerungen auf der Welt an einem Tag eine ziemlich gute Leistung darstellt!

Hier sind zwei Beispiele von *Fritz'* Erfolgen und eines, an dem er gescheitert ist.

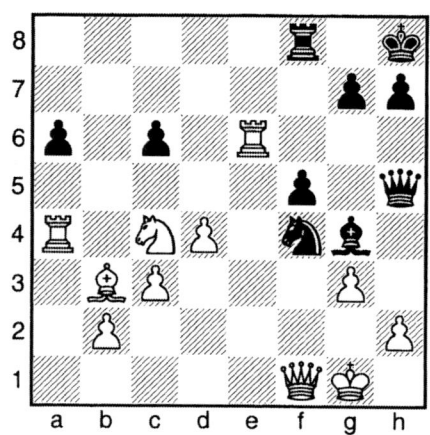

V. Miluydas – S. Muraviov
Fernpartie 1994

Hier benötigte *Fritz* weniger als fünf Sekunden, um die Neuerung 24. ... ♘h3+!! (Ausrufezeichen wie im *Informator*; 24. ... ♘xe6 wäre für Weiß gut gewesen) **25.** ♔g2 ♘g5!. Die Partie endete spektakulär mit **26.** ♕f2! ♗f3+ **27.** ♔f1 f4 **28.** g4 ♕h3+ **29.** ♔e1 ♘xe6 **30.** ♘e5 ♘g5 **31.** ♖xa6!! ♗xg4 **32.** ♗c4!! ♘e4 **33.** ♕f3!! ♕h4+ (33. ... ♗xf3 34. ♘f7+ ♔g8 35. ♘h6+ ist auch remis) **34.** ♕g3 und die Spieler vereinbarten Remis aufgrund von 34. ... fxg3 35. ♘f7+ ♔g8 36. ♘h6+.

In dieser Stellung aus der Französischen Verteidigung war der Zug 20. ♘f5!! schon nach zwei Sekunden ganz oben auf der Liste von *Fritz*, und nach 75 Sekunden schätzte er die Stellung als für Weiß gewonnen ein. Die Partie endete wie folgt 20. ... ♖xf5 21. ♘xe6+ ♔e7 22. ♕xf5 ♘xd4?! 23. ♘xd4 ♕xd4 24. ♖fe1+ 1-0

Im folgenden Beispiel gelang es *Fritz* nicht, die Neuerung zu finden. Wie wir sehen werden, ist

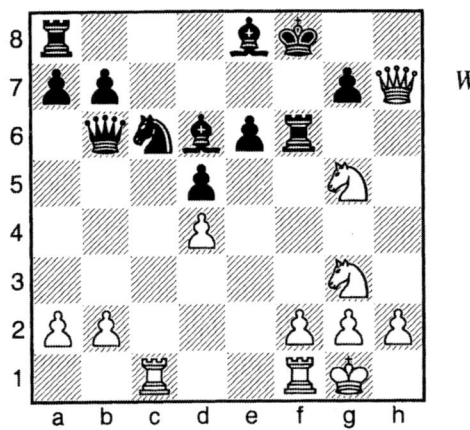

O. Korneew – Y. Piskow
Linares Open 1996

jedoch unklar, ob die neue Idee wirklich eine Verbesserung des vorher gespielten Zuges darstellt.

G. Timoschenko – B. Itkis
Baile Herculane 1996
Französische Verteidigung

1. e4 e6 2. d4 d5 3. ♘c3 ♘f6 4. e5 ♘fd7 5. f4 c5 6. ♘f3 ♘c6 7. ♗e3 cxd4 8. ♘xd4 ♕b6 9. ♕d2 ♕xb2 10. ♖b1 ♕a3 11. ♗b5 ♘xd4 12. ♗xd4 ♗b4 13. 0-0 a6 14. ♖b3 ♕a5 15. ♖fb1 ♗a3 *(D)*

16. f5!!

Dies ist die Neuerung (mit Ausrufezeichen aus dem *Informator*), die von 16. ♗xd7+ abweicht.

Fritz fand sie wahrscheinlich aus zwei Gründen nicht: erstens ist es nicht klar, ob sie wirklich besser ist, als das Nehmen auf d7; zweitens wäre die Kombination einfach zu tief für *Fritz*, selbst wenn sie korrekt sein sollte.

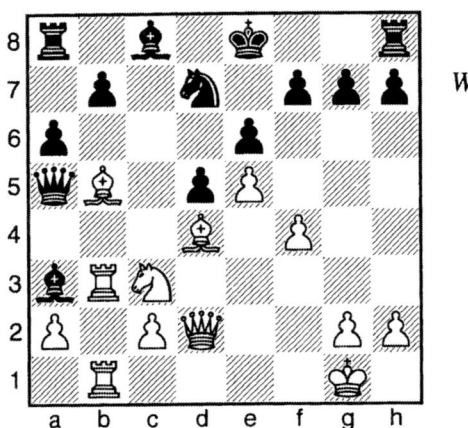

16. ... axb5 17. ♖xa3! ♕xa3 18. ♘xb5 ♕xa2 19. ♘d6+ ♔f8 20. ♖a1 ♕xa1+ 21. ♗xa1 ♖xa1+ 22. ♔f2

Dies ist wirklich der kritische Moment der ganzen Kombination, und wir sind bereits 12 Halbzüge vom Ausgangspunkt entfernt. *Fritz* denkt immer noch, daß Schwarz nach dem offensichtlichen 22. ... ♘xe5 überleben kann, aber leider wird dieser Zug in Timoschenkos Anmerkungen überhaupt nicht erwähnt. Ich kann nichts Besseres sehen als 23. ♕c3 ♘g4+ 24. ♔e2 ♖a8 25. ♘xc8 h5 26. ♕b4+ ♔g8 27. ♕xb7 ♖a2 mit wahrscheinlichem Remis.

22. ... ♖a8? 23. ♕g5!

Nun stimmt *Fritz* darin überein, daß Weiß gewinnt.

23. ... f6 24. ♕h5 g6

Oder 24. ... ♔e7 25. ♕f7+ ♔d8 26. fxe6! und Weiß gewinnt.

25. ♕h6+ ♔g8 26. ♘e8 ♔f7 27. ♘d6+ ♔g8 28. ♘e8 ♔f7 29. ♕g7+ ♔xe8 30. ♕xh8+ ♘f8 31. exf6 1-0

Namenverzeichnis

Adams 37, 56
Ahues 124
Aljechin 132
Anand 14, 26
Andersson 56, 137
Atalik 163
Awerbach 148

Beckemeyer 53
Beljawski 141
Bellon 84
Botwinnik 105
Browne 89

Cabrilo 143
Capablanca 132, 142
Chalifman 100
Chandler 53, 111
Christiansen 53
Cochrane 161
Conquest 47
Cook 52
Cox 51
Crouch 9

de la Villa 60
Dolmatow 141
Dwoiris 100

Eliskases 154

Filguth 58
Fine 129
Fischer 57, 58
Flear 121
Flohr 142
Ftacnik 158

Gelfand 27
Giddins 55
Grigorjew 120
Gunst 12

Hebden 121
Hort 41
Howell 112
Hübner 137

Ilincic 143
Illescas 161
Itkis 173

Judasin 111
Jussupow 29

Kamsky 26
Karpow 53, 158
Kasparow 64, 159
Kieninger 154
King 10, 15
Korneew 173
Kosten 72
Kotow 9
Kuligowski 12
Kuzmin, G. 13

Lasker, Ed. 123
Lautier 14
Ljubojevic 108
London (Ort) 136
Löwenfisch 129, 136

Mandler 117
Mellado 31
Mestel 56

Meszaros 46
Miles 108
Miluydas 172
Muraviov 172

Neustadtl 116
Nimzowitsch 99
Norri 163
Nunn 12, 17, 21, 23, 31, 41, 47, 51, 58,
    60, 63, 84, 89, 94, 102, 145

Onischuk 37

Petrosjan, T. 82
Philidor 164
Piskow 145, 173
Plaskett 94
Polgar, J. 159
Portisch 29
Pribyl, M. 23
Prokes 119
Psachis 10, 15

Ragozin, E. 112
Réti 118
Rogers 121, 161

Sax 106
Schirow 27, 65, 121, 170
Schlage 124
Seirawan 17, 54
Short 64, 104
Smyslow 129, 136

Soltis 77
Sorri 80
Spasski 54, 134
Speelman 134
St Petersburg (Ort) 136
Stean 106
Stefanova 55
Sveschnikow 13

Tal 57
Tarrasch 99
Timman 65
Timoschenko 173
Tisdall 7, 11
Tschechower 105
Tschernin 104
Tschigorin 136

Unzicker 58, 82

Van der Sterren 21
Van Wely 55, 56, 170
Vydeslaver 102

Wahls 112

Xie Jun 63

Ye Rongguang 55

Zhu Chen 134
Zimmerman 46

Verzeichnis der Eröffnungen

Französische Verteidigung 31, 173
Italienisch 23, 41, 77
Königsgambit 54
Königsindische Verteidigung 17
Lettisches Gambit 72
London System 55
Nimzowitsch-Larsen Angriff 46
Spanisch 21
Sizilianisch, Drachenvariante 108
Sizilianisch, Najdorf-System 57, 89, 94, 170
Sizilianisch, Pelikan 51
Sizilianisch, Scheveninger Variante 106
Sizilianisch, Velimirovic Angriff 111
Torre Angriff 55
Trompowsky 56
Zweispringerspiel 37